职业教育·道路运输类专业教材
"双高计划"路桥专业群系列教材

工地试验室组建与管理

ESTABLISHMENT AND MANAGEMENT OF SITE LABORATORY

主编	主审
王　彪 [江西交通职业技术学院]	孙福申 [吉林省交通规划设计院]
王加弟 [辽宁省交通高等专科学校]	
杜　凤 [四川交通职业技术学院]	
董荣书 [贵州交通职业技术学院]	
姚晓荣 [吉林交通职业技术学院]	

人民交通出版社股份有限公司
北　京

内 容 提 要

本书根据高等职业教育道路工程检测专业岗位(群)的新要求进行编写,共分为4个学习情境20个学习任务78个知识点,每个学习情境都是一个完整的工作模块,下设若干学习任务,同时将思政教育元素潜移默化地融入学习任务中,体现了思政与技能并重、岗位与技能对接的结构设计理念。

本书为国家级教学资源库配套教材,资源库中的课件、微课、视频、动画、图片等教学资源可与本书内容配合使用。课程网址为 https://www.icve.com.cn/portal _ new/courseinfo/courseinfo.html? courseid = -yrlaz2nek1amsynbptgyg。

本书可供高职、中职院校道路与桥梁工程技术、道路工程检测技术等专业教学使用,也可作为工程技术人员参考读物。

图书在版编目(CIP)数据

工地试验室组建与管理 / 王彪等主编. — 北京:
人民交通出版社股份有限公司,2021.11 (2025.7重印)
ISBN 978-7-114-17750-7

Ⅰ.①工… Ⅱ.①王… Ⅲ.①道路工程—工程施工—实验室管理—高等职业教育—教材 Ⅳ.①U41-33

中国版本图书馆 CIP 数据核字(2021)第 256225 号

职业教育·道路运输类专业教材
"双高计划"路桥专业群系列教材
Gongdi Shiyanshi Zujian yu Guanli

书　　名:	工地试验室组建与管理
著 作 者:	王　彪　王加弟　杜　凤　董荣书　姚晓荣
责任编辑:	刘　倩
责任校对:	孙国靖　扈　婕
责任印制:	张　凯
出版发行:	人民交通出版社股份有限公司
地　　址:	(100011)北京市朝阳区安定门外外馆斜街3号
网　　址:	http://www.ccpcl.com.cn
销售电话:	(010)85285911
总 经 销:	人民交通出版社股份有限公司发行部
经　　销:	各地新华书店
印　　刷:	北京市密东印刷有限公司
开　　本:	787×1092　1/16
印　　张:	18.75
字　　数:	436千
版　　次:	2021年11月　第1版
印　　次:	2025年7月　第4次印刷
书　　号:	ISBN 978-7-114-17750-7
定　　价:	55.00元

(有印刷、装订质量问题的图书由本公司负责调换)

前·言
Preface

　　试验室是工程建设质量保证体系中最基础的关键环节之一,其标准化组建与运维管理已成为"品质工程"创建过程中的一个重要组成元素。工地试验室作为工程质量最直接的管控部门,不仅为工程施工提供准确的数据支撑,而且保证了工程建设过程中施工质量控制措施的顺利实施。

　　在"政府监督、社会监理、企业自检"的质量保障体系中,无论是政府监督部门,还是监理单位或是施工企业,都必须各自建立独立的、满足工程建设要求的标准化试验室,以确保监督、监理、自检工作的正常开展。

　　本书打破了传统教材架构,以职业能力为本位,设定课程能力培养目标;依据职业领域要求达到的职业技能、职业素质设置课程内容,以必需、够用、实用为原则,按照工作递进关系进行内容重构。同时,挖掘课程思政元素并内化于学习任务中,体现了思政与技能并重、岗位与技能对接、教材与资源相融的结构思维,切实发挥了教材铸魂的育人功能,实现知识传授与价值引领同频共振。

　　在教材内容呈现上,将教材、课堂、教学资源三者融合,构建以学习者为中心的教育生态,推进教学方法和模式的改革与创新。

　　本书的特色与创新点主要体现在:

1. 情景导向、任务驱动,架构新颖、理念超前

　　采用情景导向、任务驱动的模式,按照工作递进关系进行编写。在编写过程中,打破了传统教材架构,整体内容划分为4个学习情境20个学习任务78个知识点。学习情境一至学习情境四是一个工作递进的关系,每个学习情境都是一个完整的工作模块,每个学习情境下设有若干学习任务,相邻学习任务间有的是平行关系,有的是递进关系,每个学习任务均以"学习任务描述→学习目标→任务书→任务分组→准备工作→任务实施→评价反馈→拓展思考题→任务反思→相关知识点"编排,环节设计完整,遵循初学者的认知规律和学习顺序,达到"课前预学有方向、课中导学有考核、课后拓学有层次"的新时代教学需求。随着学习任务数的增加,学习者能不断地将知识与技术技能转化为内生动力,最终达到工地试验室岗位任职要求。

2. 内容对接专业标准,满足职业岗位(群)新要求

参照《高等职业教育专科道路工程检测技术专业教学标准》,本书内容符合该专业核心课程"实验室标准化与质量管理"的典型工作任务描述和主要教学内容与要求,同时,对接道路工程检测技术产业数字化、网络化、智能化发展新趋势,对接新产业、新业态、新模式下道路工程检测等岗位(群)的新要求,满足道路工程检测领域高质量发展对高素质技术技能人才的需求。

3. 新型活页式教材,具备"三新三活"特征

该教材为新型活页式教材,具备"三新三活"的鲜明特征:围绕立德树人主线,遵循教书育人规律、践行"三全育人"格局为"一新";将思政教育元素潜移默化地融入学习任务中,注重创新意识与职业精神等的培养为"二新";通过"课前预学、课中导学、课后拓学"的新时代教学模式,凸显以学习者为主体、教师为主导的理念为"三新";对教材内容进行重构,及时纳入新标准、新规范为"一活";学习情境四引入现代信息化管理内容为"二活";形式上的活页式装订与活页式取用为"三活"。

4. 国家级专业资源库配套,线上线下互通

围绕深化教学改革和"互联网+职业教育"发展需求,形成课程建设、教材编写、配套资源开发、信息技术应用统筹推进的新形态一体化教材。本书第一主编是国家级土木工程检测技术专业教学资源库中"试验室组建与管理"课程的负责人,资源库中的课件、微课、视频、动画、图片等教学资源可与本书内容配合使用,有利于教师授课和学生线上线下学习。课程网址为 https://www.icve.com.cn/portal_new/courseinfo/courseinfo.html?courseid=-yrlaz2nek1amsynbptgyg。

5. 德技并修、课程育人

本书以我国高速铁路、高速公路发展为切入点,将课程中涉及的团队协作意识、依法依规从业的法治意识、逐级上报的规矩意识、事事有结果的职业责任感、实事求是的工作态度、安全规范标准的工匠精神、"成功不必在我、功成必定有我"的奉献精神等思政教育元素,通过学习目标表述、实施引导、学习者自评、学习者互评、教师综合评价等方式与途径,潜移默化地融入教材内容,达到了德技并修、课程育人的目的。

本书由江西交通职业技术学院王彪担任第一主编并统稿,辽宁省交通高等专科学校王加弟、四川交通职业技术学院杜凤、贵州交通职业技术学院董荣书、吉林交通职业技术学院姚晓荣联合主编,排名不分先后,仅按编写学习情境先后排序。编写分工如下:前言、学习情境一、学习情境二学习任务一、学习情境三、参考文献由王彪编写;学习情境二学习任务二、三、四由王加弟和江西交通职业技术学院刘文灵编写;学习情境二学习任务五、六、七由杜凤和江西交通职业技术学院姜小磊编写;学习情境四学习任务一、二、三由董荣书和江西交通职业技术学院王立军编写;学习情境四学习任务四、五、六、七、八由姚晓荣和江西交通职业技术学院涂昳颖、涂昀编写。本书特邀吉林省交通规划设计院孙福申担任主审,在此表示衷心感谢!

限于编者水平,本书难免有不足甚至错误之处,敬请各位读者批评指正,以期进一步完善。

编　者
2021 年 8 月

目 录
Contents

学习情境一 / 检测机构认知 ·········· 001
 学习任务一 检测机构类型认知 ·········· 003
 学习任务二 检测机构资质办理 ·········· 013

学习情境二 / 工地试验室标准化组建 ·········· 025
 学习任务一 工地试验室类型与设立依据 ·········· 027
 学习任务二 工地试验室选址与规划 ·········· 043
 学习任务三 基础设施标准化建设 ·········· 055
 学习任务四 人员与设备配备 ·········· 073
 学习任务五 办公与交通设施配置 ·········· 087
 学习任务六 体系与文化建设 ·········· 093
 学习任务七 管理制度建设 ·········· 105

学习情境三 / 工地试验室验收与备案登记 ·········· 129
 学习任务一 工地试验室组建验收 ·········· 131
 学习任务二 工地试验室能力核验 ·········· 141
 学习任务三 工地试验室备案登记 ·········· 167

学习情境四 / 工地试验室运维管理 ·········· 183
 学习任务一 母体检测机构监督管理 ·········· 185
 学习任务二 基础设施运维管理 ·········· 195
 学习任务三 人员、设备及试验物品运维管理 ·········· 207

学习任务四	记录和报告的标准化管理	231
学习任务五	质量管理体系与制度的管理	247
学习任务六	检测工作管理	255
学习任务七	检测资料管理	265
学习任务八	现代信息化管理	275

参考文献 / ……………………………………………………………… 291

学习情境一
LEARNING CONTEXT ONE
检测机构认知

 学习情境描述

本学习情境要求了解检测机构类型;熟悉并掌握检测机构资质认定、行业等级资质的申报流程和相关要求;熟悉工地试验室的职责范围;培养学生依法依规从业的法制意识。

 学习情境设计

本学习情境主要围绕 2 个学习任务的 4 个知识点进行设计,见表 1-0-1。

学习情境设计表　　　　　　　　　　　　　　　　表 1-0-1

序号	学习任务	知识点内容	参考学时
1	检测机构类型认知	1. 试验室认知 2. 检测机构的类型	1
2	检测机构资质办理	1. 资质认定 2. 行业等级资质评定	3

 情境学习评价

完成本学习情境学习后,按照表 1-0-2 对本学习情境的学习情况进行总评,评价总分为 100 分。

情境学习评价表　　　　　　　　　　　　　　　　表 1-0-2

学号	姓名	学习任务一		学习任务二		学习情境一评价得分
		分值	比例/20%	分值	比例/80%	

学习任务一　检测机构类型认知

学习任务描述

本学习任务要求同学们熟悉土木工程类试验室的分类及检测机构的主要类型，了解规范中对试验检测机构设立的相关规定，为后续检测机构资质办理的学习奠定扎实的基础。

学习目标

通过本学习任务的学习，你应该能够：
1. 辨识土木工程类试验室的类别及检验检测机构的主要类型；
2. 完成试验检测机构设立所依据的相关规定、办法等的查找工作；
3. 增强依法依规从业的法制意识。

任务书

工程项目从进场建设到竣工验收的整个过程中，试验室都要进行相应的试验检测，以此来评判各分项分部工程质量是否合格。在参与试验室建设与管理前，首要的任务是对试验室相关内容进行了解，如了解检测机构的类型等。

任务分组（表 1-1-1）

学生任务分配表　　　　　　　　　　　　　　　表 1-1-1

班级		组号		指导老师	
组长		学号			
组员	姓名	学号		姓名	学号
任务分工					

准备工作

1. 阅读任务书,熟悉即将要学习的主要内容。

2. 收集并阅读《建设工程质量管理条例》《建设工程质量检测管理办法》《交通运输部关于修改〈公路水运工程试验检测管理办法〉的决定》《铁路工程质量监督检测管理办法》《铁路建设工程质量监督管理规定》《水利工程质量检测管理规定》等资料。

 任务实施

(一) 试验室认知

实施引导 1:什么是试验室?

_____
_____
_____

实施引导 2:什么是试验检测?

_____
_____
_____

实施引导 3:什么是试验检测技术?

_____
_____
_____

实施引导 4:试验室建设的目的是什么? 具有什么意义?

_____
_____
_____
_____

(二) 检测机构的类型

实施引导 1:土木工程类的试验室分为哪几种类别?

_____
_____
_____

实施引导 2:请根据图 1-1-1 和图 1-1-2,分辨出哪幅图代表的是检验检测机构,哪幅图代表的是工地试验室？

图 1-1-1

图 1-1-2

实施引导3：请对以下说法进行判断，对的请打√、错的请打×。
建设工程质量检测，是指工程质量检测机构接受委托，依据国家有关法律、法规和工程建设强制性标准，对涉及结构安全项目的抽样检测和对进入施工现场的建筑材料、构配件的见证取样检测。（　　）

实施引导4：依据《建设工程质量检测管理办法》规定，建设工程质量检测机构资质按照其承担的检测业务内容分为（　　）资质和（　　）资质。
A. 专项检测机构　　　　B. 见证取样检测机构　　　　C. 材料类检测机构

实施引导5：请叙述"公路水运工程试验检测"的概念。

实施引导6：公路水运工程试验检测机构等级如何划分？分为哪几个专业？

实施引导7：请对以下说法进行判断，对的请打√、错的请打×。
依据铁路工程质量监督检测管理办法的规定，铁路工程质量监督检测是指铁路总公司监督机构在监督工作中，委托具有相应资质的检测机构对工程实体质量及原材料、构配件等进行检测的活动，或铁路总公司监督机构要求建设单位组织的检测活动。（　　）

实施引导8：什么是水利工程质量检测？

1-1-3

实施引导9：水利工程质量检测机构的资质分为（　　）、混凝土工程、（　　）、机械电气、（　　）共5个类别，每个类别分为（　　）2个等级。

　　A. 岩土工程　　　　B. 道路工程　　　　C. 金属结构　　　　D. 量测
　　E. 一级、二级　　　F. 甲级、乙级

评价反馈

1　学生进行自我评价，评价自己对土木工程类的试验室分类、各类检验检测机构的资质要求等内容的熟悉程度，有无任务遗漏，并将结果填入表1-1-2中。

学 生 自 评 表　　　　　　　　　　　　　　　　表1-1-2

班级：	姓名：	学号：	
学习任务一		检测机构类型认知	
评价项目	评价标准	分值(分)	得分(分)
相关概念	正确表述试验室、试验检测、试验检测技术等的概念	10	
试验室建设的目的和意义	正确阐述试验室建设的目的和意义	10	
土木工程类试验室	正确讲述土木工程类试验室的分类，并进行相关概念阐述	20	
检验检测机构	正确并且完整地叙述土木工程类检验检测机构的相关资质要求	30	
学习态度	态度端正，无无故缺勤、迟到、早退现象	10	
学习质量	按预定计划完成学习任务	5	
协调能力	与小组成员、同学间能有效地合作、交流、协调	5	
职业素质	做到多平台、多渠道收集相关信息，完成学习任务	5	
创新意识	通过阅读《建设工程质量管理条例》《建设工程质量检测管理办法》《交通运输部关于修改〈公路水运工程试验检测管理办法〉的决定》《铁路工程质量监督检测管理办法》《铁路建设工程质量监督管理规定》《水利工程质量检测管理规定》等资料，能更好地理解试验室的相关概念、试验室建设的目的和意义、土木工程类的试验室分类和各类检验检测机构的资质要求等内容	5	
	小计	100	

2　学生以小组为单位，对以上学习任务的过程与结果进行互评，将互评结果填入表1-1-3中。

学生互评表 表1-1-3

学习任务一								检测机构类型认知					
评价项目	分值	等级						评价对象(组别)					
								1	2	3	4	5	6
团队协作	10	优	10	良	8	中	6	差	4				
分工明确	8	优	8	良	7	中	6	差	4				
组织有序	10	优	10	良	8	中	6	差	4				
学习质量	8	优	8	良	7	中	6	差	4				
学习效率	8	优	8	良	7	中	6	差	4				
态度端正	10	优	10	良	8	中	6	差	4				
任务完整	10	优	10	良	8	中	6	差	4				
结果规范	13	优	13	良	9	中	6	差	4				
回答问题	13	优	13	良	9	中	6	差	4				
成果展示	10	优	10	良	8	中	6	差	4				
小计	100												

3 教师对学生学习过程与任务成果进行评价,并将评价结果填入表1-1-4中。

教师综合评价表 表1-1-4

班级:　　　　　　姓名:　　　　　　学号:

学习任务一		检测机构类型认知		
评价项目		评价标准	分值(分)	得分(分)
考勤(10%)		无无故缺勤、迟到、早退现象	10	
学习过程 (60%)	相关概念	正确表述试验室、试验检测、试验检测技术等的概念	10	
	试验室建设的目的和意义	正确阐述试验室建设的目的和意义	10	
	土木工程类试验室	正确讲述土木工程类试验室的分类,并进行相关概念阐述	10	
	检验检测机构	正确并且完整地叙述土木工程类检验检测机构的相关资质要求	15	
	协调能力	与小组成员、同学间能有效地合作、交流、协调	5	
	职业素质	做到多平台、多渠道收集相关信息,完成学习任务	5	
	创新意识	通过阅读《建设工程质量管理条例》《建设工程质量检测管理办法》《交通运输部关于修改〈公路水运工程试验检测管理办法〉的决定》《铁路工程质量监督检测管理办法》《铁路建设工程质量监督管理规定》《水利工程质量检测管理规定》等资料,能更好地理解试验室的相关概念、试验室建设的目的和意义、土木工程类的试验室分类和各类检验检测机构的资质要求等内容	5	

续上表

评价项目		评价标准	分值(分)	得分(分)
任务成果（30%）	工作完整	按时完成任务	10	
	工作规范	按要求进行文件查阅	5	
	回答问题	依据规范、办法准确回答	10	
	成果展示	用语规范、表达准确	5	
小计			100	
综合评价	自评(20%)	小组互评(30%)	教师评价(50%)	综合评分

拓展思考题

1. 试验检测人员需要具备哪种职业资格才能上岗？
2. 对试验检测人员的信用评价是如何规定的？
3. 对检验检测机构的信用评价是如何规定的？

任务反思

_____
_____
_____

学习任务的相关知识点

知识点一：试验室认知

一、相关知识

试验室是指进行各类试验地点的统称，可以是各种化学实验室、物理实验室、土木工程类专业试验室等等。本书主要围绕土木工程类的专业试验室进行介绍，并重点讲述公路水运工程工地试验室的相关知识。

在土木工程建设中，土木工程各类专业试验室得到了相应的发展和应有的重视。土木工程类试验室对保证土木工程建设质量、提高使用寿命和投资效益发挥了重要作用，而且在未来工程建设和管理中将继续发挥其不可替代的作用。

土木工程各类专业试验室开展的工作就是试验检测工作。

试验检测等于试验、经验、测量的总和。

试验检测技术则是按某一原理，使用一定装置，按照规定的方法，对材料和构件的性能、工艺参数等进行试验检测的活动，是人类认识客观世界的手段，是科学研究的基本方法。

科学探测需要试验检测技术,用准确而简明的定量关系和数学语言描述科学规律和理论也需要试验检测技术,检验科学理论和规律的正确性同样需要试验检测技术。因此试验检测是科学的根基。

二、试验室建设的目的和意义

在工程技术领域中,进行工程理论研究、生产过程监督和质量控制、产品研制开发和性能试验等,都离不开试验检测技术。

在土木工程建设中,为了加强土木工程施工质量管理,土木工程施工实行"政府监督、社会监理、企业自检"的质量保障体系。无论是政府监督部门,还是监理单位或是施工企业,都必须各自建立独立的、满足工程建设要求的试验室,以确保监督、监理、自检工作的顺利实施。

试验室建设的目的和意义在于:在建设期间确保工程建设的质量,提高投资效益;在投入使用期间,保证运行安全。

知识点二:检测机构的类型

一、相关知识

土木工程类的试验室根据设立的条件分为检验检测机构和工地试验室。

检验检测机构是依法成立,依据相关标准或者技术规范,利用仪器设备、环境设施等技术条件,对产品或者法律法规规定的特定对象进行检验检测的专业技术组织。

工地试验室是工程建设过程中为控制质量由等级试验检测机构在工程现场设立的试验室。

二、检测机构分类

(一)建设工程质量检测机构

为了加强对建设工程质量检测的管理,根据《中华人民共和国建筑法》《建设工程质量管理条例》,中华人民共和国建设部颁布了建设部令2005年第141号《建设工程质量检测管理办法》,于2005年11月1日起施行。

《建设工程质量检测管理办法》中规定,建设工程质量检测,是指工程质量检测机构接受委托,依据国家有关法律、法规和工程建设强制性标准,对涉及结构安全项目的抽样检测和对进入施工现场的建筑材料、构配件的见证取样检测。

检测机构是具有独立法人资格、取得相应的资质证书的中介机构。

检测机构资质按照其承担的检测业务内容分为专项检测机构资质和见证取样检测机构资质。

(二)公路水运工程试验检测机构

根据《建设工程质量管理条例》,中华人民共和国交通运输部2019年颁布了交通运输部令第38号《交通运输部关于修改〈公路水运工程试验检测管理办法〉的决定》(以下简称《决定》),于 2019 年 11 月 20 日起施行。

《决定》中规定,公路水运工程试验检测,是指根据国家有关法律、法规的规定,依据工程建设技术标准、规范、规程,对公路水运工程所用材料、构件、工程制品、工程实体的质量和技术指标等进行的试验检测活动。所称公路水运工程试验检测机构,是指承担公路水运工程试验检测业务并对试验检测结果承担责任的机构。

试验检测机构等级,是依据检测机构的公路水运工程试验检测水平、主要试验检测仪器设备及检测人员的配备情况、试验检测环境等基本条件对检测机构进行的能力划分。

其专业分为:公路工程专业、水运工程专业。

公路工程专业分为综合类和专项类。综合类又分为甲、乙、丙 3 个等级;专项类分为交通工程、桥梁隧道工程 2 个专项。

水运工程专业分为材料类和结构类。材料类又分为甲、乙、丙 3 个等级;结构类分为甲、乙 2 个等级。

(三)铁路工程质量监督检测机构

根据《中国铁路总公司铁路建设工程质量安全内部监督工作规定》(铁总建设〔2016〕160号),中国铁路总公司制定了铁总质监〔2017〕89 号《中国铁路总公司铁路工程质量监督检测管理办法》(以下简称《办法》),于 2017 年 4 月 15 日起施行。

《办法》中规定,铁路工程质量监督检测是指总公司监督机构在监督工作中,委托具有相应资质的检测机构对工程实体质量及原材料、构配件等进行检测的活动,或总公司监督机构要求建设单位组织的检测活动。

总公司工程质量安全监督总站对铁路局工程质量安全监督站的监督检测工作进行检查、指导和考核,并负责制定《铁路工程质量监督检测机构选定条件》,按年度组织审查确定合格监督检测机构名录并公布。

铁路工程质量检测机构只需通过"检验检测机构资质认定"即可,其他相关要求参照《建设工程质量检测管理办法》(建设部令 2005 年第 141 号)。

(四)水利工程质量检测机构

根据《建设工程质量管理条例》《国务院对确需保留的行政审批项目设定行政许可的决定》,中华人民共和国水利部于 2008 年颁布了《水利工程质量检测管理规定》(水利部令第 36号)。

《水利工程质量检测管理规定》中规定,水利工程质量检测是指水利工程质量检测单位依据国家有关法律、法规和标准,对水利工程实体以及用于水利工程的原材料、中间产品、金属结构和机电设备等进行的检查、测量、试验或者度量,并将结果与有关标准、要求进行比较以确定工程质量是否合格所进行的活动。检测单位应当按照该规定取得资质,并在资质等级许可的范围内承担质量检测业务。

检测单位资质分为岩土工程、混凝土工程、金属结构、机械电气、量测共 5 个类别,每个类别分为甲级、乙级 2 个资质等级。

甲级资质:可以承担各等级水利工程的质量检测业务。

乙级资质:可以承担除大型水利工程(含一级堤防)主要建筑物以外的其他各等级水利工程的质量检测业务。

大型水利工程(含一级堤防)主要建筑物以及水利工程质量与安全事故鉴定的质量检测业务,必须由具有甲级资质的检测单位承担。

学习任务二　检测机构资质办理

 学习任务描述

本学习任务要求同学们熟悉检验检测机构相关资质的办理流程；熟悉办理相关资质需要准备的材料；掌握首次资质认定的办理程序、行业等级资质评定工作程序。

 学习目标

通过本学习任务的学习，你应该能够：
1. 完成首次资质认定申报的准备工作、协助迎评工作；
2. 完成行业等级资质申报的准备工作、协助迎评工作；
3. 培养协调能力和合作意识。

 任务书

已取得营业执照的某检测机构，要想从事公路工程试验检测工作，还需要陆续取得资质认定证书、行业等级资质证书，以确保其从事该行业工作的合法性。要想取得资质认定证书、行业等级资质证书，首要的任务是了解其办理的流程、各流程的相关要求等内容。

 任务分组（表 1-2-1）

学生任务分配表　　　　　　　　　　　　　　　表 1-2-1

班级		组号		指导老师	
组长		学号			
组员	姓名		学号	姓名	学号
任务分工					

1-2-1

准备工作

1. 阅读任务书,熟悉即将要学习的主要内容;
2. 收集并阅读《检验检测机构资质认定管理办法》、《检验检测机构资质认定申请书》(模板)、《公路水运工程试验检测管理办法》、《公路水运工程试验检测机构等级评定/换证复核申请书》(模板)、《交通运输部关于〈公路水运工程试验检测机构等级标准〉及〈公路水运工程试验检测机构等级评定及换证复核工作程序〉的通知》等资料,在线了解"公路水运工程试验检测管理信息系统"。

 任务实施

(一) 资质认定

实施引导 1:什么是资质认定?

_____
_____
_____

实施引导 2:申请资质认定的检验检测机构,应当向国家认监委或者省级资质认定部门提交的资料有哪些?

_____
_____
_____

实施引导 3:以下是首次资质认定的各个环节,请按照首次资质认定的办理程序进行排序。

  A. 受理   B. 许可决定   C. 申请   D. 技术评审

  ( ) ⟶ ( ) ⟶ ( ) ⟶ 审批 ⟶ ( )

实施引导 4:申请资质认定的检验检测机构,应当向国家认证认可监督委员会(简称国家认监委)或者省级资质认定部门提交( )等材料,并对其真实性负责。(多选)

  A.《检验检测机构资质认定申请书》
  B. 法律地位证明
  C. 技术能力证明(场所、设施、人员、以往检测报告抽样复印件)
  D. 管理体系文件(质量手册、程序文件、作业指导书)

实施引导 5:资质认定部门在收到检验检测机构提交的资质认定书面申请和相关材料后,应如何处理?时间上有何规定?

_____
_____
_____

实施引导6：资质认定部门应当自受理申请之日起45个工作日内，依据（　　），可以自行或者委托专业技术评价机构组织、实施，完成对申请人的技术评审（包括书面审查和现场评审）。

　　A.检验检测机构资质认定基本规范

　　B.评审准则

　　C.专业要求

实施引导7：检验检测机构资质认定证书应包含哪些信息？

_____

_____

_____

_____

实施引导8：资质认定证书有效期为_____年。需要延续资质认定证书有效期的，应当在其有效期届满_____个月前提出申请。资质认定部门根据检验检测机构的申请事项、自我声明和分类监管情况，采取_____或者现场评审的方式，作出是否准予延续的决定。

实施引导9：检验检测机构在运营过程中，遇到以下（　　　　）情形，需要向资质认定部门申请办理变更手续。（多选）

　　A.机构名称、地址、法人性质发生变更的

　　B.法定代表人发生变更的

　　C.最高管理者发生变更的

　　D.技术负责人发生变更的

　　E.检验检测报告授权签字人发生变更的

　　F.资质认定检验检测项目取消的

　　G.检验检测标准或者检验检测方法发生变更的

（二）行业等级资质评定

实施引导1：等级评定是指根据《公路水运工程试验检测管理办法》的有关规定，按照《公路水运工程试验检测机构等级标准》对试验检测机构的仪器设备及_____的配备情况、_____等基本条件，以及试验检测技术水平和_____进行评审，确认其从事公路水运工程试验检测工作等级的活动。

实施引导2：《公路水运工程试验检测机构等级证书》（以下简称《等级证书》）俗称行业等级资质证书，须经过_____取得。

实施引导3：交通运输部工程质量监督机构负责（　　）、公路工程专项类和（　　）及结构类甲级的等级评定工作。省级交通质量监督机构负责本行政区域内（　　）、（　　）和水运工程材料类乙、丙级，（　　）乙级的等级评定工作。

　　A.公路工程综合类甲级　　　　　　B.公路工程综合类乙级

　　C.公路工程综合类丙级　　　　　　D.水运工程材料类

　　E.水运工程结构类

1-2-3

实施引导4：等级评定工作程序是如何规定的？

_____
_____
_____

实施引导5：公路水运工程试验检测机构在申请等级评定时，应在公路水运工程试验检测管理信息系统中录入_____、_____、仪器设备等数据信息，并向所在地省级交通质监机构提交相关材料。提交的相关材料有：《公路水运工程试验检测机构等级评定/换证复核申请书》、_____、通过资质认定（计量认证）的证书副本的原件及复印件、检测人员证书和聘（任）用关系证明文件原件及复印件、所申请试验检测项目的典型报告（包括模拟报告）及业绩证明、试验检测用房所有权或使用权材料及场地布局示意图、试验检测仪器设备权属证明材料及检定/校准证书、管理体系文件。

实施引导6：质监机构受理申请后，应在_____个工作日内完成初审工作。初审发现问题需澄清的，质监机构应当通知检测机构予以澄清或补正，并出具_____；初审不合格的，质监机构应当及时书面向申请人说明理由；初审合格的，进入现场评审阶段。

实施引导7：等级评定中的现场评审专家是如何产生的？对现场评审专家的数量有什么要求？

_____
_____
_____

实施引导8：现场评审专家组组长主持并依次开展评审工作预备会议、评审工作布置会议、（　　）、（　　）、（　　）、向质监机构递交相关评审材料等工作。

A.形成现场评审整改情况确认意见

B.现场评审

C.评审情况反馈会议

实施引导9：等级评定结果有哪几种类型？针对不同结果应做何处理？

_____
_____
_____

✎ 评价反馈

1　学生进行自我评价，评价自己对资质认定和行业等级评定相关术语的理解，对各流程的相关要求掌握程度，本学习任务的相关内容完成情况，并将结果填入表1-2-2中。

学 生 自 评 表　　　　　　　　　　表 1-2-2

班级：　　　　　姓名：　　　　　学号：

学习任务二	检测机构资质办理		
评价项目	评价标准	分值(分)	得分(分)
相关概念	正确表述资质认定、行业等级评定等相关术语的概念	10	
资质认定	正确阐述首次资质认定的办事流程	20	
等级评定	正确描述行业等级评定的流程	20	
各流程环节的要求	正确并且完整地叙述各流程的相关要求和注意事项	20	
学习态度	态度端正，无无故缺勤、迟到、早退现象	10	
学习质量	按预定计划完成学习任务	5	
协调能力	与小组成员、同学间能有效地合作、交流、协调	5	
职业素质	创新学习方式方法，做到多平台、多渠道收集相关信息，完成学习任务	5	
创新意识	收集并阅读《检验检测机构资质认定管理办法》《检验检测机构资质认定申请书》(模板)、《公路水运工程试验检测管理办法》、《公路水运工程试验检测机构等级评定/换证复核申请书》(模板)、《交通运输部关于〈公路水运工程试验检测机构等级标准〉及〈公路水运工程试验检测机构等级评定及换证复核工作程序〉的通知》等资料；能在线了解"公路水运工程试验检测管理信息系统"，理解和掌握资质认定和行业等级资质办理的相关流程内容	5	
小计		100	

2　学生以小组为单位，对以上学习任务的过程与结果进行互评，将互评结果填入表1-2-3中。

学 生 互 评 表　　　　　　　　　　表 1-2-3

学习任务二		检测机构资质办理											
评价项目	分值	等级							评价对象(组别)				
									1	2	3	4	5	6
团队协作	10	优	10	良	8	中	6	差	4					
分工明确	8	优	8	良	7	中	6	差	4					
组织有序	10	优	10	良	8	中	6	差	4					
学习质量	8	优	8	良	7	中	6	差	4					
学习效率	8	优	8	良	7	中	6	差	4					
态度端正	10	优	10	良	8	中	6	差	4					
任务完整	10	优	10	良	8	中	6	差	4					
结果规范	13	优	13	良	9	中	6	差	4					
回答问题	13	优	13	良	9	中	6	差	4					
成果展示	10	优	10	良	8	中	6	差	4					
小计	100													

3 教师对学生学习过程与任务成果进行评价,并将评价结果填入表 1-2-4 中。

教师综合评价表　　　　　　　　　　表 1-2-4

班级:		姓名:	学号:	
学习任务二			检测机构资质办理	
评价项目		评价标准	分值(分)	得分(分)
考勤(10%)		无无故缺勤、迟到、早退现象	10	
学习过程 (60%)	相关概念	正确表述资质认定、行业等级评定等相关术语的概念	10	
	资质认定	正确阐述首次资质认定的办事流程	10	
	等级评定	正确描述行业等级评定的流程	10	
	各流程环节的要求	正确并且完整地叙述各流程的相关要求和注意事项	15	
	协调能力	与小组成员、同学间能进行有效的合作、交流、协调	5	
	职业素质	创新学习方式方法,做到多平台、多渠道收集相关信息,完成学习任务	5	
	创新意识	收集并阅读《检验检测机构资质认定管理办法》、《检验检测机构资质认定申请书》(模板)、《公路水运工程试验检测管理办法》、《公路水运工程试验检测机构等级评定/换证复核申请书》(模板)、《交通运输部关于〈公路水运工程试验检测机构等级标准〉及〈公路水运工程试验检测机构等级评定及换证复核工作程序〉的通知》等资料;能在线了解"公路水运工程试验检测管理信息系统",理解和掌握资质认定和行业等级资质办理的相关流程内容	5	
任务成果 (30%)	工作完整	按时完成任务	10	
	工作规范	按要求进行文件查阅	5	
	回答问题	用词准确、回答完整	10	
	成果展示	完整填写《检验检测机构资质认定申请书》	5	
小计			100	
综合评价		自评(20%)	小组互评(30%)	教师评价(50%)	综合评分

拓展思考题

1. 检验检测机构如果要增项的话,应如何进行操作?
2. 关于公路水运工程试验检测机构等级换证复核,是如何规定的?

任务反思

_____
_____
_____
_____

学习任务的相关知识点

知识点一：资 质 认 定

一、相关知识

检验检测机构资质认定证书俗称计量认证资质证书，须通过资质认定取得。

《检验检测机构资质认定管理办法》（总局令第 163 号）中所称资质认定，是指省级以上质量技术监督部门依据有关法律法规和标准、技术规范的规定，对检验检测机构的基本条件和技术能力是否符合法定要求实施的评价许可。

为保证检测数据的准确性和公正性，所有向社会出具公证性检测报告的质量检测机构必须获得资质认定，否则构成违法。

二、首次资质认定的办理程序

（一）申请

申请资质认定的检验检测机构，应当向国家认监委或者省级资质认定部门提交国家认证认可监督管理委员会编制的纸质版《检验检测机构资质认定申请书》、法律地位证明、技术能力证明（场所、设施、人员、以往检测报告抽样复印件）、管理体系文件（质量手册、程序文件、作业指导书）等材料，并对其真实性负责。

（二）受理

资质认定部门应当对申请人提交的书面申请和相关材料进行初审，自收到之日起 5 个工作日内作出受理或者不予受理的决定，并以《受理通知书》或者《不予受理通知书》的书面形式告知申请人。

（三）技术评审

资质认定部门应当自受理申请之日起 45 个工作日内，依据检验检测机构资质认定基本规范、评审准则、专业要求，可以自行或者委托专业技术评价机构组织、实施，完成对申请人的技术评审（包括书面审查和现场评审），并应当对其承担的技术评审活动和技术评审结论的真实性、符合性负责，以及承担相应法律责任。

资质认定部门应当将技术评审时间书面告知申请人，该时间不计算在资质认定期限内，但由于申请人整改或者其他自身原因导致无法在规定时间内完成的情况除外。评审组在技术评审中发现有不符合要求的，应当书面通知申请人限期整改，整改期限不得超过 30 个工作日。逾期未完成整改或者整改后仍不符合要求的，相应评审项目应当判定为不合格。评审组在技术评审中发现申请人存在违法行为的，应当及时向资质认定部门报告。

（四）审批

资质认定部门应当自收到技术评审结论之日起20个工作日内，作出是否准予许可的书面决定。准予许可的，自作出决定之日起10个工作日内，向申请人颁发资质认定证书。不予许可的，应当书面通知申请人，并说明理由。

（五）许可决定

资质认定部门向申请人颁发资质认定证书（图1-2-1），即为申请人获得行政许可；资质认定部门向申请人颁发不予行政许可决定书，即为申请人未获得行政许可。

图1-2-1 资质认定证书样式

资质认定证书信息包括：发证机关、获证机构名称和地址、检验检测能力范围、有效期限、证书编号、资质认定标志。资质认定标志，由China Inspection Body and Laboratory Mandatory Approval的英文缩写CMA形成的图案和资质认定证书编号组成。

资质认定证书有效期为6年。需要延续资质认定证书有效期的，应当在其有效期届满3个月前提出申请。资质认定部门根据检验检测机构的申请事项、自我声明和分类监管情况，采取书面审查或者现场评审的方式，作出是否准予延续的决定。

（六）变更

检验检测机构在运营过程中，有下列情形之一的，应当向资质认定部门申请办理变更手续：
(1)机构名称、地址、法人性质发生变更的；
(2)法定代表人、最高管理者、技术负责人、检验检测报告授权签字人发生变更的；

(3)资质认定检验检测项目取消的;
(4)检验检测标准或者检验检测方法发生变更的;
(5)依法需要办理变更的其他事项。

知识点二:行业等级资质评定

一、相关知识

《公路水运工程试验检测机构等级证书》(以下简称《等级证书》)俗称行业等级资质证书,须经过等级评定取得。

等级评定是指根据《公路水运工程试验检测管理办法》的有关规定,按照《公路水运工程试验检测机构等级标准》,对试验检测机构的仪器设备及检测人员的配备情况、试验检测环境等基本条件,以及试验检测技术水平和管理水平进行评审,确认其从事公路水运工程试验检测工作等级的活动。

交通运输部工程质量监督机构负责公路工程综合类甲级、公路工程专项类和水运工程材料类及结构类甲级的等级评定工作。

省级交通质量监督机构负责本行政区域内公路工程综合类乙、丙级和水运工程材料类乙、丙级,水运工程结构类乙级的等级评定工作。

二、等级评定工作程序

(一)申请

检测机构应在公路水运工程试验检测管理信息系统(图1-2-2)中录入人员、场地、仪器设备等数据信息,并向所在地省级交通质监机构提交相关材料(一式两份),相关证明材料复印件应加盖申请人公章,并对材料的真实性负责。

图1-2-2 公路水运工程试验检测管理信息系统

提交的相关材料有:《公路水运工程试验检测机构等级评定/换证复核申请书》、申请人法人证书原件及复印件、通过资质认定(计量认证)的证书副本的原件及复印件、检测人员证书和聘(任)用关系证明文件原件及复印件、所申请试验检测项目的典型报告(包括模拟报告)及业绩证明、试验检测用房所有权或使用权材料及场地布局示意图、试验检测仪器设备权属证明材料及检定/校准证书、管理体系文件。

(二)初审

省级交通质监机构收到申请材料后,应在5个工作日内完成符合性审查,并出具书面受理或不受理意见。受理检测机构等级属于部质量监督机构负责办理的,省级交通质监机构应退回申请材料中的原件,并在10个工作日内出具核查意见,连同申请材料报送部质量监督机构。

质监机构受理申请后,应在15个工作日内完成初审工作。初审发现问题需澄清的,质监机构应当通知检测机构予以澄清或补正,并出具《公路水运工程试验检测机构申请材料补正通知书》;初审不合格的,质监机构应当及时书面向申请人说明理由;初审合格的,进入现场评审阶段。

(三)现场评审

根据被评审检测机构申请等级的专业、类别和检测项目,按照专业覆盖的原则,从质监机构建立的专家库中随机抽取专家组成现场评审专家组。评审专家组一般由外省区市人员组成,一般为3人及以上,并设评审组长1名,但与被评审检测机构有利害关系的人员不得进入评审组。

质监机构应在实施现场评审5个工作日前向检测机构发出《公路水运工程试验检测机构等级能力现场评审通知书》。现场评审时间一般为2天。

评审组长主持并依次开展评审工作预备会议、评审工作布置会议、现场评审、评审情况反馈会议、形成现场评审整改情况确认意见、向质监机构递交相关评审材料等工作。

现场评审需要检测机构整改的,须在规定期限内按要求完成整改并提交整改材料,否则视为没有通过资格现场评审。

评审过程中,质监机构可派员对现场评审过程进行监督。

(四)评定

质监机构根据《公路水运工程试验检测管理办法》及能力验证情况、监督检查情况、现场评审材料、整改情况等,对检测机构进行综合评定,确定对检测机构申请等级评定的结果。评定结果分为通过、整改、不通过三类。

(五)公示

质监机构应将评定结果向社会公示,公示期不得少于7天。对于公示期间有异议的,质监机构应进行核实,并将核实情况书面通知检测机构。

(六)公布

质监机构应根据评定结果和公示情况,公布等级评定结果。

（1）对于评定结果为通过，且公示期满无异议或者经核实异议不成立的检测机构，质监机构发出《公路水运工程试验检测机构等级评定/换证复核通知书》，并核发《等级证书》（有效期为5年）及"公路水运工程试验检测机构专用标识章"，在公路水运工程试验检测管理信息系统中更新相关信息，供社会公开查询。

（2）对于评定结果为整改的检测机构，质监机构一般应在5个工作日内发出《公路水运工程试验检测机构等级评定/换证复核整改通知书》，明确整改期限和整改内容。

（3）对于评定结果为不通过的检测机构，质监机构发出《公路水运工程试验检测机构等级评定不予通过通知书》。

学习情境二
LEARNING CONTEXT TWO
工地试验室标准化组建

 学习情境描述

本学习情境要求了解母体检测机构授权的基本要求;掌握工地试验室建设中对场地选址的要求和试验室的规划布局;掌握按标准进行基础设施建设和人员设备配备;了解体系与文化建设;掌握管理制度工作细则等。

 学习情境设计

本学习情境主要围绕7个学习任务的36个知识点进行设计,见表2-0-1。

学习情境设计表 表2-0-1

序号	学习任务	知识点内容	参考学时
1	工地试验室类型 与设立依据	1. 工地试验室设立的依据 2. 工地试验室设立的相关要求 3. 工地试验室的类型 4. 工地试验室的职责范围	1
2	工地试验室选址与规划	1. 项目概况了解 2. 母体检测机构授权 3. 场地选址要求 4. 试验室规划布局	1
3	基础设施标准化建设	1. 房屋建设 2. 水电通风建设 3. 温湿度建设 4. 环境建设 5. 安全设施与装备建设 6. 设备基础建设 7. 标志标牌建设	4
4	人员与设备配备	1. 人员配备 2. 设备配置与采购验收 3. 设备安装与调试 4. 设备检定与校准	2

2-0-1

续上表

序号	学习任务	知识点内容	参考学时
5	办公与交通设施配置	1. 办公设施配置 2. 交通设施配置	1
6	体系与文化建设	1. 质量管理体系与企业文化建设概述 2. 母体检测机构对工地试验室的质量体系管理 3. 工地试验室管理体系与文化建设 4. 宣贯与培训	1
7	管理制度建设	1. 工作实施细则 2. 管理制度建设 3. 设备管理制度 4. 设备购置验收维修降级和报废制度 5. 检测事故分析报告制度 6. 技术资料文件管理及保密制度 7. 检测样品管理制度 8. 检测工作计划检查和报告制度 9. 日常卫生与安全管理制度 10. 人员培训与考核制度 11. 检测人员守则	2

 情境学习评价

完成本学习情境学习后，按照表 2-0-2 对本学习情境的学习情况进行总评，评价总分为 100 分。

情境学习评价表　　　　　表 2-0-2

学号	姓名	学习任务一		学习任务二		学习任务三		学习任务四		学习任务五		学习任务六		学习任务七		学习情境二评价得分
		分值	比例/10%	分值	比例/10%	分值	比例/30%	分值	比例/15%	分值	比例/10%	分值	比例/10%	分值	比例/15%	

学习任务一　工地试验室类型与设立依据

 学习任务描述

本学习任务要求同学们了解工地试验室设立的依据;熟悉各类试验室之间的区别;掌握工地试验室的类型和设立的相关要求。

 学习目标

通过本学习任务的学习,你应该能够:
1. 辨识工地试验室的类型;
2. 编制工地试验室建设规划草案;
3. 增强有法可依、有法必依的法制意识。

 任务书

某施工企业欲进场组建工地试验室,在组建工地试验室之前,需要清楚即将组建的工地试验室属于哪种类型,能快速查找出工地试验室设立的依据,能准确地叙述出工地试验室设立的相关要求。

任务分组(表 2-1-1)

学生任务分配表　　　　　　　　　　　　　　　表 2-1-1

班级		组号		指导老师	
组长		学号			
组员	姓名	学号		姓名	学号
任务分工					

准备工作

1. 阅读工作任务书,熟悉本学习任务的主要学习内容;
2. 收集并阅读《交通运输部办公厅关于工地试验室标准化建设要点的通知》《公路工程工地试验室标准化指南》《交通运输部关于进一步加强和规范公路水运工程试验检测工作的若干意见》等文件,了解工地试验室设立的相关内容。

 任务实施

(一)工地试验室设立的依据

实施引导1:在公路工程建设过程中,工地试验室起到的主要作用有(　　)。
A. 提高施工原材料的质量控制水平
B. 提升工程施工质量控制效果
C. 提高工程管理效率

实施引导2:工地试验室设立的依据主要有哪些?

_____
_____
_____

实施引导3:取得《等级证书》的检测机构是否可设立工地试验室?依据是什么?

_____
_____
_____

实施引导4:《交通运输部关于修改〈公路水运工程试验检测管理办法〉的决定》第29条指出:取得《等级证书》的检测机构可设立工地临时试验室,承担相应公路水运工程试验检测业务,并对其试验检测结果承担责任。工程所在地_____应对工地临时试验室进行监督。

实施引导5:工地试验室标准化建设的核心是(　　)。(多选)
A. 质量管理精细化
B. 检测工作规范化
C. 硬件建设标准化
D. 数据报告信息化

实施引导6:在工地试验室标准化建设过程中,母体检测机构的主要工作任务有哪些?

_____
_____
_____

(二)工地试验室设立的相关要求

实施引导1:工地试验室设立的基本要求有哪些?

_____

_____

_____

实施引导2:母体检测机构应在其《等级证书》核定的业务范围内对工地试验室进行授权,上年度信用评价等级在_____级及以下的检测机构不宜作为授权设立工地试验室的母体检测机构。

实施引导3:多个合同段是否可以共设一个工地试验室?工地试验室能否对外承揽试验检测业务?

_____

_____

_____

实施引导4:工地试验室主要有哪些驻地建设要求?

_____

_____

_____

实施引导5:工地试验室在人员配备方面的主要要求有哪些?(　　)(多选)
A. 工地试验室应综合考虑工程特点、工程量大小及工程复杂程度、工期要求等因素,科学合理地确定试验检测人员数量,确保试验检测工作正常开展。
B. 试验检测人员应持证上岗、专业配置合理,能涵盖工程涉及专业范围和内容。
C. 试验检测人员应注册登记在母体检测机构。
D. 试验检测人员不得同时受聘于两家或两家以上的工地试验室。
E. 工地试验室不得聘用信用较差或很差的试验检测人员担任授权负责人,不得聘用信用很差的试验检测人员从事试验检测工作。

实施引导6:工地试验室在设备配备方面主要要求有哪些?(　　)(多选)
A. 工地试验室应按照合同要求和母体检测机构授权范围内的试验检测项目及参数配备相应的仪器设备和辅助工具,使用频率高的仪器设备在数量上应能满足周转需要。仪器设备的功能、准确度和技术指标均应符合现行规范、规程要求。
B. 仪器设备应按照优化试验检测工作流程、整体布局合理、同步作业不形成相互干扰的原则进行布置。
C. 对有环境条件要求的功能室,应配置相应的温、湿度控制设备。
D. 标准养护室应配置一定数量的试件存放架,其刚度、尺寸满足使用要求,且方便存取。
E. 办公室一般应配置计算机、打印机、复印机、空调等设备,以具备良好的工作和网络通信条件。
F. 资料室应配置一定数量的金属资料柜,并应采取防潮、防虫等措施。

2-1-3

G. 工地试验室应配置一定数量的交通工具,满足检测工作需要。

(三)工地试验室的类型

实施引导1:围绕公路工程施工需要而建立的试验室主要有(　　)。(多选)

A. 施工企业工地试验室　　　　　　B. 监理工地试验室
C. 第三方试验检测机构工地试验室　　D. 工点试验点

实施引导2:施工企业工地试验室根据合同段的工作内容,主要分为路基施工企业工地试验室、_____。

实施引导3:施工企业工地试验室是施工企业为完成其所承担的施工任务而建立的试验室,主要功能室有土工室、石料室、(　　)、水泥室、沥青室、(　　)、混凝土室、(　　)、外检室、化分室、标准养护、样品与留样室。

A. 集料室　　　　　B. 力学室　　　　　C. 沥青混合料　　　　　D. 办公室

实施引导4:合同段试验室、中心拌和站(或厂)试验站、工点试验点之间具有什么样的关系?
_____
_____
_____

实施引导5:如何划分政府监督部门的试验室级别?
_____
_____
_____

(四)工地试验室的职责范围

实施引导1:施工企业工地试验室的主要职责有(　　)。(多选)

A. 选定原料
B. 试样管理
C. 验收复检
D. 标准试验
E. 工艺试验
F. 自检试验
G. 协助试验,为监理试验室提供其复核试验所需的一切材料
H. 协助有关方面调查施工中出现的质量问题或质量事故
I. 对试验资料进行整理分析,提出分析报告
J. 参与现场科研试验工作,推广及应用新材料、新技术、新工艺

实施引导2:施工企业工地试验室的验收复检是指(　　),标准试验是指(　　)。

A. 对已进场的各种材料(包括原材料、成品或半成品材料)按技术标准或试验规程的规定,分批量进行有关技术性质试验,以次定准予使用或封存、清退
B. 包括试验路铺筑、混合材料的预拌等过程中的试验工作,为施工控制采集有关的控制参数

C. 完成各种混合材料的配合比组成设计试验,提出配合比例及相关施工控制参数

D. 包括配合比例、压实度、强度(包括各类试件的成型、养护和试验)、施工控制参数、分项或分部工程中间交工验收试验等

实施引导3:监理工地试验室的主要职责是什么?

_____
_____
_____

实施引导4:政府监督部门试验室的主要职责是(　　　)。(多选)

A. 抽检试验　　　　　　　　B. 竣工验收检测
C. 验收复检　　　　　　　　D. 平行试验

实施引导5:施工企业工地试验室、监理工地试验室、政府监督部门试验室三者之间有什么区别?

_____
_____
_____
_____

评价反馈

1　学生进行自我评价,评价自己对工地试验室设立依据的了解情况,对各类试验室之间区别的熟悉程度,对工地试验室类型和设立的相关要求等内容的掌握深度,有无任务遗漏,并将结果填入表2-1-2中。

学 生 自 评 表　　　　　　　表2-1-2

班级:	姓名:	学号:	
学习任务一	工地试验室类型与设立依据		
评价项目	评价标准	分值(分)	得分(分)
工地试验室设立的依据	正确表述工地试验室的作用,清楚工地试验室设立的依据	10	
工地试验室设立的相关要求	正确阐述工地试验室在机构设置、驻地建设、人员与设备配置等方面的相关要求	20	
工地试验室的类型	正确理解和辨识工地试验室的类型	10	
工地试验室的职责	清楚了解各类试验室的职责,以及它们之间的区别	20	
学习态度	态度端正,无无故缺勤、迟到、早退现象	10	
学习质量	按预定计划完成学习任务,具备编制工地试验室建设规划草案的能力	10	
协调能力	与小组成员、同学间能有效地合作、交流、协调	5	
职业素质	做到多平台、多渠道收集相关信息,完成学习任务	5	

续上表

评价项目	评价标准	分值(分)	得分(分)
创新意识	收集并阅读《交通运输部办公厅关于工地试验室标准化建设要点的通知》《公路工程工地试验室标准化指南》《交通运输部关于进一步加强和规范公路水运工程试验检测工作的若干意见》等文件，了解工地试验室设立的相关内容	10	
小计		100	

2　学生以小组为单位，对以上学习任务的过程与结果进行互评，将互评结果填入表2-1-3中。

学 生 互 评 表　　　　　　　　　　　　　表2-1-3

学习任务一		工地试验室类型与设立依据											
评价项目	分值	等级							评价对象(组别)				
									1	2	3	4	5	6
团队协作	10	优	10	良	8	中	6	差	4					
分工明确	8	优	8	良	7	中	6	差	4					
组织有序	10	优	10	良	8	中	6	差	4					
学习质量	8	优	8	良	7	中	6	差	4					
学习效率	8	优	8	良	7	中	6	差	4					
态度端正	10	优	10	良	8	中	6	差	4					
任务完整	10	优	10	良	8	中	6	差	4					
结果规范	13	优	13	良	9	中	6	差	4					
回答问题	13	优	13	良	9	中	6	差	4					
成果展示	10	优	10	良	8	中	6	差	4					
小计	100													

3　教师对学生学习过程与任务成果进行评价，并将评价结果填入表2-1-4中。

教师综合评价表　　　　　　　　　　　　　表2-1-4

班级：		姓名：	学号：		
学习任务一		工地试验室类型与设立依据			
评价项目		评价标准	分值(分)	得分(分)	
考勤(10%)		无无故缺勤、迟到、早退现象	10		
学习过程 (60%)	工地试验室设立的依据	正确表述工地试验室的作用，清楚工地试验室设立的依据	10		
	工地试验室设立的相关要求	正确阐述工地试验室在机构设置、驻地建设、人员与设备配置等方面的相关要求	15		
	工地试验室的类型	正确理解和辨识工地试验室的类型	10		
	工地试验室的职责	清楚了解各类试验室的职责，以及它们之间的区别	10		

续上表

评价项目		评价标准	分值(分)	得分(分)
学习过程 （60%）	协调能力	与小组成员、同学间能有效地合作、交流、协调	5	
	职业素质	做到多平台、多渠道收集相关信息，完成学习任务	5	
	创新意识	收集并阅读《交通运输部办公厅关于工地试验室标准化建设要点的通知》《公路工程工地试验室标准化指南》《交通运输部关于进一步加强和规范公路水运工程试验检测工作的若干意见》等文件，在线了解工地试验室设立的相关内容	5	
任务成果 （30%）	工作完整	按时完成任务	10	
	工作规范	按《公路工程工地试验室标准化指南》编制工地试验室建设规划草案	5	
	回答问题	用语规范、回答完整	10	
	成果展示	组内分工扮演工地试验室各方	5	
小计			100	
综合评价		自评(20%)	小组互评(30%)	教师评价(50%)	综合评分

 拓展思考题

1. 路基工程与路面工程的工地试验室主要有什么异同？
2. 工地试验室如何处理母体检测机构授权之外的检测项目？

 任务反思

_____
_____
_____

 学习任务的相关知识点

知识点一：工地试验室设立的依据

一、工地试验室的作用

工地试验室是由施工单位、监理单位根据工程质量安全管理需要或合同约定，在工程现场自行设立的或委托其他等级试验检测机构在工程现场设立的试验室；由建设单位通过招标等方式委托第三方试验检测机构在工程现场设立的试验室。

工地试验室是工程施工管理中对工程质量不可或缺的组成部分，不仅能够为工程施工提供精确的试验数据,并且保证了工程建设过程中的施工质量控制措施顺利实施。

在公路工程建设过程中起到了重要的作用:

1. 提高施工原材料的质量控制水平

试验室通过各项施工原材料进行检测,将质量不过关的材料及时淘汰,保证各项原材料得到高效使用。

2. 提升工程施工质量控制效果

工地试验室能够为工程管理人员提供良好的试验数据,通过详细分析各项检测数据,有效提升工程质量的控制效果。

3. 提高工程管理效率

管理人员可以根据工程实际施工质量,不断学习先进的试验检测技术,从而不断地提高工程管理效率。

二、试验室设立的依据

(一)《关于进一步加强公路水运工程工地试验室管理工作的意见》

2009年8月10日,交通运输部发布了《关于进一步加强公路水运工程工地试验室管理工作的意见》(厅质监字〔2009〕183号),文中提到:

公路水运工程工地试验室是工程质量控制和评判的重要基础数据来源,是工程建设质量保证体系的重要组成部分。

需设立工地试验室的公路水运工程建设项目,建设单位应在招标文件、合同文件中明确工地试验室的检测能力、人员、仪器设备配备要求,促使中标单位保证工地试验室的投入,加强对工地试验室试验检测工作的监督检查。

(二)《公路水运工程质量监督管理规定》

2017年9月4日交通运输部颁布了2017年第28号令《公路水运工程质量监督管理规定》,"第二章 质量管理责任和义务"中第十八条规定:

施工、监理单位应当按照合同约定设立工地临时试验室,严格按照工程技术标准、检测规范和规程,在核定的试验检测参数范围内开展试验检测活动。施工、监理单位应当对其设立的工地临时试验室所出具的试验检测数据和报告的真实性、客观性、准确性负责。

(三)《交通运输部关于修改〈公路水运工程试验检测管理办法〉的决定》

2019年11月28日交通运输部颁布了2019年第38号令《交通运输部关于修改〈公路水运工程试验检测管理办法〉的决定》,规定中第29条指出:

取得《等级证书》的检测机构可设立工地临时试验室,承担相应公路水运工程试验检测业务,并对其试验检测结果承担责任。工程所在地省级交通质监机构应对工地临时试验室进行监督。

(四)交通运输部办公厅关于《印发工地试验室标准化建设要点的通知》

工地试验室不但要建,而且要建好,为了确保工程质量,交通运输部要求将工地试验室进行标准化建设,并发布了《交通运输部办公厅关于印发工地试验室标准化建设要点的通知》(厅质监字〔2012〕200号)。

通知中提出了5点总体要求:

(1)工地试验室标准化建设是促进工程建设项目管理水平进一步提升的重要举措,其核心是质量管理精细化、检测工作规范化、硬件建设标准化和数据报告信息化。各级交通运输主管部门、质监机构及项目参建单位要正确理解工地试验室标准化建设内涵,坚持因地制宜、量力而行、务求实效的工作原则,将提高工地试验检测数据的准确性、客观性和科学性作为工地试验室标准化建设的重中之重抓实抓好。

(2)项目建设单位应根据工程特点,将工地试验室标准化建设有关要求及费用标准等纳入招标文件,保证工地试验室标准化建设有序开展。各参建单位应将工地试验室标准化建设纳入日常管理,采取有效措施营造有利于工地试验室独立规范运行的外部环境。

(3)母体检测机构应加强对工地试验室标准化建设的管理和指导,按照合同要求为工地试验室配齐人员、配足设备、选好场地。母体检测机构应加强内部监督检查,切实敦促工地试验室将标准化建设的各项要求落实到具体试验检测工作中。

(4)工地试验室授权负责人应按照工地试验室管理和标准化建设的有关要求,对工地试验室运行和试验检测活动负起责任,切实履行好配置试验室资源、建立质量保证体系、完善管理制度、监督制度执行等各项职责,确保工地试验室人员、设备、环境等满足工地试验检测工作需要,使相关试验检测工作有效开展。

(5)各级交通运输主管部门、质监机构要结合本地区实际,按照标准化建设的总体部署,进一步细化工地试验室标准化建设的各项内容和要求,制定实施方案,明确相关标准、细化工作职责,做到有要求、有落实、有反馈、有总结,推动工地试验室标准化建设工作全面开展。

知识点二:工地试验室设立的相关要求

一、基本要求

(1)工地试验室应根据工程项目内容和规模进行设置,既要满足工程质量控制需要,又要满足合理布局、安全环保、环境整洁等要求。

(2)工地试验室必须严格执行国家有关法律、法规、技术标准和交通运输主管部门的有关规范、规程,遵循科学、客观、严谨、公正的原则,独立开展试验检测活动,为工程建设提供真实、准确的试验检测数据和报告。

二、机构设置要求

(1)施工、监理单位和检测机构应根据工程质量安全管理需要或合同约定,在工程现场设立工地试验室。

(2)工地试验室由取得公路水运工程试验检测机构资质《等级证书》的试验检测机构(母体检测机构)授权设立,且授权的试验检测项目和参数不得超出其《等级证书》核定的业务范围,母体检测机构对工地试验室的试验检测行为及结果承担责任。

(3)母体检测机构应在其《等级证书》核定的业务范围内对工地试验室进行授权,上年度信用评价等级在C级及以下的检测机构不宜作为授权设立工地试验室的母体检测机构。

(4)工地试验室应按合同段单独设立,工程规模过大时应设立分试验室。同一合同段内施工、监理单位的工地试验室不得由同一家母体检测机构授权设立。

(5)工地试验室按照规定到项目质监机构登记备案后,方可开展试验检测工作。

(6)工地试验室应在母体检测机构授权的范围内,为工程建设项目提供试验检测数据,不得对外承揽试验检测业务。

三、驻地建设要求

(1)工地试验室选址应充分考虑安全、环保、交通便利及工程质量管理要求等因素,其周边场地一般应进行硬化处理。

(2)工地试验室规划应遵循总体布局合理、功能分区明确、组织协调顺畅的原则。

(3)工地试验室应将工作区和生活区分开设置。

(4)功能室应根据工程内容和特点设置。

(5)工地试验室用房可新建或租用现有房屋。

(6)工地试验室的空间和面积应满足试验检测工作和环境条件要求。

(7)工地试验室应有良好的通风采光条件,以及相应的通风设施。

(8)工地试验室应设置较完善的排水设施,并配备必要的应急水源,保证试验检测工作正常、连续开展。

(9)工地试验室应采用独立的专用线路集中配电,并设置应急电源,保证试验检测工作正常、连续开展。

(10)工地试验室应配备必要的安全防护、防盗和环保设施,确保人员和设备安全,避免造成环境污染。

(11)标准养护室的墙体和屋顶应进行防潮和保温处理。

(12)功能室应设置一定数量的操作台,操作台应选用坚固、防滑、耐腐蚀材料,几何尺寸应符合有关技术标准,外观应整洁、美观、方便操作。功能室地面应平整、防滑、耐磨。

(13)工地试验室标牌应悬挂于醒目处,其内容应与工地试验室印章内容一致。各功能室、办公室和资料室应设置统一规格的门牌标识,对有环境和安全条件要求的区域应设置警示及限入标识。

(14)办公室内应悬挂组织机构框图、主要管理制度等。各功能室内应悬挂主要仪器设备的操作规程。

四、人员配备要求

(1)工地试验室应综合考虑工程特点、工程量大小及工程复杂程度、工期要求等因素,科学合理地确定试验检测人员数量,确保试验检测工作正常开展。

(2)试验检测人员应持证上岗、专业配置合理,能涵盖工程涉及专业范围和内容。

(3)试验检测人员应注册登记在母体检测机构。

(4)试验检测人员不得同时受聘于两家或两家以上的工地试验室。

(5)工地试验室不得聘用信用较差或很差的试验检测人员担任授权负责人,不得聘用信用很差的试验检测人员从事试验检测工作。

五、设备配置要求

(1)工地试验室应按照合同要求和母体检测机构授权范围内的试验检测项目及参数配备相应的仪器设备和辅助工具,使用频率高的仪器设备在数量上应能满足周转需要。仪器设备的功能、准确度和技术指标均应符合现行规范、规程要求。

(2)仪器设备应按照优化试验检测工作流程、整体布局合理、同步作业不形成相互干扰的原则进行布置。

(3)对有环境条件要求的功能室,应配置相应的温、湿度控制设备。

(4)标准养护室应配置一定数量的试件存放架,其刚度、尺寸应满足使用要求,且方便存取。

(5)办公室一般应配置计算机、打印机、复印机、空调等设备,以具备良好的工作和网络通信条件。

(6)资料室应配置一定数量的金属资料柜,并应采取防潮、防虫等措施。

(7)工地试验室应配置一定数量的交通工具,满足检测工作需要。

六、体系和文化要求

(1)工地试验室应依据母体检测机构的质量体系文件,结合工程特点,编制简洁、适用、针对性和操作性强的质量体系文件和各项管理制度。

(2)工地试验室应加强质量体系文件和各项管理制度的宣贯工作。

(3)工地试验室应积极营造"诚实守信、科学规范"的工地检测文化氛围,将"科学、客观、严谨、公正"的理念,融入具体试验检测工作中。

知识点三:工地试验室的类型

围绕公路工程施工需要而建立的试验室有以下类型。

一、施工企业工地试验室

施工企业工地试验室是施工企业为完成其所承担的施工任务而建立的试验室。

其功能室的设置大致有:土工室、石料室、集料室、水泥室、沥青室、沥青混合料室、混凝土室、力学室、外检室、化分室、标养室、样品与留样室。

施工企业工地试验室根据合同段的工作内容,主要分为路基施工企业工地试验室、路面施工企业工地试验室。

各合同段施工企业试验室根据各自具体工作需要,又可分为:

1. 合同段试验室

按工程招标划分的合同段设置的试验室,由于其流动性较强的特点,其规模决定于工程规模的大小及所承担的具体工程任务,人员和设备多是由施工企业总部或分部临时调配,资质也多利用总部或分部的资质,一般只具有常规施工试验检测的能力。

2. 中心拌和站(或厂)试验站

为方便工作,在中心拌和站或拌和厂设立的试验室,多由合同段试验室派出,其工作单一,且任务明确,主要任务是负责检测混合材料配合比例和拌和质量。

3. 工点试验点

当合同段里程较长,交通不便时,为方便工作,在工程队或工程量较集中的地方由合同段试验室派出的驻工点试验点,主要负责某一项或几项施工自检试验工作。

二、监理工地试验室

监理工地试验室是监理单位为完成其所承担的监理任务而建立的试验室。监理工地试验室一般规模较大,设备先进,功能完善,具有承担所辖施工标段各类试验检测任务的能力。施工标段一般不设监理工地试验室,现场监理的试验一般利用施工企业的工地试验室进行。

三、第三方试验检测机构工地试验室

第三方试验检测机构就如同建设单位的眼睛一样,让项目建设单位对工程质量心中有数,对质量控制防患于未然。使工程质量处于可控状态,为工程质量提供保障。

四、政府监督部门试验室

按行政区划设置,大体上可以将政府监督部门的试验室划分为三级。

(1)各省、自治区、直辖市交通质检部门所属的试验室,大部分具有甲级检测资质。设备较先进齐全,具有对各级公路进行监督试验检测的能力。

(2)各地市交通质检部门所属的试验室,业务上受所在省、自治区、直辖市质检部门的领导,一般具有对二级及二级以下公路进行监督试验检测的能力。

(3)各县(市)质检部门所属的试验室,业务上受所在地、市质检部门的领导,主要承担地方道路的监督检测任务。

知识点四:工地试验室的职责范围

各级各类工地试验室的职能不同,其职责范围也有区别,分别简单介绍如下。

一、施工企业工地试验室的职责范围

(1)选定原料:主要指地方材料(包括土、砂石材料)等,按设计文件提供的料源,通过标准要求,选定运输费用低的供料场为施工使用。

(2) 试样管理:包括试样的采集、运输、分类、编号及保管。

(3) 验收复检:指对已进场的各种材料(包括原材料、成品或半成品材料)按技术标准或试验规程的规定,分批量进行有关技术性质试验,以次定准予使用或封存、清退。

(4) 标准试验:指完成各种混合材料的配合比组成设计试验,提出配合比比例及相关施工控制参数。

(5) 工艺试验:包括试验路铺筑、混合材料的预拌等过程中的试验工作,为施工控制采集有关的控制参数。

(6) 自检试验:包括配合比比例、压实度、强度(包括各类试件的成型、养护和试验)、施工控制参数、分项或分部工程中间交工验收试验等。

(7) 协助试验:指为监理试验室提供其复核试验所需的一切材料(同现场监理人员一同取样,每种材料取两份,一份留自己试验用,一份送监理试验室),为现场监理人员抽检试验提供必要的仪器设备及人员协助,以及委托试验的送样任务。

(8) 协助有关方面调查施工中出现的质量问题或质量事故,为调查处理提供真实、齐全的试验数据、证据或信息,参与必要的试验检测工作。

(9) 对试验资料进行整理分析,提出分析报告,随时掌握施工质量动态,供有关人员参考。

(10) 参与现场科研试验工作,推广及应用新材料、新技术、新工艺。

二、监理工地试验室的职责范围

监理的职责是对工程的实施进行全过程、全方位的监督管理。监理工地试验室的职能介于施工企业和政府监督之间,既有监督的一面,也有被监督的一面。

其职责主要是进行复核或平行试验。

(1) 评估验收:合同段试验室在起用前要经过监理工地试验室的评估验收,包括试验室用房、设备到位及安装情况、衡器及测力设备检定校验情况、人员及其资质情况、规章制度及管理情况、温湿度控制情况、安全与环保措施情况等,以决定是否同意投入使用。

(2) 验证试验:对各种原材料或商品构件,按施工企业提供的样品、产品合格证和试验报告等进行订货前预检,以决定是否同意采购。

(3) 标准试验:对各种混合材料的配合比比例、标准击实及所用原材料进行平行复核试验,以决定是否同意批复使用。

(4) 工艺试验:参与施工企业工地试验室的有关工艺性的试验,包括各类试验路、混合材料预拌等过程中的试验工作,以决定是否同意正式开工。

(5) 抽检试验:在工程实施过程中,按规定的抽检频率,对工程所用原材料、成品或半成品材料的性能及压实度、强度等做全程跟踪抽检试验。

(6) 验收试验:对已完工的工程项目(多指中间交验的分部及分项工程)进行试验检测,以准确地评价工程内在品质,以决定是否接收。

(7) 监管作用:对施工企业工地试验室的工作实施全面监督管理,包括试样管理、试验工作管理、仪器设备管理、试验环境管理、文献资料管理等。

以上工作任务有些由监理工地试验室完成,有些由现场监理人员在施工企业工地试验室人员的协助下来完成,也可由现场监理人员利用施工企业工地试验室的设备独立完成。

三、第三方试验检测机构工地试验室的职责范围

第三方试验检测机构工地试验室的职责,主要是对施工单位自检合格的原材料、半成品、成品等进行抽检,并出具检测报告,及时将检测结果汇报给建设单位,为建设单位提供科学的检测数据。

四、政府监督部门试验室的职责范围

质量监督是指为满足质量要求,按有关规定对材料、工艺、方法、条件、产品、记录分析的状态进行连续监视和验证。质量监督的实施由政府监督部门或由政府监督部门认可的具有公正性、权威性的监督检验部门,用科学方法对产品抽查检验,对企业保证产品的各种条件(质量管理制度、技术规范、测试条件、工艺装备、检验记录)进行检查,并作出科学的评价结论。

(一)监督部门的职能

(1)预防职能:预先排除质量问题或潜在的危害因素,防患于未然。
(2)补救、完善职能:监督企业健全质量管理制度,消除产生质量缺陷的因素,处理质量纠纷,做好善后工作,弥补损失。
(3)评价职能:验证和评价产品质量,为仲裁提供依据,也是奖惩的依据。
(4)信息职能:向政府有关部门提供有关质量信息,为政府宏观决策提供依据。
(5)教育职能:宣传国家的质量政策方针,提高全员质量意识,树立先进的质量典范,惩治假冒伪劣。

(二)主要职责

按监督部门的职能,质量监督部门试验室的职责范围主要包括:
(1)抽检试验:在工程实施过程中,定期或不定期地对在建工程的部分项目进行抽检试验,或进行全面的质量普查,以了解工程的质量动态,监督项目顺利实施。
(2)竣工验收检测:工程竣工后,由质检单位对工程进行全面的试验检测,提出验收报告,以决定是否接收。

五、各类试验室的区别

各类试验室的性质不同,职能不同,职责范围也有区别。
施工企业工地试验室的职责主要是用规定的方法和手段,对工程所用原材料、成品或半成品材料、结构构件以及结构物进行自检试验,提出自检报告,作为申请监理检查验收的依据。
监理工地试验室的职责主要是进行复核性或平行试验,提出复核或抽检试验报告,作为批复或检查验收的依据。

政府监督部门试验室的职责主要是定期或不定期地对分项或分部工程进行抽检,提出抽检报告,作为监督的依据。

尽管各自的职责有所侧重,但目标是一致的,即杜绝不合格材料用于工程,对不合格的构件、结构物或工程提出返工或拒收的依据,构成了既有自检、复核,又有监督的质量保障体系,保证工程质量万无一失。因此要求各类试验室必须具有性能先进、配套齐全的试验设备,以及具有专门知识和试验技能的、能熟练操作使用这些设备的工作人员,以充分发挥试验室或试验室工作在工程建设中的重要作用。

学习任务二　工地试验室选址与规划

 学习任务描述

本学习任务要求同学们认真阅读工程建设项目合同，开展试验室布局规划，查阅相关资料，了解工程建设项目概况，初步选定试验室的建设场址，编写试验检测工作计划。

 学习目标

通过本学习任务的学习，你应该能够：
1. 初步选定工地试验室的建设场址；
2. 规划工地试验室的各功能室；
3. 编制试验室管理体系草案，协助组织与开展宣贯与培训工作；
4. 培养"功成不必在我、功成必定有我"的奉献意识。

 任务书

某施工企业将组建工地试验室，作为一名刚入职的职场新人，在参与组建工地试验室之前，应先了解项目概况，清楚工地试验室建设中对场地选址的要求，了解试验室及其各功能室的规划原则，以及母体检测机构授权的基本要求。

 任务分组（表2-2-1）

学生任务分配表　　　　　　　　　表2-2-1

班级		组号		指导老师	
组长		学号			
组员	姓名		学号	姓名	学号
任务分工					

2-2-1

准备工作

1. 阅读工作任务书,熟悉即将要学习的主要内容;
2. 收集并阅读《建设工程质量管理条例》《建设工程质量检测管理办法》《交通运输部关于修改〈公路水运工程试验检测管理办法〉的决定》《铁路工程质量监督检测管理办法》《铁路建设工程质量监督管理规定》《水利工程质量检测管理规定》等资料,了解工地试验室建设中对场地选址的要求。

任务实施

(一) 项目概况了解

实施引导1:工程建设项目概况是指在介绍或论述某个项目时,首先综合性地简要介绍项目的基本情况。包括项目建设内容、(　　　　)、(　　　　)、经济效益、社会效益、(　　　　)、交通条件、气候环境、人文环境、优惠政策等内容。

实施引导2:编制试验检测工作计划包括哪些内容?

_____
_____
_____
_____

实施引导3:编制试验检测工作计划的具体要求有哪些?

_____
_____
_____
_____

实施引导4:了解项目概况,需认真阅读工程建设项目合同,查阅相关资料,必要时提前实地(　　　　)。

(二) 母体检测机构授权

实施引导1:请对以下说法进行判断,对的请打√、错的请打×。

A. 工地试验室的建设中,土工室的面积可以规划为10m²。　　　　(　　)
B. 水泥混凝土室面积可以规划为50m²。　　　　(　　)

实施引导2:工地试验室属于什么性质的机构?具备什么条件才能启动工地试验室建设的相关工作?

_____
_____
_____
_____

实施引导3:工地试验室要组织相关的资料,需要向建设单位提交哪些能力证明材料?

实施引导4：母体检测机构给工地试验室的授权书应包括哪些内容？

实施引导5：工地试验室建设方案的主要内容包括哪些？

实施引导6：母体检测机构，以（　　　）的方式，授予（　　　）试验检测项目和类别、授权相关试验室主要人员，派驻母体常驻人员等。

实施引导7：得到母体授权后，（　　　）要组织相关的资料，编写（　　　），向项目所在地建设单位提交能力证明材料。

(三) 场地选址要求

实施引导1：为方便试验检测工作，工地试验室应设置在什么位置？

实施引导2：工地试验室的场地选址的安全要求，应避开山体崩塌、（　　　）、（　　　）、地面塌陷、地裂缝、（　　　）等地段。

实施引导3：工地试验室场地的选择应充分考虑什么原则？

实施引导4：工地试验室选址的具体要求有哪几方面？

实施引导5：工地试验室选址的安全要求，与（　　　）、通信线路和（　　　）应保持一定的安全距离；不宜建在油库、有交通（　　　）的区域和地段。

实施引导6：工地试验室选址的环境要求，不宜建在污染企业、（　　　）等易产生干扰的地段和区域。

2-2-3

(四)试验室规划布局

实施引导1:请对以下说法进行判断,对的请打√、错的请打×。

A. 工地试验室规划的基本原则包括分区设置原则、布局合理原则、互不干扰原则。(　　)

B. 工地试验室应将工作区和生活区分开设置,工作区总体可分为办公室和资料室。(　　)

C. 工地试验室场地的选择应充分考虑安全、环保、交通便利,便于工地管理和相对独立的原则,不需要考虑施工、质量管理要求等因素。(　　)

实施引导2:试验室规划的基本原则有哪些?

_____
_____
_____

实施引导3:对于路基、桥梁、隧道和路面等主体工程,所设立的工地试验室一般应包括土工室、(　　)、石料室、水泥室、(　　)、力学室、沥青室、(　　)、化学室、标准养护室、样品室、留样室、外检室、储藏室(放置杂物、闲置或废弃的仪器设备等)等相对独立的功能室。

实施引导4:工地试验室在建设前,应提前规划各功能室的哪些方面?

_____
_____
_____

评价反馈

1 学生进行自我评价,评价自己对工地试验室建设中关于选址要求的了解情况,对试验检测工作计划编写、工地试验室各功能室如何规划、试验室管理体系及文化建设等内容的熟悉程度,有无任务遗漏,并将结果填入表2-2-2中。

学 生 自 评 表　　　　　　　　　表2-2-2

班级:	姓名:	学号:	
学习任务二	工地试验室选址与规划		
评价项目	评价标准	分值(分)	得分(分)
了解项目概况	正确编写试验检测工作计划	10	
母体检测机构授权	完整地描述母体检测机构授权书应包含的必要信息	10	
工地试验室的选址	正确表述工地试验室建设中关于选址的要求	20	
规划各功能室	正确阐述工地试验室规划应遵循的原则	30	
学习态度	态度端正,无无故缺勤、迟到、早退现象	10	
学习质量	按预定计划完成学习任务	5	
协调能力	与小组成员、同学间能有效地合作、交流、协调	5	
职业素质	做到多平台、多渠道收集相关信息,完成学习任务	5	

续上表

评价项目	评价标准	分值(分)	得分(分)
创新意识	通过阅读《建设工程质量管理条例》《建设工程质量检测管理办法》《交通运输部关于修改〈公路水运工程试验检测管理办法〉的决定》《铁路工程质量监督检测管理办法》《铁路建设工程质量监督管理规定》《水利工程质量检测管理规定》等资料,能更好地理解工地试验室建设中对场地选址的要求等内容	5	
小计		100	

2　学生以小组为单位,对以上学习任务的过程与结果进行互评,将互评结果填入表2-2-3中。

学 生 互 评 表　　　　　　　　　　　表2-2-3

学习任务二									工地试验室选址与规划					
评价项目	分值			等级							评价对象(组别)			
									1	2	3	4	5	6
团队协作	10	优	10	良	8	中	6	差	4					
分工明确	8	优	8	良	7	中	6	差	4					
组织有序	10	优	10	良	8	中	6	差	4					
学习质量	8	优	8	良	7	中	6	差	4					
学习效率	8	优	8	良	7	中	6	差	4					
态度端正	10	优	10	良	8	中	6	差	4					
任务完整	10	优	10	良	8	中	6	差	4					
结果规范	13	优	13	良	9	中	6	差	4					
回答问题	13	优	13	良	9	中	6	差	4					
成果展示	10	优	10	良	8	中	6	差	4					
小计	100													

3　教师对学生学习过程与任务成果进行评价,并将评价结果填入表2-2-4中。

教师综合评价表　　　　　　　　　　表2-2-4

班级:　　　　　　　姓名:　　　　　　　学号:

学习任务二		工地试验室选址与规划		
评价项目		评价标准	分值(分)	得分(分)
考勤(10%)		无无故缺勤、迟到、早退现象	10	
学习过程(60%)	了解项目概况	正确编写试验检测工作计划	10	
	母体检测机构授权	完整地描述母体检测机构授权书应包含的必要信息	10	
	工地试验室的选址	正确表述工地试验室建设中关于选址的要求	10	
	规划各功能室	正确阐述工地试验室规划应遵循的原则	15	
	协调能力	与小组成员、同学间能有效地进行合作、交流、协调	5	

2-2-5

续上表

评价项目		评价标准	分值(分)	得分(分)
学习过程（60%）	职业素质	做到多平台、多渠道收集相关信息,完成学习任务	5	
	创新意识	通过阅读《建设工程质量管理条例》《建设工程质量检测管理办法》《交通运输部关于修改〈公路水运工程试验检测管理办法〉的决定》《铁路工程质量监督检测管理办法》《铁路建设工程质量监督管理规定》《水利工程质量检测管理规定》等资料,能更好地理解工地试验室建设中对场地选址的要求等内容	5	
任务成果（30%）	工作完整	按时完成任务	10	
	工作规范	按要求进行文件查阅	5	
	回答问题	依据规范、办法准确回答	10	
	成果展示	用语规范、表达准确	5	
		小计	100	
综合评价		自评(20%)	小组互评(30%)	教师评价(50%)	综合评分

拓展思考题

1. 工地试验室的选址需要考虑哪些方面的因素？
2. 工地试验室应如何规划得更好？

任务反思

_____
_____
_____
_____

相关知识点

知识点一：项目概况了解

一、相关知识

项目概况是指在介绍或论述某个项目时,首先综合性地简要介绍项目的基本情况。包括项目建设内容、建设规模、投资总额、经济效益、社会效益、地理位置、交通条件、气候环境、人文环境、优惠政策等内容。

二、具体要求

(1)认真阅读工程建设项目合同,查阅相关资料,必要时提前实地勘查现场。

（2）了解工程建设项目建设规模、工程项目部所处位置，工期，初步确定试验室的位置。

（3）合同中对工地试验室的投资，需要完成的检测任务量。

（4）工程建设项目所需的母体检测机构的资质，工地试验室所需的人员、设备、场地等。

（5）对工程结构用所有原材料进行市场调查，及时进行信息反馈，包括本项目材料数量和质量，特别是地材等。进场后，应加强与建设单位、监理及项目所在地上级监督部门之间的沟通。

（6）依据施工图、项目工程施工整体计划以及规范、标准、规程等，编写试验检测工作计划，包括所有结构工程用原材料的检测数量、频率，半成品、成品的检测数量，检测人员培训学习，检测设备的购置、安装等相关工作等。

三、工程概况实例

××高速公路××段，位于××市××境内，起点桩号：K56+000，终点桩号：K68+000，总长12km。设计速度100km/h，采用双向四车道高速公路标准，路基宽26m。

本合同段主要工程量为：

路基工程：路基填方121.3万m^3，路基填石0.68万m^3，路基挖方22.3万m^3，路基挖石0.63万m^3，灰土桩137894m^2。互通区1处，服务区1处。

盖板涵、通道：通道18道，盖板涵16道。

桥梁工程：大桥4座，分离式立交桥2座，天桥3座。

防护和排水：浆砌预制块排水沟，片石护坡，方格护坡。

知识点二：母体检测机构授权

一、相关知识

《公路水运工程试验检测管理办法》（交通运输部令2019年第38号）第二十九条规定，取得等级证书的检测机构，可设立工地临时试验室，承担相应公路水运工程的试验检测业务，并对其试验检测结果承担责任。也就是说工地试验室属于临时性机构，必须取得相应的母体检测机构授权才能启动工地试验室建设的相关工作。

二、试验室资质

工地试验室为母体检测机构的派出机构，是受母体检测机构监督和管理的，应具备独立检测能力。授权流程如下：

（1）母体检测机构以授权书的方式，授予工地试验室试验检测项目和类别、授权相关试验室主要人员，派驻母体常驻人员等。

（2）得到授权后，工地试验室要组织相关的资料，编写资质申请书，向项目所在地建设单位提交能力证明材料，其中包括了母体检测机构信息，工地试验室人员信息，仪器信息，能开展的检测项目和类别等，证明已经具备试验能力，然后由质监部门能力核验，核验通过，即可开展试验检测。

三、具体要求

母体检测机构给工地试验室的授权书的内容应包括服务的工程项目名称、设立的工地试验室名称、授权负责人的姓名及持证情况、授权工地试验室开展的检验检测项目范围、授权的有效期限等内容。并且，授权人应考虑被授权人的证书专业领域是否涵盖工地现场授权的参数范围，避免超范围签发报告。

工地试验室设立授权书示例如图2-2-1所示。

公路水运工程工地试验室设立授权书

因＿＿＿＿＿工程建设的需要，依据合同决定设立工地试验室，授权启用试验室公章：＿＿＿＿＿。授权＿＿＿＿＿同志（身份证号码：＿＿＿＿＿＿＿）为试验室负责人（检测工程师证书编号：＿＿＿＿＿），负责工地试验室的管理工作。

授权开展的试验检测项目及参数为：＿＿＿＿＿

授权有效期：＿＿年＿＿月＿＿日至＿＿年＿＿月＿＿日。

授权机构等级专用标识章：

　　　　　　　　　　　　　　　　　　　检测机构（章）：

　　　　　　　　　　　　　　　　　　　授权单位负责人签字：

图2-2-1　授权书示例

取得授权的工地试验室，应依据《公路工程工地试验室标准化指南》、项目办及母体检测机构质量管理体系及相关标准、规范要求编制工地试验室建设方案，建设方案的主要内容包括：驻地建设、仪器设备配置、人员配备、制度建设等，以及其他需要说明的问题。

工地试验室应将编制好的建设方案，依次报母体检测机构、监理单位、建设单位进行审批，待审批通过后，根据方案审批意见启动试验室建设工作。

在工地试验室的建设过程中，母体检测机构应按照标准化建设要求，对工地试验室的驻地、人员、设备配置、环境条件、管理体系和文化建设等方面进行符合性检查和指导，在检查过程中发现的问题，应以整改通知单的形式书面告知工地试验室，直至整改符合要求为止。

知识点三：场地选址要求

一、相关知识

工地试验室应设置在监理、施工项目部驻地或集中拌和场内，方便试验检测工作。其周边场所、交通通道均应硬化。

工地试验室场地的选择应充分考虑安全、环保、交通便利，便于工地管理和相对独立的原则，也要考虑施工、质量管理要求等因素。

二、具体要求

1. 安全要求

(1) 避开山体崩塌、滑坡、泥石流、地面塌陷、地裂缝、地面沉降等地段。对台风、暴风(雪)、寒潮、大风(沙尘暴)、低温、高温、雷电、冰雹自然灾害威胁,应有相应防范措施。

(2) 与高压线路、通信线路和管线应保持一定的安全距离,相关要求可参考《城市工程管线综合规划规范》(GB 50289—2016)、《电力设施保护条例实施细则》等有关规定。

(3) 与易燃、易爆品生产及储存区之间应保持一定的安全距离,相关要求可参照《小型民用爆炸物品储存库安全规范》(GA 838—2009)、《民用爆破器材工程设计安全规范》(GB 50089—2007)等有关规定,并应有相应的环境保护措施,防止对周围环境造成影响。

(4) 不宜建在油库、有交通安全隐患的区域和地段。

2. 环境要求

(1) 不宜建在污染企业、垃圾处理厂等易产生干扰的地段和区域。

(2) 避开产生噪声、振动、电磁干扰、尘烟、液体、固体废物等有污染源的地段。

(3) 对试验工作自身产生的上述危害,应采取相应的环境保护措施,防止对周围环境造成影响。

3. 管理要求

(1) 交通便利,具有水源、能源、信息交换和协作条件;通信畅通,满足信息化办公需求。

(2) 宜设置在项目部驻地或附近,便于项目集中管理,同时可减少往返交通成本。

(3) 按合同段划分独立设立。当独立合同段工程线路跨度较大或交通不便时,宜设立分支试验室。分支试验室作为该工地试验室的组成部分,也应按照标准化要求建设,并接受项目质检机构的监督。

(4) 实行施工总承包的项目,宜按内部施工段落划分原则,分别设立独立的工地试验室。为适应实际管理的要求,也可按合同约定或经建设单位批准,全线按一定路线跨度设立一个或多个工地试验室。

知识点四:试验室规划布局

一、基本原则

1. 分区设置原则

工地试验室应将工作区和生活区分开设置,工作区总体可分为功能室、办公室和资料室。各功能室应独立设置,并根据不同的试验检测项目配置满足要求的基础设施和环境条件。

2. 布局合理原则

工地试验室应按照试验检测流程和工作相关性进行合理布局,保证样品流转顺畅,方便操作,如水泥混凝土室、力学室和标准养护室,沥青室和沥青混合料室,样品室、办公室和资料室等宜相邻设置。

3. 互不干扰原则

工地试验室应对造成相互干扰和影响的工作区域进行隔离设置，如有振动源的土工室与需要精密称量的化学室。对湿度大于95%的标准养护室与资料室、办公室等不宜相邻设置。

4. 经济适用原则

工地试验室标准化建设坚持因地制宜、务求实效和经济适用的工作原则，目标是保证试验检测数据的客观性和准确性，而不是盲目地加大投入，片面追求表面效应。

二、功能室设置

（1）工地试验室各功能室的设置应根据工程内容、工程量、开展的试验检测项目等确定。

（2）对于路基、桥梁、隧道和路面等主体工程，所设立的工地试验室一般应包括土工室、集料室、石料室、水泥室、水泥混凝土室、力学室、沥青室、沥青混合料室、化学室、标准养护室、样品室、留样室、外检室、储藏室（放置杂物、闲置或废弃的仪器设备）等相对独立的功能室。

（3）房建、交通安全设施、机电等附属工程如需设立工地试验室，可以结合实际情况和工作内容参照以上模式设置。

三、面积及空间

（1）工地试验室在建设前，应提前规划各功能室的基础设施（包括操作台、上下水等）、仪器设备的摆放位置、人员操作和行动通道、门窗位置等绘图计算实际需要的使用面积及所需的空间（表2-2-5）。

工地试验室各工作室使用面积推荐表　　表2-2-5

名称	土工室	集料室	石料室	水泥室	水泥混凝土室
面积（≥m²）	20	15	20	20	25
名称	力学室	沥青室	沥青混合料室	化学室	样品室
面积（≥m²）	25	20	25	12	15
名称	留样室	外检室	储藏室	办公室	资料室
面积（≥m²）	12	15	12	6m²/人	15
名称	标准养护室				
面积	（1）根据高峰期试件养护的最大数量、样品架的容量及占用面积、室内共用面积以及所选的温、湿度控制仪主机的功率确定； （2）为降低运行成本且节约能耗，如高峰期试件养护数量大且增减明显，可考虑设置两个标准养护室（可以一大一小，单个标准养护室面积应≥20m²）				

（2）各工作室的使用面积要合理设置，可根据实际情况灵活掌握和调整，满足试验检测工作需要和环境条件要求，同时注意长、宽比例协调，保证整体布局合理、美观大方，见图2-2-2。

（3）有温度、湿度要求的功能室，其净高超过3m时应采用吊顶或其他合理方式压缩高度，以便保温、保湿且降低能耗。

a)

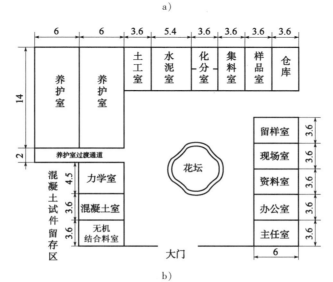

b)

图 2-2-2 试验室平面布置图(尺寸单位:m)

学习任务三　基础设施标准化建设

 学习任务描述

本学习任务要求同学们认真阅读工程建设项目合同,查阅相关资料,掌握工地试验室建设中关于房屋建设、水电通风建设、温湿度建设、环境建设、安全设施与装备建设、设备基础建设、标志标牌等基础设施建设的要求。

 学习目标

通过本学习任务的学习,你应该能够:
1. 掌握工地试验室建设中关于基础设施建设的要求;
2. 进行工地试验室人员及设备的配备;
3. 辨识工地试验室标志标牌的种类;
4. 养成安全、规范、标准的工匠意识。

 任务书

某施工企业将要组建工地试验室,作为一名刚入职的职场新人,在组建工地试验室之前,需要清楚工地试验室建设中包含哪些方面的基础设施建设?对各建设任务有哪些具体要求?

任务分组(表 2-3-1)

学生任务分配表　　　　　　　　　　　表 2-3-1

班级		组号		指导老师	
组长		学号			
组员	姓名	学号		姓名	学号
任务分工					

准备工作

1. 阅读工作任务书,熟悉即将要学习的主要内容;
2. 收集并阅读《建设工程质量管理条例》《建设工程质量检测管理办法》《交通运输部关于修改〈公路水运工程试验检测管理办法〉的决定》《公路工程工地试验室标准化指南》《铁路工程质量监督检测管理办法》《铁路建设工程质量监督管理规定》《水利工程质量检测管理规定》等资料,了解工地试验室建设中对各项基础建设的要求。

任务实施

(一)房屋建设

实施引导1:请对以下说法进行判断,对的请打√、错的请打×。

房屋净高一般不低于2.6m,房屋外面应设置挑檐或雨搭,宽度不小于1.2m。（　　）

房屋周围地面铺筑散水,宽度不小于1m。（　　）

两排房屋之间应保证不小于4m的消防通道净宽。（　　）

实施引导2:对工地试验室新建房屋的地基基础有哪些要求?

_____

_____

_____

实施引导3:工地试验室用房可新建或租用合适的既有房屋,房屋应(　　)、(　　)、实用、美观,并满足工作生活需求,新建房屋宜安装、拆卸,方便且满足(　　)要求。

实施引导4:工地试验室如租用既有房屋,有哪些要求?

_____

_____

_____

实施引导5:对于用彩钢板搭建的标准养护室有哪些要求?

_____

_____

_____

实施引导6:对于租用的既有房屋,应对周边环境进行哪些考察?

_____

_____

_____

(二)水电通风建设

实施引导1:各功能室水电通风等设施建设,应满足试验检测工作需要,并符合安全、( )、( )、适用等要求,同时便于管理、维修。

实施引导2:各功能室水电通风等设施建设应符合哪些要求?

_____

实施引导3:水泥室、水泥混凝土室、石料室内的给排水有什么要求?

_____

实施引导4:各功能室的给排水均应设置哪些设施?

_____

实施引导5:请对以下说法进行判断,对的请打√、错的请打×。
电器开关安装高度距地面1.3~1.5m。   (   )
拉线开关安装高度距地面2~3m。   (   )

实施引导6:烘箱、高温炉、空调、加湿器等设备如何保障用电安全?

_____

实施引导7:插座安装有什么要求?

_____

实施引导8:电器开关安装有什么要求?

_____

实施引导9:试验过程中使用或产生有毒有害物质的功能室,其通风设施有何要求?

_____

实施引导 10：储存危险化学品的功能室，其通风设施有何要求？

(三) 温湿度建设

实施引导 1：请对以下说法进行判断，对的请打√、错的请打×。

标准养护室的温度 20℃±2℃，相对湿度>95%。（　　）

水泥试件养护箱温度 20℃±2℃，相对湿度≥95%。（　　）

实施引导 2：对温度没有特殊要求的功能室，工作期间温度一般应控制为多少？

实施引导 3：水泥混凝土、砂浆室温湿度如何要求？

实施引导 4：水泥室温湿度如何要求？

实施引导 5：无机结合料稳定材料室温湿度如何要求？

实施引导 6：对有温湿度环境条件要求的功能室，应配置哪些设施？

(四) 环境建设

实施引导 1：请对以下说法进行判断，对的请打√、错的请打×。

对含有毒和有害物质的污水,均应进行必要的处理,符合国家排放标准后,也不可以排放。
（　　）

实施引导2：化学室、沥青室及沥青混凝土室应如何进行环保建设？
_____
_____
_____

实施引导3：其他各功能室产生的废弃样品应如何处理？
_____
_____
_____

实施引导4：对含有毒和有害物质的污水应如何处理？
_____
_____
_____

(五)安全设施与装备建设

实施引导1：压力机、万能材料试验机等大型力学设备应安装安全防护网,材质为钢板或编织片网,网孔尺寸不宜大于(　　　　)，防护设施不仅要(　　　　)、结实耐用,还应保证操作方便、美观大方。

实施引导2：现场取样和现场试验检测工作过程中如存在安全隐患,试验检测人员应(　　　　)等防护用品,平时(　　　　)应整齐统一摆放在外检室或办公室,便于取放。

实施引导3：工地试验室的灭火器应有哪些要求？
_____
_____
_____

实施引导4：在进行样品高温加热操作、试验时,试验人员应(　　　　)的劳动防护用品；在使用危险化学品时,试验人员应(　　　　)的劳动防护用品；在维修电器设备时,维修人员应(　　　　)的劳动防护用品。

实施引导5：储存(　　　　)危险化学品的功能室,应安装避雷设备。各工作室内、外窗应安装(　　　　),保证设备和各种档案资料安全。如果工地试验室为(　　　　)应设置大门,并加强安保工作。

(六)设备基础建设

实施引导1：试验室工作台的尺寸有什么要求？

2-3-5

实施引导2:标准养护室的样品架有什么要求?

实施引导3:操作台台面宽度宜为(　　　　),高度为(　　　　),如操作台上放置的仪器设备体积较大时,台面宽度、高度可适当调整。

实施引导4:留样室的样品架有什么要求?

实施引导5:水泥胶砂振实台的安装有什么有要求?

实施引导6:标准养护室的样品架(养护架)每层高度为(　　　　)左右,深度为(　　　　)左右,总体高度在(　　　　)之间,样品架不宜直接接触墙壁。

(七)标志标牌建设

实施引导1:各类规章制度、操作规程等上墙图框的尺寸一般是多少?

实施引导2:各工作室应设置醒目的门牌,尺寸:宽×高=(　　　　),宜固定在门或门侧墙的上方。

实施引导3:安全、环保等标志的内容有哪些?

实施引导4:样品室应悬挂材料标牌,尺寸:宽×高=(　　　　),内容包括样品名称、规格型号、产地等信息,标识牌底部距离地面高度为(　　　　)。

实施引导5:各功能室设置的试验参数标识牌有哪些要求？

_____

_____

_____

评价反馈

1　学生进行自我评价,评价自己对工地试验室建设中关于基础设施建设的种类及要求的了解情况,对工地试验室标志标牌的种类、工地试验室配备人员及设备的数量及要求等内容的熟悉程度,有无任务遗漏,并将结果填入表2-3-2中。

学 生 自 评 表　　　　　　　　表2-3-2

班级:	姓名:　　　　　学号:		
学习任务三	基础设施标准化建设		
评价项目	评价标准	分值(分)	得分(分)
工地试验室基础设施建设的种类	正确表述工地试验室建设中关于基础设施建设的种类	15	
基础设施建设的要求	正确阐述工地试验室建设中关于基础设施建设的要求	15	
工地试验室的标志标牌	正确阐述工地试验室标志标牌的种类	10	
工地试验室的人员及设备	正确叙述工地试验室配备人员及设备的数量及要求	30	
学习态度	态度端正,无无故缺勤、迟到、早退现象	10	
学习质量	按预定计划完成学习任务	5	
协调能力	与小组成员、同学间能有效地合作、交流、协调	5	
职业素质	做到多平台、多渠道收集相关信息,完成学习任务	5	
创新意识	通过阅读《建设工程质量管理条例》《建设工程质量检测管理办法》《交通运输部关于修改〈公路水运工程试验检测管理办法〉的决定》《铁路工程质量监督检测管理办法》《铁路建设工程质量监督管理规定》《水利工程质量检测管理规定》《公路工程工地试验室标准化建设指南》等资料,能更好地理解工地试验室建设中对各项基础设施建设的要求	5	
小计		100	

2　学生以小组为单位,对以上学习任务的过程与结果进行互评,将互评结果填入表2-3-3中。

学 生 互 评 表　　　　　　　表2-3-3

学习任务三		基础设施标准化建设											
评价项目	分值	等级							评价对象(组别)				
									1	2	3	4	5	6
团队协作	10	优	10	良	8	中	6	差	4					
分工明确	8	优	8	良	7	中	6	差	4					
组织有序	10	优	10	良	8	中	6	差	4					
学习质量	8	优	8	良	7	中	6	差	4					
学习效率	8	优	8	良	7	中	6	差	4					
态度端正	10	优	10	良	8	中	6	差	4					
任务完整	10	优	10	良	8	中	6	差	4					
结果规范	13	优	13	良	9	中	6	差	4					
回答问题	13	优	13	良	9	中	6	差	4					
成果展示	10	优	10	良	8	中	6	差	4					
小计	100													

3　教师对学生学习过程与任务成果进行评价，并将评价结果填入表2-3-4中。

教师综合评价表　　　　　　　表2-3-4

班级：		姓名：	学号：		
学习任务三			基础设施标准化建设		
评价项目			评价标准	分值(分)	得分(分)
考勤(10%)			无无故缺勤、迟到、早退现象	10	
学习过程(60%)		工地试验室基础设施建设的种类	正确表述工地试验室建设中关于基础设施建设的种类	10	
		基础设施建设的要求	正确阐述工地试验室建设中关于基础设施建设的要求	10	
		工地试验室的标志标牌	正确阐述工地试验室标志标牌的种类	10	
		工地试验室的人员及设备	正确叙述工地试验室配备人员及设备的数量及要求	15	
		协调能力	与小组成员、同学间能有效地合作、交流、协调	5	
		职业素质	做到多平台、多渠道收集相关信息，完成学习任务	5	
		创新意识	通过阅读《建设工程质量管理条例》《建设工程质量检测管理办法》《交通运输部关于修改〈公路水运工程试验检测管理办法〉的决定》《铁路工程质量监督检测管理办法》《铁路建设工程质量监督管理规定》《水利工程质量检测管理规定》等资料，能更好地理解工地试验室建设中对各项基础设施建设的要求	5	

续上表

评价项目		评价标准	分值(分)	得分(分)
任务成果（30%）	工作完整	按时完成任务	10	
	工作规范	按要求进行文件查阅	5	
	回答问题	依据规范、办法准确回答	10	
	成果展示	用语规范、表达准确	5	
		小计	100	
综合评价		自评(20%)　小组互评(30%)　教师评价(50%)	综合评分	

拓展思考题

1. 在北方寒冷地区,办公、生活区为什么严禁电力取暖?
2. 工地试验室的安全防护有哪些要求?

任务反思

_____
_____
_____

相关知识点

知识点一：房屋建设

一、相关知识

工地试验室用房可新建或租用合适的既有房屋,房屋应坚固、安全、实用、美观,并满足工作生活需求,新建房屋宜安装、拆卸方便且满足环保要求。

二、具体要求

1. 新建房屋

（1）房屋结构设计应综合考虑空间跨度以及暴风雨极端气候的影响,必要时采取加固处理,保证其使用周期内安全可靠。为保证良好的采光、通风条件,一般应南北朝向。

（2）对房屋地基基础应进行夯实,周边场地应做硬化处理,院内及门口可适当绿化,同时考虑排水、环保等因素。

（3）房屋应选择坚固、安全、环保和保温的建筑材料,如彩钢板,但不得使用帐篷和石膏板房等不能保证安全和环境条件的简易用房。

（4）房屋净高一般不低于2.6m,房屋外面应设置挑檐或雨搭,宽度不小于1.2m。房屋周围地面铺筑散水,宽度不小于1m。两排房屋之间应保证不小于4m的消防通道净宽。

（5）房屋室内地面高度宜高于室外0.15m,表面应平整、坚固、防水、防滑,可铺设统一规格的硬质材料如混凝土砂浆、浅色防滑瓷砖、水磨石等。标准养护室的地面可采用水泥混凝土浇筑、防水砂浆抹面,设置蓄水沉淀池且安装顶盖,地面应设有一定坡度的放射状水槽或环形水槽,水槽底面尺寸和数量满足防止地面积水的要求,形成养护水回流且不影响养护架摆放,水槽应与沉淀池相通。

（6）房屋宜前后开窗,采用天然的侧面采光,窗地面积比建议不小于1:6,且宜不少于窗面积的1/3的可开启窗扇,标准养护时不设置窗户。

（7）房屋门洞口的尺寸,一般为高×宽=2.1m×1m,对于有超宽超高设备的功能,尺寸可适当调整或设置双开门保证人员、设备进出方便,同时采取防潮、防虫、防啮齿动物损伤等防护措施。标准养护室的门应采用密封性好且防潮的材料制作,不易直接对外,宜设置过渡间;化学室、沥青室、沥青混合料室等易发生火灾、爆炸、化学品伤害等事故的功能室的门宜向外开（便于发生危机情况逃生）;样品室(料棚)可采用卷闸门,方便样品出入。

（8）对于用彩钢板搭建的标准养护室,可紧贴彩钢板内侧,砌筑空心砖墙,并用防水砂浆抹面或粘贴PVC防水板,屋顶加保温层吊顶。

2. 租用房屋

（1）工地试验室,如租用既有房屋应在租用前,对其房屋的结构设施、周边环境等进行考察：
①房屋场地是否集中,且交通便利、信息畅通；
②房屋面积、空间及室内设施(水、电、暖、通风、采光、安全等)是否符合或改造后符合工地试验室标准化建设要求；
③出租方是否同意进行适当的改造,改造成本应与新建房屋进行比较；
④如果确定租用,租用期应满足工期需要。

（2）对于租用的既有房屋,如需采用隔断等方式进行改造,应采用空心砖或不小于10cm厚的彩钢板通高隔断。有温度、湿度要求的功能室进行隔断时,接缝处要进行密封处理。

知识点二：水电通风建设

一、相关知识

各功能室水电通风等设施建设,应满足试验检测工作需要,并符合安全、卫生、经济、适用等要求,同时便于管理、维修。

二、具体要求

1. 给排水

(1)给水系统选择应根据生产、生活及消防各项用水对水质、水温、水压和水量的要求,并结合室外给水系统的因素,经技术经济比较后确定。

(2)各功能室均应设置上下水,室内水池、水龙头宜设置在操作台边部且与操作台结合在一起,排水口应有过滤和水封装置,下水连接管采用硬质管,设弯头并保证通畅,化学室水池宜配置三联水龙头。

(3)水泥室、水泥混凝土室、石料室内地面应设置泄水槽,室外设置沉淀池(方便清洗和环境保护),沉淀池应安装顶盖,并经常清理,保证排水通畅。集料室如有必要,可以设置排水设施。

(4)排水设施选择应根据污水的性质、流量、排放规律,并结合室外排水条件确定,排水管要有一定的坡度,转弯要少,排水管直接进入排水总管,室外管道管顶最小覆土深度不得小于土壤冻结线以下0.15m,在年降雨量较大的地区可采用明沟排水。

2. 供电

工地试验室使用的电器设备和临时用电设施的安装应符合《供配电系统设计规范》(GB 50052—2009)、《施工现场临时用电安全技术规范》(JGJ 46—2005)等有关规定,保证用电安全。

(1)根据各工作室的用电设计,计算出整个工作区用电量即总功率,采用独立的专用线集中配电,保障供电需求。用电设备及部位按照三级负荷供电。线路敷设、开关插座应在仪器设备安装就位后,根据实际使用需求布置安装。

(2)为保证养护、限时开展的试验项目、必要的办公设施等正常运行,宜配置自备电源(发电设备),电源功率宜大于等于整个工作区总功率的1.25倍,一般按不小于15kW考虑。

(3)在变压器或发电机上应设置工作接地,有金属外壳的仪器设备应设置保护接地等安全保护措施。

(4)电源进线处应设置明显切断装置(电力总闸),各功能室的工作用电不应与照明用电共用线路,宜采用铜芯导线(电缆)铺设专用线路。

(5)电路布设统一采用白色线槽明敷,不同电压或频率的线路应分别单独敷设,不得在同一管内敷设。线槽应采用难燃材料,便于安装、拆卸和维修维护。严禁线路乱拉、乱搭和乱接。

(6)插座规格型号应与仪器设备的插头相匹配,采用效率高、能耗低、安全接地、有漏电保护措施的性能先进的集中配电箱,且每个功能室应设置一个电路总开关。

(7)插座安装高度距地面或操作台面不小于0.3m,防止冲洗时进水漏电,并且不影响仪器设备的放置和操作。插座应有开关控制和保险设备,确保人身安全。

(8)电器开关安装高度距地面1.3~1.5m,拉线开关安装高度距地面2~3m,距门口150~200mm,且拉线的出口应向下。板把开关或翘板开关安装距地面1.4m,距门口150~200mm,开关不得置于单扇门后。多尘、潮湿场所和户外应选用防水瓷制拉线开关或加装包护箱。

(9)计算机控制的精密仪器对供电电压和频率有一定要求。为防止电压瞬变、瞬时停电、电压不足等影响仪器设备工作,应选用不间断电源 UPS。

(10)烘箱、高温炉、空调、加湿器等设备应采用专用插座、开关及熔断器,较大负荷用电器应单独设回路,并安装相应的自动保护开关。

(11)标准养护室的电路及灯具应采用相应防护等级的防水灯具或带防水灯头的开敞式灯具。

3. 通风采光

(1)各工作室应有与室外空气直接流通的窗口,通风开口面积不应小于房屋地板面积的 1/20。

(2)试验过程中使用或产生有毒有害物质的功能室如化学室、沥青室等,应根据试验项目、污染程度、范围、工作量的大小,采用合理有效的通风设施,如采用通风罩、强排气扇等局部机械通风设施。

(3)储存危险化学品的功能室宜安装通排风设施,并注意设备的防护措施,通排风设施应设有导除静电的接地装置;通风管应采用不燃材料制作;通风管道不宜穿过防火墙等防火分隔物,如必须穿过时应采用不燃材料分隔。

(4)各工作室如果自然采光不足,可增加照明设施,如果光线过强可挂窗帘遮阳;标准养护室应配置一定数量的防水灯具,保证采光满足工作需求。

知识点三:温湿度建设

一、相关知识

对有温湿度环境条件要求的功能室,应配置相应设施。对有温湿度环境条件要求的区域,应有标识及限入标识。

二、具体要求

(1)对有温湿度环境条件要求的功能室,应配置相应设施,如空调、喷湿装置、温控装置、抽湿装置等。对有温湿度环境条件要求的区域,应有环境条件要求标识及限入标识。各功能室应在墙体上悬挂温湿度表。对于空间较大的功能室及标准养护室,应在房屋对角墙体位置布置不少于两个温湿度计。

(2)对温度没有特殊要求的功能室,工作期间温度一般应控制为:夏季不高于30℃,冬季不低于10℃。

(3)在北方寒冷地区,办公、生活区应采用集中供暖设施,严禁电力取暖。

检验检测环境条件要求见表2-3-5。

检验检测环境条件要求一览表　　　　　　　　表 2-3-5

序号	地点	温湿度控制要求	依据标准	本试验室要求	控制方式
1	集料室	温度:20℃±5℃,磨光值温度:20℃±2℃	《公路工程集料试验规程》(JTG E42—2005)《普通混凝土用砂石质量及检验方法标准》(JGJ 52—2006)	温度:20℃±5℃	空调
2	沥青及混合料室	温度:15~35℃	《公路工程沥青及沥青混合料试验规程》(JTG E20—2011)	温度:15~35℃	排气扇、空调
3	土工室	温度:10~30℃	《公路土工试验规程》(JTG 3430—2020)	温度:10~30℃	空调
4	水泥混凝土、砂浆室	试件成型温度:20℃±5℃,相对湿度:≥50%。凝结时间、泌水率试验温度:20℃±2℃。干缩率试验温度:20℃±2℃,相对湿度:50%±5%	《公路工程水泥及水泥混凝土试验规程》(JTG 3420—2020)《普通混凝土拌合物性能试验方法标准》(GB 50080—2016)《公路工程无机结合料稳定材料试验规程》(JTG E51—2009)	温度:20℃±5℃,相对湿度:≥50%	空调
5	化学分析室	温度:20℃±5℃	《公路工程无机结合料稳定材料试验规程》(JTG E51—2009)	温度:20℃±5℃	空调
6	天平室	温度:10~30℃,相对湿度:<70%	分析天平使用说明书	温度:10~30℃,相对湿度:<70%,温度波动:≤0.5℃/h	空调
7	标准养护室	混凝土养护温度:20℃±2℃,相对湿度:>95%。砂浆试件养护温度:20℃±2℃,相对湿度>90%。混合砂浆养护温度:20℃±2℃,相对湿度:≥60%~80%。混凝土、混合砂浆干缩率养护温度:20℃±2℃,相对湿度:≥60%±5%。无侧限抗压强度养护温度20℃±2℃,相对湿度:≥95%。高温快速养护温度:60℃±1℃,相对湿度:≥95%	《公路工程水泥及水泥混凝土试验规程》(JTG 3420—2020)《普通混凝土拌合物性能试验方法标准》(GB 50080—2016)《通用硅酸盐水泥》(GB 175—2007)《建筑砂浆基本性能试验方法标准》(JGJ/T 70—2009)《公路工程无机结合料材料试验规程》(JTG E51—2009)	温度:20℃±2℃,相对湿度:>95%。温度:60℃±1℃,相对湿度:≥95%	空调温湿控制仪

续上表

序号	地点	温湿度控制要求	依据标准	本试验室要求	控制方式
8	力学室	温度:10~35℃	《金属材料拉伸试验 第1部分:室温试验方法》(GB 228.1—2010)《金属材料弯曲试验方法》(GB 232—2010)《混凝土物理力学性能试验方法标准》(GB/T 50081—2019)《公路工程水泥及水泥混凝土试验规程》(JTG 3420—2020)	温度:23℃±5℃	空调
		温度:23℃±5℃	《焊接接头拉伸试验方法》(GB/T 2651—2008)《钢筋焊接接头试验方法标准》(JGJ/T 27—2014)		空调
9	水泥室	凝结时间温度:20℃±2℃,相对湿度:>50%。安定性试验温度:20℃±2℃,相对湿度:≥50%。胶砂强度温度:20℃±2℃,相对湿度:≥50%。水泥试体养护箱温度:20℃±1℃,相对湿度:≥95%。标准稠度用水、养护水温度:20℃±1℃,水泥、砂、水和试验用具等温度:20℃±2℃,相对湿度:>50%。胶砂流动度温度:20℃±2℃,相对湿度:≥50%	《通用硅酸盐水泥》(GB 175—2007)《公路工程水泥及水泥混凝土试验规程》(JTG 3420—2020)《水泥标准稠度用水量、凝结时间、安定性检验方法》(GB/T 1346—2011)《水泥胶砂流动度测定方法》(GB/T 2419—2005)	温度:20℃±2℃,相对湿度:>50%。水泥试体养护箱温度:20℃±1℃,相对湿度:≥95%	空调、喷雾器
		比表面积相对湿度:<50%	《水泥比表面积测定方法 勃氏法》(GB/T 8074—2008)	相对湿度:<50%	空调
10	无机结合料稳定材料室	标养温度:20℃±2℃,相对湿度:≥95%。高温快速养护:60℃±1℃,相对湿度:≥95%	《公路工程无机结合料稳定材料试验规程》(JTG E51—2009)	标养温度:20℃±2℃,相对湿度:≥95%。高温快速养护:60℃±1℃,相对湿度:≥95%	空调
11	移动设备室	干燥通风,温度-4~40℃	《公路路基路面现场测试规程》(JTG 3450—2019)《公路土工试验规程》(JTG 3430—2020)《回弹法检测混凝土抗压强度技术规程》(JGJ/T 23—2011)	温度:-4~40℃	强力排气扇

续上表

序号	地点	温湿度控制要求	依据标准	本试验室要求	控制方式
12	外加剂室	碱含量	排除异味		空调、强力排气扇
13	留样室	干燥通风,温度:10~250℃,湿度35%~70%		温度:20℃±2℃,湿度≤50%	
14	样品室	干燥通风,温度:10~300℃,湿度35%~80%		温度:10~30℃,湿度≤50%	

注:1. 实际使用时应采用现行标准中的相应规定。
  2. 除上表规定外,还必须做到:①外接电源:220V、50Hz;②试验室噪声<70dB(振动和击实试验除外);③工作环境保持整洁;④有防火、防盗设施。

知识点四:环保建设

一、相关知识

工地试验室应有必要的环境保护设施,保证试验检测工作达到环境保护要求,避免发生不必要的环境污染。

二、具体要求

(1)化学室、沥青室及沥青混合料室应配备废物集中收集装置,材质一般为塑料、玻璃、金属等,且与废液不发生反应。废液应定期按规定处理,不得随意倾倒。

(2)其他各功能室产生的废弃样品(如混凝土试件等)应设置专门的存放地点,堆放整齐,集中处理,不得乱扔。

(3)对含有毒和有害物质的污水,均应进行必要的处理,符合国家排放标准后,方可排放;酸、碱污水应进行中和处理,对于较纯的溶剂废液或贵重试剂,宜在经济比较后回收利用。

知识点五:安全设施与装备建设

一、相关知识

工地试验室安全防护应严格执行国家和行业有关规定,同时按照建设项目的统一安排部署,认真做好试验室和有关人员的安全防护工作,要有相关的应急预案和必要的应急救援器材、设备。

二、具体要求

(1)按照《建筑灭火器配置设计规范》(GB 50140—2005)要求,在可燃固体、液体、气体等存在的场所配置灭火器,且每个场所灭火器数量不应少于2具。

注:灭火器应放置在明显和便于取用的地点,且摆放稳固,铭牌朝外,生产日期和维修日期等标识齐全,达到送修条件和维修期限时应送修、维修,达到规定的报废期限时应报废。灭火器的保险装置应完好,筒体应无明显缺陷和机械损伤,喷射软管应完好无明显龟裂,喷嘴不堵塞。每个试验室应备有不少于 $0.5m^3$ 的消防砂,还应备有足够数量的消防桶、消防锹等消防工具。配置的消防设施应合理分布在试验室各功能室及办公区域外。

(2)现场取样和现场试验检测工作过程中如存在安全隐患,试验检测人员应佩戴安全帽等防护用品。安全帽平时应整齐统一摆放在外检室或办公室,便于取放。

(3)在进行样品高温加热操作、试验时,试验人员应佩戴防烫的劳动防护用品;在使用危险化学品时,试验人员应佩戴防腐蚀的劳动防护用品;在维修电器设备时,维修人员应佩戴绝缘的劳动防护用品。

(4)压力机、万能材料试验机等大型力学设备应安装安全防护网,材质为钢板或编织片网,网孔尺寸不宜大于 10mm×10mm,防护设施不仅要固定安装、结实耐用,还应保证操作方便、美观大方。

(5)对限制人员进出的工作区或工作室,应在其明显部位或门上设置提示标志。

(6)储存易燃易爆危险化学品的功能室,应安装避雷设备。

(7)各工作室内、外窗应安装防盗网,保证设备和各种档案资料安全。

(8)如果工地试验室为独立院落应设置大门,并加强安保工作。

知识点六:设备基础建设

一、相关知识

设备基础,主要指的是试验检测操作台、存放样品的样品架、安防设备的基础等。

二、具体要求

(一)操作台

(1)功能室应配置满足试验检测工作需要的操作台,台面应平整、坚固、抗折、耐磨、耐腐蚀,可采用理化板、人造大理石、水磨石预制板或混凝土预制板等材料制作,为防止碰碎玻璃器皿,方便清洗,可在台面铺设橡胶垫;操作台下应设置带有柜门的储物隔柜或采用统一材料遮挡,保持整体美观大方。

(2)操作台台面宽度宜为 60~80cm,高度为 70~90cm,如操作台上放置的仪器设备体积较大时,台面宽度、高度可适当调整。

(3)靠两侧墙布置的操作台之间的净距应不小于 1.6m,当有一侧墙布置通风柜或试验仪器设备时,与另一侧操作台之间的净距应不小于 1.5m。

(4)为便于重复利用,提高建设效率,保持外观整洁,操作台可根据功能室面积不同做成相应的标准件,现场组合安装。推荐使用储物柜式整体操作台,如采用理化板台面和防火板立面组装而成的整体式操作台等。

(二)样品架

(1)标准养护室的样品架(养护架)应具有一定的刚度,可采用角钢制作且涂刷防锈漆或采用不锈钢材料制作,每层高度为30cm左右,深度为60cm左右,总体高度在1.5~1.8m之间,样品架不宜直接接触墙壁;放置试件的支撑构建可采用$\phi16$的圆钢或不锈钢管,顺深度方向按3cm左右的间距与框架牢固连接。样品架的数量应满足工程建设高峰期试件养护最大数量需求。

为便于重复利用,提高建设效率,样品架可做成标准件,现场组合安装固定。安装后对每个样品架及层位编号,方便样品的存储和管理。编号规则为每个样品架横向采用阿拉伯字母按1、2、3……顺序编号;每个层位竖向采用大写英文字母按A、B、C……顺序编号。

(2)留样室的样品架可参照以上试样制作和编号,具体尺寸根据所放置样品的内容、数量等确定,也可直接购买符合要求的装配式货架。

(3)样品室可采用隔仓和样品架存放样品。隔仓的尺寸可根据存放需求确定,样品存放须做防潮处理。

(三)安防设备基础

(1)要求或需要在混凝土基础上固定的仪器设备,如击实仪、振动台、摇筛机、压力机、万能试验机等,在规划摆放位置前,应按照有关标准、规程和仪器设备使用说明书的要求,将基础、基座的位置、尺寸进行规划并制图(基础、基座规划图),以便在计算功能室面积和浇筑混凝土基础、基座时使用。

(2)仪器设备的水泥混凝土基础应在室内地面处理前浇筑完成,基础外形尺寸根据仪器设备的外形尺寸及基础、基座规划图确定,水泥混凝土浇筑时应留出地脚螺钉、电缆等安装的孔道,基础的上平面应水平。

(3)对基座有隔震要求的,应设立与其他建筑物不直接相连的独立混凝土台;周围存在振源时,应在地面与台座间设橡胶垫。

(4)水泥胶砂试件成型振动台基座由高度约400mm、体积约0.25cm^3、质量约600kg的水泥混凝土浇筑而成。为防外部振动影响振实效果,可在整个混凝土基座下放一层厚约5mm天然橡胶弹性衬垫,然后将仪器用地脚螺钉固定在基座上,安装后设备成水平状态,仪器底座与基座之间要铺一层砂浆以保证完全接触。

(5)水泥砂浆流动度跳桌基座由密度至少为2240kg/cm^{3}的重水泥混凝土浇筑而成,基座尺寸约为400mm×400mm,高约690mm。跳桌通过膨胀螺栓安装在硬化的水平水泥混凝土基座上,安装后设备成水平状态,仪器底座与基座之间要铺一层砂浆以保证完全接触。

知识点七:标志标牌建设

一、基本原则

工地试验室标志标牌的制作和安装,应遵循标准、美观、经济实用和可重复利用的原则。

二、具体要求

（1）工地试验室的标志标牌主要包括：单位名称牌匾、各工作室门牌、组织机构框图、岗位职责、管理制度和操作规程等上墙图框，安全、环保标志，各类明示标志等。

（2）工地试验室应在大门口或中心位置悬挂单位名称铜制牌匾，尺寸为宽×高＝80cm×60cm，内容与工地试验室印章一致（母体检测机构检测机构名称＋建设项目合同段名称＋工地试验室名称），底部距离地面高度为160cm。

（3）各工作室应设置醒目的门牌，尺寸：宽×高＝30cm×15cm，宜固定在门或门侧墙的上方。

（4）办公室应悬挂组织机构框图、岗位职责、主要管理制度等图框，功能室应悬挂主要仪器设备的操作规程等图框，尺寸一般为宽×高＝60cm×90cm。图框可根据实际内容适当对宽度进行调整，图框底边距离地面高度为150cm。

（5）样品室应悬挂材料标牌，尺寸：宽×高＝30cm×20cm，内容包括样品名称、规格型号、产地等信息，标识牌底部距地面高度为150cm。

（6）对有安全和环境条件要求的区域、功能室，如试验检测工作区域、有毒有害气体、消防设施、废旧物品存放区等宜设置醒目的安全、环保等标志。

（7）标牌标识制作材料应结实、不易变形且可重复利用；标牌颜色和字体应考虑整体和视觉效果，既要美观大方、整体协调，同时可兼顾企业文化要求。

学习任务四　人员与设备配备

学习任务描述

本学习任务要求同学们认真阅读工程建设项目合同,查阅相关资料,掌握工地试验室的人员配备要求、设备配置与检定校准。

学习目标

通过本学习任务的学习,你应该能够:
1. 配备工地试验室的人员;
2. 开展设备的配备、采购、验收以及设备安装与调试工作;
3. 协助开展设备的检定与校准;
4. 提高组织、交流能力。

任务书

在组建工地试验室之前,需要清楚工地试验室建设中如何按标准进行人员配备?如何配置相关设备?如何开展设备的检定与校准?

任务分组(表2-4-1)

学生任务分配表　　　　　　　　　　　　表2-4-1

班级		组号		指导老师	
组长		学号			
组员	姓名	学号		姓名	学号
任务分工					

2-4-1

准备工作

1. 阅读工作任务书,熟悉即将要学习的主要内容;
2. 收集并阅读《建设工程质量管理条例》《建设工程质量检测管理办法》《交通运输部关于修改〈公路水运工程试验检测管理办法〉的决定》《铁路工程质量监督检测管理办法》《铁路建设工程质量监督管理规定》《水利工程质量检测管理规定》《公路工程工地试验室标准化指南》等文件,了解检验检测机构对检测人员及设备配置要求的相关内容。

任务实施

(一) 人员配备

实施引导1:工地试验室应根据什么原则配备试验检测人员?

_____
_____
_____
_____

实施引导2:工地试验室试验检测人员数量可按什么计算方法配备?

_____
_____
_____
_____

实施引导3:请对以下说法进行判断,对的请打√,错的请打×。

试验员应具有审核报告的能力,能够正确使用标准、规范、规程等对试验检测结果进行分析、判断和评价。(　　)

实施引导4:(　　　　)应掌握一定的管理知识,有较丰富的管理经验,能够合理、有效地利用工地试验室配置的各种资源。

实施引导5:(　　　　)应能够熟练操作仪器设备,规范、客观、准确地填写各种试验检测记录和报告。

实施引导6:(　　　　)应具备对仪器设备故障产生的原因和试验检测数据准确性的分析判断能力。

实施引导7:(　　　　)应熟悉样品管理工作流程,能够严格执行样品管理制度。

实施引导8:(　　　　)应熟悉国家行业和建设项目有关档案、资料管理基础知识和要求,能够严格执行档案资料管理制度。

(二) 设备配置与采购验收

实施引导1:如果仪器设备由母体检测机构调配,工地试验室应如何处理?

_____
_____

实施引导2：工地试验室应按照母体检测机构授权范围内的试验检测项目和参数以及（　　　　）要求，配置必要的试验检测仪器设备和辅助工具。

实施引导3：如果是新购置仪器设备，验收内容一般包括哪些？

实施引导4：（　　　　）、需要固定在基础上的、容易产生振动的仪器设备，不得在楼上摆放。

实施引导5：对工作环境有特殊要求的一些设备如何摆放？

实施引导6：请对以下说法进行判断，对的请打√、错的请打×。

设备到位后应及时组织验收。由设备管理员开箱，必要时可通知供货商参加，按使用说明书或装箱单检查有无缺件或损坏。（　　　）

实施引导7：设备到位后应验收哪些方面的内容？

(三) 设备安装与调试

实施引导1：哪些人员可以对仪器设备进行正确安装与调试？

实施引导2：对有固定要求的仪器设备有哪些安装要求？

实施引导3：标准养护室在安装调试完成后，应对整个系统进行校验，包括温湿度传感器

2-4-3

的( )、( ),显示器的准确度;( )、( )设备的功率;( )的雾化能力;加湿设备工作后,( )、( )是否能够控制在要求范围内等。

实施引导4:电动仪器设备调试前应检查( )是否正常,且应有漏电保护和( ),使用三相电的仪器设备应注意检查电机( )、( )。

(四)设备检定与校准

实施引导1:检定和校准的概念是什么?

_____
_____
_____

实施引导2:检定与校准的区别有哪几个方面?

_____
_____
_____

实施引导3:检定和校准的内容有什么不同?

_____
_____
_____

实施引导4:检定和校准的法律效力有什么不同?

_____
_____
_____

实施引导5:量值溯源的概念是什么?

_____
_____
_____

实施引导6:检定是对测量装置进行( )全面评定。检定的主要依据是( )。

实施引导7:请对以下说法进行判断,对的请打√、错的请打×。

A.校准的结论只是评定测量装置的量值误差。 ( )
B.校准的结论具备法律效力。 ( )

实施引导8:( )必须到有资格的计量部门或法定授权的单位进行。( )可以采用组织自校、外校,或自校加外校相结合的方式进行。

2-4-4

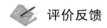 **评价反馈**

1 学生进行自我评价,评价自己对工地试验室的人员配备、设备配置与检定校准等内容的熟悉程度,有无任务遗漏,并将结果填入表2-4-2中。

学 生 自 评 表   表2-4-2

班级:	姓名:	学号:	
学习任务四	人员与设备配备		
评价项目	评价标准	分值(分)	得分(分)
工地试验室的人员配备	正确表述工地试验室的人员配备要求	20	
设备配置与采购验收	正确阐述设备配置要求、验收的主要内容	20	
设备安装与调试	完整描述设备安装与调试的具体要求	20	
设备检定与校准	正确辨识设备检定与校准的区别	10	
学习态度	态度端正,无无故缺勤、迟到、早退现象	10	
学习质量	按预定计划完成学习任务	5	
协调能力	与小组成员、同学间能有效地合作、交流、协调	5	
职业素质	做到多平台、多渠道收集相关信息,完成学习任务	5	
创新意识	通过阅读《建设工程质量管理条例》《建设工程质量检测管理办法》《交通运输部关于修改〈公路水运工程试验检测管理办法〉的决定》《铁路工程质量监督检测管理办法》《铁路建设工程质量监督管理规定》《水利工程质量检测管理规定》《公路工程工地试验室标准化指南》等资料,能更好地理解检验检测机构对检测人员及设备配置要求的相关内容	5	
小计		100	

2 学生以小组为单位,对以上学习任务的过程与结果进行互评,将互评结果填入表2-4-3中。

学 生 互 评 表   表2-4-3

学习任务四		人员与设备配备											
评价项目	分值	等级							评价对象(组别)				
									1	2	3	4	5	6
团队协作	10	优	10	良	8	中	6	差	4					
分工明确	8	优	8	良	7	中	6	差	4					
组织有序	10	优	10	良	8	中	6	差	4					
学习质量	8	优	8	良	7	中	6	差	4					
学习效率	8	优	8	良	7	中	6	差	4					
态度端正	10	优	10	良	8	中	6	差	4					

续上表

评价项目	分值	等级								评价对象(组别)					
										1	2	3	4	5	6
任务完整	10	优	10	良	8	中	6	差	4						
结果规范	13	优	13	良	9	中	6	差	4						
回答问题	13	优	13	良	9	中	6	差	4						
成果展示	10	优	10	良	8	中	6	差	4						
小计	100														

3 教师对学生学习过程与任务成果进行评价，并将评价结果填入表2-4-4中。

教师综合评价表　　　　　　　　表2-4-4

班级：		姓名：	学号：		
学习任务四			人员与设备配备		
评价项目		评价标准		分值(分)	得分(分)
考勤(10%)		无无故缺勤、迟到、早退现象。		10	
学习过程 (60%)	工地试验室的人员配备	正确表述工地试验室的人员配备要求		15	
	设备配置与采购验收	正确阐述设备配置要求、验收的主要内容		10	
	设备安装与调试	完整描述设备安装与调试的具体要求		10	
	设备检定与校准	正确辨识设备检定与校准的区别		10	
	协调能力	与小组成员、同学间能有效地合作、交流、协调		5	
	职业素质	做到多平台、多渠道收集相关信息，完成学习任务		5	
	创新意识	通过阅读《建设工程质量管理条例》《建设工程质量检测管理办法》《交通运输部关于修改〈公路水运工程试验检测管理办法〉的决定》《铁路工程质量监督检测管理办法》《铁路建设工程质量监督管理规定》《水利工程质量检测管理规定》《公路工程工地试验室标准化指南》等资料，能更好地理解检验检测机构对检测人员及设备配置要求的相关内容		5	
任务成果 (30%)	工作完整	按时完成任务		10	
	工作规范	按要求进行文件查阅		5	
	回答问题	依据规范、办法准确回答		10	
	成果展示	用语规范、表达准确		5	
小计				100	
综合评价		自评(20%)	小组互评(30%)	教师评价(50%)	综合评分

拓展思考题

1. 工地试验室对于仪器设备应该检定还是校准呢？
2. 如何对工地试验室的设备进行量值溯源？

 任务反思

_____
_____
_____

 相关知识点

知识点一：人员配备

一、数量要求

（1）工地试验室应根据工程内容、规模、工期要求和工作距离等因素科学合理地配置试验检测人员数量，确保试验检测工作正常有序开展。

（2）工地试验室试验检测人员数量可按以下计算方法配置：

①根据合同段工程规模、工期要求、初步施工组织计划、项目所在地一般气候特点下的年度有效工作日等信息，估算日均生产能力。

②按日均生产能力、规定试验检测频率，估算日均检测工作量。

③按工地试验室常用试验检测参数工时消耗，估算日均人员工时消耗总量。

④按人员日工作时间8小时计算需要人员数量。

⑤人员配备数量应充分考虑施工高峰期生产状态下检测工作量的增加带来的检测人员数量需求增加等因素影响。

（3）各省级质检机构也可结合当地实际情况和管理要求制定本地区试验检测人员数量配备标准。

二、管理和专业要求

（1）工地试验室实行授权负责人责任制。工地试验室授权负责人对工地试验室运行管理工作和试验检测活动全面负责，授权负责人必须是母体试验检测机构委派的正式聘用人员，且需持有试验检测工程师证书。

（2）所有试验检测人员均应持证上岗，并在母体检测机构注册登记，不得同时受聘于两家或两家以上的工地试验室。

（3）试验检测人员持证专业应配置合理，能涵盖工程涉及的专业范围和内容。

注：路基路面工程试验检测人员持证专业应至少包括道路工程，桥梁工程试验检测人员持

2-4-7

证专业应至少包括桥梁工程,隧道工程试验检测人员持证专业应至少包括隧道工程。报告审核人员应为试验检测工程师,其持证专业应覆盖工地试验室所需的相关专业。

（4）工地试验室不得聘用信用较差或很差的试验检测人员担任授权负责人,不得聘用信用很差的试验检测人员从事试验检测工作。

三、岗位能力要求

（1）授权负责人应掌握一定的管理知识,有较丰富的管理经验,能够合理、有效地利用工地试验室配置的各种资源;熟悉质量管理体系,具有较好的组织协调、沟通以及解决和处理问题的能力。

（2）试验检测工程师应具有审核报告的能力,能够正确使用标准、规范、规程等对试验检测结果进行分析、判断和评价,具备异常试验检测数据的分析判断和质量事故处理能力。

（3）试验检测员应熟练掌握专业基础知识、试验检测方法和工作程序,能够熟练操作仪器设备,规范、客观、准确地填写各种试验检测记录和报告。

（4）设备管理员应熟悉试验检测仪器设备的工作原理、技术指标和使用方法,具备对仪器设备故障产生的原因和试验检测数据准确性的分析判断能力,具有仪器设备简单维修、维护保养的专业知识和能力。

（5）样品管理员应掌握一定的质量管理基础知识,熟悉样品管理工作流程,能够严格执行样品管理制度,对样品的整个流转过程进行有效控制,确保试验检测工作顺利进行。

（6）资料管理员应熟悉国家行业和建设项目有关档案、资料管理基础知识和要求,能够严格执行档案资料管理制度,及时规范地完成资料填写汇总和整理归档等工作。

注：工地试验室由于人员数量配置较少,试验检测人员只要具备相应能力,可以兼职设备、样品、资料管理员等岗位。

知识点二：设备配置与采购验收

一、设备配置

（1）工地试验室应按照母体检测机构授权范围内的试验检测项目和参数以及合同要求,配置必要的试验检测仪器设备和辅助工具,确保仪器设备性能良好。

（2）仪器设备的功能、准确度和技术指标均应符合规范规程要求,使用频率高的仪器设备在数量上应能满足周转需要。

工地试验室在仪器设备配置和试验检测操作过程中,应保证使用的仪器设备、测量范围和准确度等满足相关试验规程要求(如力学设备应注意测量精度和量程有效范围,电子称量设备应注意类型和计量性能要求等)。对于不同功能使用同类精度的仪器设备应分别配置,原则上不允许同一台仪器设备在不同功能室之间移动。

（3）鼓励配置融自动采集、监控、储存、处理和打印于一体的智能检测仪器设备;标准养护室应配置全自动温、湿度同步控制设备。

(4)如果仪器设备由母体检测机构或上级单位调配,工地试验室应根据实际需要制定仪器设备配置计划并提交母体检测机构或上级单位审核后确认;仪器设备在运输过程中应注意安全,到货后应及时进行安装调试。

(5)如果要新购置仪器设备,应按照采购验收程序,购置符合要求的仪器设备,授权负责人、设备管理员及相关人员应共同进行验收,填写验收记录,建立仪器设备档案。验收内容一般包括:

①检查包装是否完好无损;

②开箱检查外观及整机完整性;

③检查主机、附件的规格、型号、随机配件、专用工具配置及数量与合同以及装箱单是否一致;

④使用说明书、产品检验合格证等技术资料是否齐全;

⑤通电后运行情况。

二、设备布置

仪器设备布局应遵循操作便捷、便于维护保养、干净整洁的原则。

(1)根据功能室规划,集中合理地摆放相关仪器设备,保证一定的操作空间和距离,且布局合理,尽量减少人流、物流的交叉,避免相互干扰。

(2)按照试验检测工作流程,同一试验检测项目或参数所使用的仪器设备,应就近摆放在同一或相邻功能室,方便现场操作和管理。

(3)重型的、需要固定在基础上的、容易产生振动的仪器设备,不得在楼上摆放;通过基础固定安装的以及有后盖、有在背面操作、有散热排气要求的仪器设备,距墙至少保持50cm距离。

(4)为方便操作,一些小型仪器设备应摆放在操作台上面,仪器设备的控制器(分体式)应放在操作台上或按尺寸定制在搁物架上,严禁摆放在仪器设备、其他物体及地板上。

(5)对工作环境有特殊要求的一些设备应合理摆放,如勃氏透气仪、负压筛析仪应放置在干燥区域,保证在相对湿度≤50%的条件下进行试验;沸煮箱应隔离放置,避免影响环境温湿度,可以使用外箱罩住,外箱上接PVC塑料管通向室外;高温炉应放置在对环境温度要求不高、对周围仪器设备设施的功能不产生影响的功能室,如集料室或土工室等;精密天平应设独立台座,不得放置在正对空调出风口处,并对其使用时的环境条件严格控制,避免量值出现不稳定和不准确。

(6)贵重的小型外检仪器设备应在外检室中专柜存放,设专人管理。

三、设备验收

设备到位后应及时组织验收。

(1)检查包装是否完好,如因运输导致设备受损严重时可提出拒收,如包装完好可开箱验收。

(2)由设备申购部门及设备管理员一同开箱,必要时可通知供货商参加,按使用说明书或装箱单检查有无缺件或损坏。

(3)检查所进设备有无商标铭牌、规格、型号、性能是否与订购要求一致。

(4)检查设备外观有无质量缺陷,并依据装箱单清点随机附件或配件,发现问题及时向供货商提出,以便在规定的时间内解决问题。

(5)填写采购验收单,办理入库、领用手续。验收不合格的仪器设备,由仪器设备采购部门负责向供应商退货及索赔等。

知识点三:设备安装与调试

一、基本要求

按照使用说明书、试验规程等要求和操作步骤,由仪器设备供应方的专业人员或试验室设备管理人员对仪器设备进行正确安装与调试,并满足安全、环保的要求。

二、具体要求

(1)有固定要求的仪器设备,应按使用说明书、操作规程及有关标准进行固定,包括击实仪、振动台、摇筛机等产生振动的仪器设备。

(2)电动仪器设备调试前应检查输入电压是否正常,且应有漏电保护和接地装置,使用三相电的仪器设备应注意检查电机正转、反转。

(3)调试前应按照使用说明书,要求对电动仪器设备进行预热,同时检查控制器、计算机连接和控制程序是否符合要求。

(4)标准养护室在安装调试完成后,应对整个系统进行校验,包括温湿度传感器的准确度、灵敏度,显示器的准确度;制冷、制热设备的功率;加湿器的雾化能力;加湿设备工作后,温度、湿度是否能够控制在要求范围内等。

(5)仪器设备在调试时,环境温度、湿度应满足要求,如发现问题应及时处理,并认真填写仪器设备安装调试记录或质量验收记录。

知识点四:设备检定与校准

一、检定

检定或计量检定是"测量仪器的鉴定,计量器具的鉴定"简称。它是查明和确认仪器设备符合法定要求的活动,包括检查、加标记和/或出具检定证书。

二、校准

校准是指在规定条件下的一组操作,其第一步是确定由测量标准提供的量值与相应示值之间的关系,第二步则是用此信息确定由示值获得测量结果的关系,这里测量标准提供的量值与相应示值都具有测量不确定度。

三、检定与校准的区别

1. 目的不同

检定是对测量装置进行强制性全面评定。这种全面评定属于量值统一的范畴,是自上而下的量值传递过程。检定应评定计量器具是否符合规定要求。这种规定要求就是测量装置检定规程规定的误差范围。通过检定,评定测量装置的误差范围是否在规定的误差范围之内。

校准是对照计量标准,评定测量装置的示值误差,确保量值准确,属于自下而上量值溯源的一组操作。这种示值误差的评定应根据组织的校准规程作出相应规定,按校准周期进行,并做好校准记录及校准标识。校准除评定测量装置的示值误差和确定有关计量特性外,校准结果也可以表示为修正值或校准因子,具体指导测量过程的操作。

2. 对象不同

检定是我国《计量法》明确规定的强制检定的测量装置。我国《计量法》第九条明确规定:县级以上人民政府计量行政部门对社会公用计量标准器具,部门和企业、事业单位使用的最高计量标准器具,以及用于贸易结算、安全防护、医疗卫生、环境监测方面的列入强检目录的工作计量器具,实行强制检定。未按规定申请检定或者检定不合格的,不得使用。

校准是属于强制性检定之外的测量装置。我国非强制性检定的测量装置,主要指在生产和服务提供过程中大量使用的计量器具,包括进货检验、过程检验和最终产品检验所使用的计量器具等。

3. 依据不同

检定的主要依据是《国家计量检定规程编写规则》(JJF 1002—2010)(以下简称《检定规程》),这是计量设备检定必须遵守的法定技术文件。其中,对计量检测设备的检定周期、计量特性、检定项目、检定条件、检定方法及检定结果等作出规定。计量检定规程可分为国家计量检定规程、部门计量检定规程和地方计量检定规程三种。这些规程属于计量法规性文件,组织无权制定,必须由经批准的授权计量部门制定。

校准的主要依据是组织根据实际需要自行制定的《校准规范》,或按照《国家计量技术规范》的要求。在《校准规范》中,组织自行规定校准程序、方法、校准周期、校准记录及标识等方面的要求。因此,《校准规范》属于组织实施校准的指导性文件。

4. 方式不同

检定必须到有资格的计量部门或法定授权的单位进行。根据我国现状,多数生产和服务组织都不具备检定资格,只有少数大型组织或专业计量检定部门才具备这种资格。

校准可以采用组织自校、外校,或自校加外校相结合的方式进行。组织在具备条件的情况下,可以采用自校方式对计量器具进行校准,从而节省较大费用。组织进行自行校准应注意必要的条件,而不是对计量器具的管理放松要求。例如,必须编制校准规范或程序,规定校准周期,具备必要的校准环境和具备一定素质的计量人员,至少具备高出一个等级的标准计量器具,从而使校准的误差尽可能缩小(在多数测量领域,标准器的测量误差应不超过被确认设备在使用时误差的 1/3 至 1/10)。此外,对校准记录和标识也应作出规定。通过以上规定,确保量值准确。

5. 周期不同

检定的周期必须按《检定规程》的规定进行,组织不能自行确定。检定周期属于强制性约束的内容。

校准的周期由组织根据使用计量器具的需要自行确定。可以进行定期校准,也可以不定期校准,或在使用前校准。校准周期的确定原则应是在尽可能减少测量设备在使用中的风险的同时,维持最小的校准费用。可以根据计量器具使用的频次或风险程度,确定校准的周期。

6. 内容不同

检定的内容是对测量装置的全面评定,要求更全面,除了包括校准的全部内容之外,还需要检定有关项目。

校准的内容只是评定测量装置的示值误差,以确保量值准确。

例如,某种计量器具的检定内容应包括计量器具的技术条件、检定条件、检定项目、检定方法、检定周期及检定结果的处置等内容。校准的内容可由组织根据需要自行确定。因此,根据实际情况,检定可以取代校准,而校准不能取代检定。

7. 结论不同

检定则必须依据《检定规程》规定的量值误差范围,给出测量装置合格与不合格的判定。超出《检定规程》规定的量值误差范围为不合格,在规定的量值误差范围之内则为合格。检定的结果是给出检定合格证书。

校准的结论只是评定测量装置的量值误差,确保量值准确,不要求给出合格或不合格的判定。校准的结果可以给出校准证书或校准报告。

8. 法律效力不同

检定的结论具有法律效力,可作为计量器具或测量装置检定的法定依据,检定合格证书属于具有法律效力的技术文件。

校准的结论不具备法律效力,给出的校准证书只是标明量值误差,属于一种技术文件。

四、量值溯源

量值溯源是指通过一条具有规定不确定的不间断的比较链,使测量结果或测量标准的值能够与规定的参考标准(通常是国家计量基准或国际计量基准)联系起来的特性。

通过检定/校准和功能检验等方式对仪器设备进行量值溯源,确保仪器设备性能良好,量值准确,满足工地试验室工作需要。目前,各行业都制定了对工地试验室检测仪器设备检定/校准指导手册。以下以公路工程试验检测仪器设备为例介绍相关的要求。公路工程仪器设备检定/校准的实施(包括管理方式、依据标准和计量参数等)应符合《公路工程试验检测仪器设备检定/校准指导手册》质监综字〔2013〕5号有关规定。

(1)对于主要用于测量单一物理量(如质量长度等)的通用计量器具,共计115种,一般应送至质量技术监督部门依法设置的计量检定单位或具备相应仪器设备测量能力的专业计量站、校准试验室进行检定/校准,并取得检定或校准证书。

(2)对于公路工程专用试验检测仪器设备共计150种,详见《交通运输部办公厅关于发布公路工程试验检测仪器设备计量管理目录的通知》厅科字〔2012〕305号),可登录国家道路与桥梁工程检测设备计量站查询或下载,应视具体情况区别对待:

①已取得质量技术监督部门授权的交通运输部部门最高质量标准(7种)。可以将此类仪器设备送至国家道路与桥梁工程检测设备计量站,或参加其集中检定/校准活动,或送至经过其量值传递的地方交通运输专业检定站进行检定/校准,并取得检定或校准证书。

②虽未取得交通运输部部门最高计量标准,但也有可以依据的公开发表的技术文件(如检定规程,46种)。可送至质量技术监督部门授权建立的检定单位进行检定/校准,并取得检定或校准证书。也可委托有技术能力的机构(如有关技术文件的编制单位、科研单位等)或按自校验管理方式,根据公路工程试验检测仪器设备检定/校准指导手册所示的"依据标准"和"计量参数"进行测试,并取得测试报告。实施具体测试工作的机构应具有明确的测试工作管理程序,并按照依据标准,要求配合相关人员、设备、环境、场地等条件,规范地开展仪器设备测试工作,编制测试报告,留存相应技术和管理记录。

③未取得交通运输部部门最高计量标准,且没有可以依据的公开发布的技术文件(97种)。可参照《公路工程试验检测仪器设备校准指南》(人民交通出版社,2011年)等相关书籍,自行或委托有能力的单位(如有关科研院所、高校、大型仪器设备研发及生产单位)编制仪器设备测试工作的指导性技术文件,采取机构间比对或自校等管理方式,对所列出的计量参数进行检验,并编制比对或测试报告,留存相应技术和管理记录。

(3)对于无量值输出的工具类仪器设备,采用自行维护的管理方式。根据仪器设备产品标准、试验检测方法等技术文件,定期对仪器设备进行功能核查,保证其功能运转正常,并留存相应技术和管理记录。

注:对于可以自校验的仪器设备,如果等级试验检测机构具备条件和能力,可以开展相应的自校验工作。工地试验室原则上不允许开展自校验工作,如确需且具备条件,也可在母体检测机构计量专业人员的指导下开展。

(4)对仪器设备进行检定时,一般应检验全部计量参数;对仪器设备进行校准、测试时,可根据具体测试检测工作的需要,有选择地检验全部或部分计量参数,以免造成不必要的浪费。

(5)仪器设备取得检定/校准证书后,需对校准(测试)结果与试验检测工作要求进行复合性确认,必要时要考虑修正因子,并形成确认记录。对于规定技术条件或标准的仪器设备,将检定/校准结果(示值误差和测量不确定度)与技术条件或标准进行比较,判定该仪器设备能否使用;对于没有规定技术条件或标准的仪器设备,可根据被测对象和测量方法计算出(扩展)测量不确定度,然后与被测量值的技术要求进行比较,误差应不超过被测量值最大允许偏(误)差的1/3,进而判定该仪器设备能否使用或限制使用的条件。

(6)对于仪器设备的检定/校准周期,如有公开发表的技术文件(如计量检定规程)规定的,原则上应当遵循;对于使用频率极高的仪器设备,应视情况缩短检定/校准周期;对极少使用的,可以规定使用前检定/校准,以降低经济成本;在检定/校准周期内,仪器设备如存在维修、搬动、移动等情况,应重新进行检定/校准,仪器设备在检定/校准结束后,填写《试验检测仪器设备计量管理情况登记表》。

学习任务五　办公与交通设施配置

 学习任务描述

本学习任务要求同学们了解工地试验室办公与交通设施设备涵盖的范围,熟悉并掌握相关办公与交通设施的配备要求。

 学习目标

通过本学习任务的学习,你应该能够:
1. 完成工地试验室办公设施的配备;
2. 完成工地试验室交通设施的合理配备;
3. 增强安全意识。

 任务书

某高速公路项目路基标段,主体工程有土方路基、桥涵等,项目合同金额在 1.6 亿元左右,在工地试验室建设过程中,需要配备相关办公与交通设施,以满足工地试验室工作的正常开展。

 任务分组(表 2-5-1)

学生任务分配表　　　　　　　　　　表 2-5-1

班级		组号		指导老师	
组长		学号			
组员	姓名		学号	姓名	学号
任务分工					

准备工作

1. 阅读任务书,熟悉即将要学习的主要内容;
2. 收集并阅读《公路水运工程试验检测专业技术人员职业资格考试用书》公共基础、《公路工程工地试验室标准化指南》《工地试验室标准化建设要点的通知》《公路水运工程试验检测管理办法(交通部令2005年第12号)》等资料。

 任务实施

(一) 办公设施配置

实施引导1:什么是办公设施?

实施引导2:本项目应配备哪些办公设施?

实施引导3:办公室设备配置的具体要求有哪些?

实施引导4:资料室有什么要求?文件柜有什么要求?

(二) 交通设施配备

实施引导1:什么是交通设施?

实施引导2:工地试验室交通设施数量配备有哪些要求?

实施引导 3：请结合工地试验室实际情况考虑，图 2-5-1、图 2-5-2 哪个更满足工地试验室用车需求？为什么？

图　2-5-1

图　2-5-2

评价反馈

1　学生进行自我评价，评价自己对工地试验室办公设施、交通设施的认识，对配备要求的掌握程度。并将结果填入表 2-5-2 中。

学 生 自 评 表　　　　　　　　　　表 2-5-2

班级：	姓名：	学号：	
学习任务五	办公与交通设施设置		
评价项目	评价标准	分值(分)	得分(分)
相关术语概念	正确表述办公设施、交通设施等术语的概念	20	
办公设施	正确合理配备办公设施	20	
交通设施	正确合理配备交通设施	30	
学习态度	态度端正，无无故缺勤、迟到、早退现象	10	
学习质量	按预定计划完成学习任务	5	
协调能力	与小组成员、同学间能有效地合作、交流、协调	5	
职业素质	做到多平台、多渠道收集相关信息，完成学习任务	5	
创新意识	通过理论学习、资料查阅等，能更好地理解试验室办公设施、交通设施的配备要求；能按工程实际情况合理进行配备	5	
小计		100	

2-5-3

2　学生以小组为单位，对以上学习任务的过程与结果进行互评，将互评结果填入表 2-5-3 中。

学 生 互 评 表　　　　　表 2-5-3

学习任务五									办公与交通设施设置					
评价项目	分值	等级							评价对象（组别）					
									1	2	3	4	5	6
团队协作	10	优	10	良	8	中	6	差	4					
分工明确	8	优	8	良	7	中	6	差	4					
组织有序	10	优	10	良	8	中	6	差	4					
学习质量	8	优	8	良	7	中	6	差	4					
学习效率	8	优	8	良	7	中	6	差	4					
态度端正	10	优	10	良	8	中	6	差	4					
任务完整	10	优	10	良	8	中	6	差	4					
结果规范	13	优	13	良	9	中	6	差	4					
回答问题	13	优	13	良	9	中	6	差	4					
成果展示	10	优	10	良	8	中	6	差	4					
小计	100													

3　教师对学生学习过程与任务成果进行评价，并将评价结果填入表 2-5-4 中。

教师综合评价表　　　　　表 2-5-4

班级：		姓名：	学号：		
学习任务五			办公与交通设施设置		
评价项目			评价标准	分值(分)	得分(分)
考勤（10%）			无无故缺勤、迟到、早退现象	10	
学习过程（60%）	相关术语概念		正确表述办公设施、交通设施等术语的概念	10	
	办公设施		正确合理配备办公设施	10	
	交通设施		正确合理配备交通设施	20	
	协调能力		与小组成员、同学间能有效地合作、交流、协调	5	
	职业素质		做到多平台、多渠道收集相关信息，完成学习任务	5	
	创新意识		通过理论学习、资料查阅等，能更好地理解试验室办公设施、交通设施的配备要求；能按工程实际情况合理进行配备	10	
任务成果（30%）	工作完整		按时完成任务	10	
	工作规范		按要求进行文件查阅	5	
	回答问题		依据规范、办法准确回答	10	
	成果展示		用语规范、表达准确	5	
小计				100	
综合评价	自评（20%）		小组互评（30%）	教师评价（50%）	综合评分

2-5-4

拓展思考题

1. 工地试验室为什么要求配备金属文件柜?
2. 工地试验室驾驶员有没有驾龄要求,为什么?

 任务反思

_____
_____
_____
_____

学习任务的相关知识点

知识点一:办公设施配置

办公设施是指为满足正常工作需要而配备的办公室、资料室、会议室,以及各室内配备的工作所需要的桌椅、电脑、打印机、文件柜等设备。办公环境应保持整洁、干净、舒适、通风和采光良好,以保证正常的工作办公需要。

(1)办公室宜设计成单间式或半开放式办公室,保证授权负责人有独立的办公区域,试验检测人员每人使用面积不小于$6m^2$。

(2)办公室应配备办公桌椅、文件柜、计算机、打印机、复印机、空调等办公设备,具备上网条件,为试验检测人员提供良好的工作环境。

(3)资料室应配备一定数量的金属文件柜。文件柜布置摆放整齐,并采取防火、防盗、防潮、防蛀等措施。

(4)有条件的工地试验室可设立小型会议室,配备会议桌椅、多媒体等办公设备。

知识点二:交通设施配置

工地试验室应根据合同要求、工作内容和距离要求,配备一定数量、性能较好的专用车辆,保证现场取样、外业检测和外委试验检测等工作顺利开展。

1. 工地试验室车辆配置数量

工地试验室的车辆配置数量与项目特点、项目合同额和项目需要达成的目标有关。

项目地点大多在山地,地形条件复杂,某合同段需要分多工区施工时,要求工地试验室根据实际情况配备交通车辆;对于重点项目,交通车辆数宜适当增加。

2. 工地试验室车辆选型

工地试验室选用的车辆要能够适应施工现场复杂多变的交通环境。一般选择有越野性能的SUV,同时搭配皮卡车辆使用。

3. 工地试验室车辆性能要求

工地试验室在选择车辆时，要同时考虑车辆的排量和经济性问题。一般选择 2.0 或 2.4 排量的车辆。

4. 工地试验室车辆驾驶员要求

工地试验室所配车辆不但要在复杂的施工现场运行，还要能够适应不同季节、不同天气、不同时间段的行车需求。因此，一般要求驾驶员有 5 年以上驾龄，年纪在 50 岁以内，身体健康，能适应高强度的驾驶要求，且视力达到有关规定要求等。

学习任务六　体系与文化建设

 学习任务描述

检测机构的质量管理体系主要体现一个检测机构的各项建设是否完善、规范和标准。工地试验室质量管理体系大部分是在母体检测机构质量管理体系基础上按工程实际情况加以完善后形成。工地试验室文化建设是整个项目文化建设的一部分,主要体现在具有丰厚的文化底蕴和较强的凝聚力和活力。

 学习目标

通过本学习任务的学习,你应该能够：
1. 完成工地试验室质量管理体系文件的构建与编制工作；
2. 完成工地试验室文化建设工作；
3. 增强团队协作意识和创新意识。

 任务书

为规范工地试验室的各项工作,需根据工程实际情况构建适宜的质量管理体系,如果你是该试验室的一员,请思考一下如何来完善工地试验室的质量管理体系和文化建设。

 任务分组（表 2-6-1）

学生任务分配表　　　　　　　　　表 2-6-1

班级		组号		指导老师	
组长		学号			
组员	姓名		学号	姓名	学号
任务分工					

准备工作

1. 阅读工作任务书,熟悉本学习任务的主要学习内容;
2. 收集并阅读《公路工程工地试验室标准化建设指南》《质量管理体系》等资料。

 任务实施

(一) 质量管理体系与企业文化建设概述

实施引导1:质量管理体系由哪些内容构成?

_____
_____
_____
_____

实施引导2:质量管理体系文件的建立由几个程序组成?请具体描述。

_____
_____
_____
_____

实施引导3:与检测有关的程序文件一般包括哪些内容?

_____
_____
_____
_____

实施引导4:企业三位一体的系统调节工具一般指的是(　　　　)、实现使命、共享愿景。请简单叙述你是怎么理解的。

_____
_____
_____
_____

(二) 母体检测机构对工地试验室的质量体系管理

实施引导1:母体检测机构质量管理体系文件主要包括哪些?

_____

实施引导2：工地试验室在开始运行后，母体检测机构应_____或_____对工地试验室运行管理情况进行检查，并对检查发现的问题提出整改要求和期限，跟踪整改过程并_____，形成_____和_____，在母体检测机构和工地试验室分别存档备查。

实施引导3：如有标准、规范更新或新的行业管理办法发布，_____应及时通知工地试验室参加相应_____和_____，及时_____和使用最新的标准、规范及相应的仪器设备，认真落实最新的行业管理规定。

实施引导4：工地试验室应建立授权管理档案，具体包括哪些档案？

(三) 工地试验室质量管理体系与文化建设

实施引导1：工地试验室质量管理制度主要内容有哪些？

实施引导2：工地试验室文化建设应该怎么体现出来？

(四) 宣贯与培训

实施引导1：请描述宣贯的概念。

实施引导2：工地试验室开展的培训一般包括哪些方面的内容？

实施引导3：工地试验室在运行前，应开展质量管理体系文件和各项管理制度的_____和_____工作，并将各项制度落实到人，加强考核和检查，确保各项管理制度能得到有效执行，并做好相应记录。

评价反馈

1　学生进行自我评价，评价自己对质量体系文件、母体质量管理体系文件、工地试验室管理体系与文化建设、宣贯与培训相关知识的掌握程度，本学习任务的相关内容完成情况，并将结果填入表2-6-2中。

学 生 自 评 表　　　　　　　　　　表2-6-2

班级：	姓名：	学号：	
学习任务六	体系与文化建设		
评价项目	评价标准	分值(分)	得分(分)
相关术语	正确表述质量体系文件、宣贯等相关术语的概念	10	
质量管理体系的组成	正确阐述质量管理体系的组成	20	
母体质量管理体系文件认知	正确描述质量管理体系文件的组成	20	
培训	正确理解工地试验室培训制度	20	
学习态度	态度端正，无无故缺勤、迟到、早退现象	10	
学习质量	按预定计划完成学习任务	5	
协调能力	与小组成员、同学间能有效地合作、交流、协调	5	
职业素质	创新学习方式方法，做到多平台、多渠道收集相关信息，完成学习任务	5	
创新意识	通过查阅《工地试验室标准化建设指南》及相关资料，能更好地理解试验室质量管理体系、文化建设、宣贯与培训等内容	5	
小计		100	

2　学生以小组为单位，对以上学习任务的过程与结果进行互评，将互评结果填入表2-6-3中。

学 生 互 评 表 表 2-6-3

学习任务六				体系与文化建设										
评价项目	分值	等级							评价对象(组别)					
									1	2	3	4	5	6
团队协作	10	优	10	良	8	中	6	差	4					
分工明确	8	优	8	良	7	中	6	差	4					
组织有序	10	优	10	良	8	中	6	差	4					
学习质量	8	优	8	良	7	中	6	差	4					
学习效率	8	优	8	良	7	中	6	差	4					
态度端正	10	优	10	良	8	中	6	差	4					
任务完整	10	优	10	良	8	中	6	差	4					
结果规范	13	优	13	良	9	中	6	差	4					
回答问题	13	优	13	良	9	中	6	差	4					
成果展示	10	优	10	良	8	中	6	差	4					
小计	100													

3 教师对学生学习过程与任务成果进行评价,并将评价结果填入表2-6-4中。

教师综合评价表 表 2-6-4

班级:　　　　　姓名:　　　　　学号:

学习任务六		体系与文化建设		
评价项目		评价标准	分值(分)	得分(分)
考勤(10%)		无无故缺勤、迟到、早退现象	10	
学习过程（60%）	相关术语	正确表述质量体系文件、宣贯等相关术语的概念	10	
	质量管理体系的组成	正确阐述质量管理体系的组成	10	
	母体质量管理体系文件认知	正确描述质量管理体系文件的组成	10	
	培训	正确理解工地试验室培训制度	15	
	协调能力	与小组成员、同学间能有效地进行合作、交流、协调	5	
	职业素质	创新学习方式方法,做到多平台、多渠道收集相关信息,完成学习任务	5	
	创新意识	通过查阅《工地试验室标准化建设指南》及相关资料,能更好地理解试验室质量管理体系、文化建设、宣贯与培训等内容	5	
任务成果（30%）	工作完整	按时完成任务	10	
	工作规范	按要求进行文件查阅	5	
	回答问题	用词准确、回答完整	10	
	成果展示	用语规范、表达准确	5	
小计			100	

2-6-5

续上表

评价项目	评价标准			分值(分)	得分(分)
综合评价	自评(20%)	小组互评(30%)	教师评价(50%)	综合评分	

 拓展思考题

1. 母体质量管理体系文件的组成,具体怎样体现出来?
2. 工地试验室文化建设还可以从哪些方面体现得更完善?

 任务反思

_____
_____
_____
_____

 学习任务的相关知识点

知识点一:质量管理体系与企业文化建设概述

一、质量管理体系

质量管理体系在很大程度上是通过文件化的形式表现出来的。建立文件化的质量管理体系,是质量管理体系存在的基础和证据,是规范试验室检验工作和全体人员的行为、达到质量目标的重要手段。因此,制定质量管理体系文件就是试验室的立法。

组织的质量管理体系包括:质量方针、质量目标、监视和测量资源适合其用途的证据和测量溯源、人员能力、产品和服务要求的评审、产品和服务要求的更改、组织确定的为确保质量管理体系有效性所需的设计和开发策划、设计和开发输入、设计和开发控制、设计和开发输出、设计和开发更改、外部供方评价、生产和服务提供的控制、可追溯性、顾客或外部供方的财产、更改控制、产品和服务的放行、不合格输出的控制、评价质量管理体系的绩效和有效性、内部审核、管理评审、不合格和纠正措施。

二、质量管理体系文件的建立

质量管理体系的建立文件由三个程序组成,分别是明确质量形成过程、配备必要的人员和物质资源、形成检测有关的程序文件,具体描述如下。

(一)明确质量形成过程

试验室是专门从事检验测试工作的实体,试验室工作的最终成果是检测报告。检测报告就是试验室的产品,同样有一个质量形成过程。为了确保检测数据的准确可靠,以确保检测报告的质量,就必须明确它的质量形成过程和过程的各个阶段可能影响检测报告质量的各项因素。通过对这些因素采取相应的措施,如加强管理和控制,以保证最终产品——检测报告的质量。

由于生产组织的性质不同,产品特性不同,试验室因工作任务不同,因而,其工作质量形成过程也不尽相同。在建立质量管理体系时,应根据本试验室的工作特点进行分析研究,以明确工作质量形成过程及涉及的要素。检测工作比较典型的质量形成过程,大体上包括以下各阶段。

(1)明确检测依据。接受某项检测任务,首先要明确检测所依据的技术标准和技术规范,熟悉和正确掌握它的技术要求和检测条件。必要时,在完全理解检测依据的基础上,编制便于操作的具体的检测程序和方法,以防止在掌握检测依据上出现偏差,保证具体操作上的一致性。

(2)样品的抽取。为了使抽取的样品具有代表性且真实完整,应制订合理的随机抽样方案,明确抽样、封样、记录、取送方式等各项质量要求,或严格按检验规程规定进行抽样工作。

(3)样品的管理和试样的制备。为了保证样品的完好,不污染、不损坏、不变质,符合检测技术要求,应编制样品的交接、保管、使用、处置的质量控制措施。需要制备试样时,还应制定制备程序和方法,对制样的工具、模具等也应进行质量控制。

(4)外部物品的供应。对检测工作需用的从外部购进的材料、药品、试剂、器件等物品,应有明确的质量要求和进行验收的质量控制措施。

(5)环境条件。应有满足符合技术要求的工作环境,并有必要的监控环境技术参数的措施。

(6)检测操作。检验人员要依据技术标准和检验规范规定的方法,正确、规范地进行检测操作,及时准确地记录和采集检测数据。

(7)计算和数据处理。依据检验规范的有关规定,对检测数值进行正确的计算和数据处理,并经过校对验证,以确保结果正确无误。

(8)检测报告的编制和审定。检测报告的内容应完整,填写应规范、正确、清晰,同时应判定准确,结论可靠,并严格执行校核、审批程序。

分析检测质量形成过程,准确找出可能影响检测工作质量的各项因素,使其持续处于受控状态,这是建立质量管理体系的一项基本要求。一个完善的试验室质量管理体系,应能纠正并预防质量问题,即一旦出现质量问题能及时发现,并迅速予以纠正和改进。

(二)配备必要的人员和物质资源

在明确质量形成过程中应开展的质量活动的基础上,为使质量管理体系能有效地运行,应配备适应工作需要的各类人员和物质资源。

(1)必要的人员包括管理人员、执行人员、监督人员等各类人员。这些人员应具有同工作任务相适应的工作能力、经验和技能,规定明确的质量职责、权限和彼此的相互关系。

(2)必要的物质资源包括仪器设备、工作场所、环境设施、技术控制手段和其他检测装置等。资源的配置应满足工作任务的需要和检测技术规范的技术要求。仪器设备的功能和准确度符合产品的技术要求,环境条件和监控设施符合有关技术规定。

(三)形成检测有关的程序文件

(1)程序文件是规定检测活动和检测过程的途径,是为控制可能影响质量的各项因素而制定的文件。质量管理体系的运行是通过贯彻实施程序文件实现的,因而制定好程序文件是至关重要的一项工作。

(2)程序文件应做到全面、适用、可操作。其内容通常包括:开展某项质量活动的目的和范围;对检验要做什么;由谁来做;如何做;如何控制;对使用的设备和文件等做出具体的规定。

(3)编制程序文件时应参照《检测和校准实验室能力的通用要求》(GB/T 15481—2000),结合本生产组织试验室建立质量管理体系的实际需要而定。应组织有关人员对编制的程序文件的内容及可操作性进行评审,提出意见,经修改、审核后正式批准、颁布执行。

(4)制定的程序文件一般应包括:各类人员的质量责任制、检测工作程序、样品质量控制、技术文件控制、仪器设备质量控制、环境条件控制、外购检验用品质量控制、分包检测的控制、记录和报告、质量申诉处理等。

三、文化建设

一个优秀的企业必须建设卓越的企业文化。近年来,企业文化建设与人力资源管理体系越来越受到企业界的重视。建设具有丰厚的文化底蕴,具有较强的凝聚力和活力,具有较好的团队协作意识和创新意识,具有较强的抗风险能力和竞争能力的企业文化,是企业持续发展的源泉、动力、基石。

下面从企业文化内涵和企业文化建设两方面来介绍:

(一)企业文化内涵

企业文化是企业的灵魂,是构成企业核心竞争力的关键所在,是企业成员共有的哲学、意识形态、价值观、信仰、假定、期望态度和道德规范。企业文化代表了企业内部的行为指针,它们不能由契约明确下来,但却制约和规范着企业的管理者和员工。

企业应结合公司工作实际,建设以"安""和""净"为主要内涵的企业文化,对"安""和""净"的内涵解读如下:

"安"即"安全",安全是企业生存和发展的第一要务,是稳定和可持续发展的基础,是国家和政府赋予企业的责任。事关广大员工的生命和财产安全,事关企业的生存和发展,事关社会的和谐与稳定。"安全"包括"生产安全""经济安全""政治安全"。

"和"即"和谐",和谐是一个企业管理和队伍建设追求的根本目的,符合企业和全体员工的根本利益与核心价值。建立和形成"团结友爱、和谐融洽、安定有序"的内部良好关系,激发和调动员工的主动性、积极性、创造性,提升团队的凝聚力、号召力和战斗力,达到企业的经济效益、环境效益与社会效益相统一。"和谐"包括"队伍和谐""家庭和谐""个体和谐"三个方面。

"净"即"干净","干净"涵盖"环境干净""干事干净""思想干净"三个方面,旨在营造一个卫生、文明、廉洁、自律、健康、诚信的工作生活环境,弘扬主旋律、传递正能量、营造好氛围,为企业科学健康发展保驾护航。

(二)企业文化建设

建设企业文化必须首先从职工的思想观念入手,树立正确的价值观念和哲学思想,在此基础上形成企业精神和企业形象,防止搞形式主义,言行不一。形式主义不仅不能建设好企业文化,而且是对企业文化概念的歪曲。

企业文化建设的内容主要包括物质文化层、行为层、制度层和精神层等四个层次的文化建设。

1. 物质文化建设

企业生产的产品和提供的服务是企业生产经营的成果,是物质文化建设的首要内容。其次企业的生产环境、企业容貌、企业建筑、企业广告、产品包装与设计等也构成企业物质文化建设的重要内容。

企业在运行时首先要建设自己的物质文化,让企业有目标可依。

2. 行为文化建设

行为文化是指员工在生产经营及学习娱乐活动中产生的活动文化,包括企业经营、教育宣传、人际关系活动、文娱体育活动、企业行为的规范、企业人际关系的规范,还包括企业与企业之间、企业与顾客之间、企业与政府之间、企业与社会之间的行为。

企业在行为文化建设时,需要规范每个行为的行为准则和行为规范,让规范的行为成为企业的习惯,进而完成企业行为文化建设。

3. 制度文化建设

企业的制度文化主要包括企业领导体制、企业组织机构和企业管理制度三个方面,企业工艺操作流程、厂纪厂规、经济责任制、考核奖惩等都是企业制度文化的内容。

企业制度文化建设是企业为实现自身目标对员工的行为给予一定限制的文化,它具有共性和强有力的行为规范的要求,它规范着企业的每一个人。

企业的制度文化建设是行为文化得以贯彻的保证。

4. 精神文化建设

企业的精神文化是指企业生产经营过程中,受一定的社会文化背景、意识形态影响而长期形成的一种精神成果和文化观念,包括企业精神、企业经营哲学、企业道德、企业价值观念、企业风貌等内容,是企业意识形态的总和。

企业在精神文化建设过程中,需要强调"参与、奉献、协作"的企业精神、建立"以市场为导向"的企业经营哲学、奉行"以人为本"的企业价值观。

企业应充分的利用激励机制、纪律约束机制、凝聚机制,建设企业的物质文化、行为文化、制度文化和精神文化等四个层次的文化建设。

知识点二：母体检测机构对工地试验室的质量体系管理

一、母体检测机构质量管理体系文件的主要内容

母体检测机构质量管理体系文件主要包括质量手册、程序文件、作业指导书、质量记录文件、技术记录表格等。

二、母体检测机构对工地试验室的质量体系管理

（1）母体检测机构对授权工地试验室应履行指导和监管职责，对工地试验室的建立和运营实施全方位、全过程管理，并对工地试验室的违规和失信行为承担相应的管理责任。

（2）在工地试验室设立过程中，母体检测机构应按照标准化建设要求，对工地试验室驻地的建设、人员、设备配置、环境条件、体系和文化建设等方面进行符合性检查和指导，满足要求后方可对工地试验室进行授权。

（3）如有标准、规范更新或新的行业管理办法发布，母体检测机构应及时通知工地试验室参加相应培训和宣贯，及时更换和使用最新的标准、规范及相应的仪器设备，认真落实最新的行业管理规定。

（4）母体检测机构应督促工地试验室的试验检测人员积极参加继续教育活动，认真开展信用评价工作，并在母体检测机构和所有授权工地试验室范围内开展比对试验活动，提高工地试验检测工作质量和试验检测数据的准确性。

（5）工地试验室在开始运行后，母体检测机构应定期或不定期对工地试验室运行管理情况进行检查，并对检查发现的问题提出整改要求和期限，跟踪整改过程并闭合确认，形成检查记录和报告，在母体检测机构和工地试验室分别存档备查。

（6）工地试验室应建立授权管理档案，包括母体检测机构《等级证书》正本、副本复印件，授权书、母体检测机构检查及反馈情况记录等内容；母体检测机构也应按照相应内容建立工地试验室授权管理档案，每个授权工地试验室建立一套档案，便于日常管理和接受监督检查。

知识点三：工地试验室质量管理体系与文化建设

一、工地试验室质量管理体系文件

工地试验室由于组织结构、工作流程相对简单，可按照母体检测机构的质量管理体系文件，并结合工程特点，将工地试验室涉及的必要管理要求、技术要求建立各项管理制度和作业指导书，形成工地试验室质量管理体系文件。

二、工地试验室文化建设

工地试验室可通过宣传、教育、培训和文化娱乐等方式，积极营造"诚实守信、科学规范"的工地试验检测文化氛围，将"科学、客观、严谨、公正"的理念，融入具体试验检测工作中。

（1）提倡在工地试验室院内、外墙上制作与行业管理、项目建设和企业文化元素相结合的，简捷、美观的宣传标牌、标语。

（2）在院内可设立公告栏，内容包括与质量管理、廉政建设等相关的法律法规、信息发布、先进事迹等。

（3）在工程开工前、施工过程中组织开展法律知识、案例和质量病害、事故等的宣讲、教育活动；倡导试验室内部和试验室间的技术交流，组织技术培训、岗位竞赛。

（4）如果条件具备，可设置文体活动场所，增强职工体质，丰富文化生活。

知识点四：宣贯与培训

一、宣贯

宣贯，即宣传并透彻理解，通常是指对政府、上级机构、母公司等的法律条令、政策、方针、活动等的宣传，以达到思想意识的统一，从而采取协调一致的措施、行动，最终达到或完成目标。

在企业经营管理中，宣贯是个常用词，不但包括上述的意思，也包括认证的一系列活动。

工地试验室可以通过内部橱窗、局域网、简报、会议等方式，促使抽象的文化理念具体化与形象化，让试验室的工作人员亲自接触、感受、感知具体企业文化，慢慢地把意识形态的东西渗透进血液，成为指导工作的工具，形成行为习惯，实现文化自觉。

二、培训

培训即培养和训练，是通过培养加训练使受训者掌握某种技能的方式，给有经验或无经验的受训者传授其完成某种行为必需的思维知识、基本知识和技能的过程。

工地试验室在运行前，应开展质量管理体系文件和各项管理制度的宣贯和培训工作，并将各项制度落实到人，加强考核和检查，确保各项管理制度能得到有效执行，并做好相应记录。

工地试验室开展的培训一般包括：新设备的使用、新检测方法的学习、新员工的培训、工作经验的学习等。

学习任务七 管理制度建设

 学习任务描述

本学习任务要求同学们了解工地试验室管理制度的主要内容;熟悉并掌握试验室工作细则、设备购置验收维修降级和报废、人员培训与考核制度、岗位责任制度、设备管理制度、检测工作计划检查和总结制度、日常卫生与安全管理制度、检测人员守则等;掌握检测事故分析报告制度、技术资料文件管理及保密制度、检测样品管理制度等的建设,使试验室工作开展做到有据可循。

 学习目标

通过本学习任务的学习,你应该能够:
1. 认识到管理制度建设的重要性;
2. 根据工地试验室的实际情况拟定各项制度;
3. 对已制定的管理制度查缺补漏。

 任务书

现有某高速公路沥青混凝土路面项目,某施工企业中标后即将进场,建设单位要求该项目工地试验室按标准进行建设并经检查后投入使用。请思考以下问题:

(1) 如果你是该项目工地试验室负责人,除了按要求布置好各功能室、配备好办公交通设施外,还需要哪些内涵建设?

(2) 如果你是该项目工地试验室一般检测人员,你应该怎样配合负责人完成内涵建设?

 任务分组(表2-7-1)

学生任务分配表　　　　　　　　表2-7-1

班级		组号		指导老师	
组长		学号			
组员	姓名		学号	姓名	学号

2-7-1

任务分工	

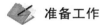 **准备工作**

1. 阅读工作任务书,熟悉本学习任务的主要学习内容;
2. 收集并阅读《交通运输部办公厅关于工地试验室标准化建设要点的通知》《公路工程工地试验室标准化指南》《交通运输部关于进一步加强和规范公路水运工程试验检测工作的若干意见》等资料。

 **任务实施**

(一)工作实施细则

实施引导1:公路工程试验检测依据的是国家(　　)等。(多选)
A. 试验规程　　　B. 规范　　　C. 标准　　　D. 通知

实施引导2:工地试验室制度实施细则的内容有哪些?
_____
_____
_____
_____

实施引导3:工地试验室实施细则的有关方法有哪些?
_____
_____
_____
_____

实施引导4:原始记录如果确需更改,作废数据应画_____水平线,将正确数据填在上方并盖更改人印章。

实施引导5:原始记录应集中保管,作为技术资料由资料员保管,其保存期自工程竣工后不得少于(　　)。
A. 半年　　　B. 1年　　　C. 2年　　　D. 5年

实施引导6:校核者必须认真核对检测数据,其校核范围包括(　　)等。(多选)
A. 测值校读　　　　　　　　　　B. 传送回读
C. 数字计算校核　　　　　　　　D. 测件编号校核

E. 检测环境校核

实施引导7：检测资料数据整理应符合哪些要求？（　　）（多选）

A. 检测数据的有效位数与检测系统的准确度相适应，不足部分以"0"来补齐，以测试数据的有效位数相符。

B. 统一参数检测数据个数少于3时，用算术平均低值法；测试个数大于3时，建议采用数理统计法，求其代表值。

C. 检测数据出现异常值时，剔除方法应与规程规定相符。

D. 整理后的数据应填入原始记录表的相应部分。

(二) 管理制度建设

实施引导1：岗位职责的意义是什么？

_____
_____
_____
_____

实施引导2：具体需要建立的管理制度包括哪几个方面的内容？

_____
_____
_____
_____

(三) 设备管理制度

实施引导1：仪器设备室除对所有仪器按（　　　　）进行计量检定外，还应对它们进行（　　　　）的抽查，以确保其功能正常，性能完好，精度满足检测工作的要求。

实施引导2：精密、贵重、大型仪器设备的安放位置不得随意（　　　　），如确实需要变动，应事先征得仪器设备室的同意，重新安装后应对其安装位置、安装环境、安装方式进行检查，并重新进行（　　　　）或（　　　　）。

(四) 设备购置验收维修降级和报废制度

实施引导1：修理后的仪器设备均由仪器设备室按检定结果分别贴上合格、用和停用三种，分别用（　　　　）、（　　　　）和（　　　　）标志表示。

实施引导2：现有一台1000kN的万能材料试验机，在经过检定后，其钢筋的弯曲试验无法正常进行，但其他功能正常，鉴于这种情况，该设备应该粘贴（　　　　）标签。

(五) 检测事故分析报告制度

实施引导1：检测过程中发生哪些情况应按事故处理？

_____
_____
_____
_____

实施引导2：事故发生后（　　　　）天内，由发生事故部门填写事故报告单，报告项目施工企业(或监理)办公室。

　　A. 1　　　　　　B. 2　　　　　　C. 3　　　　　　D. 5

　　实施引导3：事故发生(　　)天内,由工地试验室负责人主持,召开事故分析会,对事故作善后处理并制定相应的办法,以防类似事故再次发生。

　　A. 1　　　　　　B. 3　　　　　　C. 5　　　　　　D. 7

(六) 技术资料文件管理及保密制度

　　实施引导1：根据文件资料的重要程度确定存档期限,重要的文件资料保存(　　)年,一般的文件资料保存(　　)年。超期的文件资料,经中心主任批准后进行销毁,并在档案目录中予以注销。

　　实施引导2：原始记录不得随意涂改或删除,如果确需更改,作废数据应画(　　　　),将正确数据填在上方,盖更改人印章。

　　实施引导3：原始记录内容应填写完整,字迹工整,检测中不检测的项目在相应的空栏目内画(　　　　)加以说明。

(七) 检测样品管理制度

　　实施引导1：检测样品的管理制度包括(　　)。(多选)

　　A. 抽样制度　　　　　　　　　　B. 样品的管理制度

　　C. 样品的检后处理　　　　　　　D. 样品检验

　　E. 复验和判定制度　　　　　　　F. 技术资料文件的管理制度

　　实施引导2：检测工作结束后,检测结果经核实无误后,应于(　　)天内将样品归还样品库保管,归还人应在样品单上签字,须保留样品的,立即通知送检单位前来领取。

　　A. 1　　　　　　B. 2　　　　　　C. 3　　　　　　D. 5

　　实施引导3：遇到什么情况,允许复验?

_____
_____
_____
_____

(八) 检测工作计划检查和报告制度

　　实施引导1：检测工作计划检查和总结制度包括(　　)。(多选)

　　A. 检测工作计划制定依据　　　　B. 检测工作计划制定

　　C. 检测工作计划执行　　　　　　D. 检测工作计划总结

　　实施引导2：检测部制订工作计划的主要依据是什么?

_____
_____
_____
_____

(九) 日常卫生与安全管理制度

　　实施引导1：说明书、操作手册和原始记录表等应(　　　　)保管。

实施引导 2：带电作业应由（　　　　）人以上操作，地面应采取绝缘措施。

(十) 人员培训与考核制度

实施引导 1：技人员培训与考核制度包括（　　　　）和（　　　　）。

实施引导 2：计量检定员证的有效期为（　　　　），到期后由质检机构的主管部门或政府计量行政部门重新组织考核验证。

(十一) 检测人员守则

实施引导 1：在试验检测工作中，检测人员的行为准则是什么？

_____

_____

_____

实施引导 2：检测人员必须遵守哪些守则？

_____

_____

_____

评价反馈

1　学生进行自我评价，评价自己对工地试验室工作细则、设备购置验收维修降级和报废、人员培训与考核制度、岗位责任制度、设备管理制度、检测工作计划检查和总结制度、日常卫生与安全管理制度、检测人员守则、技术安全管理制度是否熟悉并掌握；对检测事故分析报告制度、技术资料文件管理及保密制度、检测样品管理制度是否掌握，并将结果填入表 2-7-2 中。

学 生 自 评 表　　　　表 2-7-2

班级：	姓名：	学号：	
学习任务七	管理制度建设		
评价项目	评价标准	分值(分)	得分(分)
岗位责任制度	正确表述岗位责任制及试验检测各类人员的岗位责任制	10	
设备管理制度	清楚仪器设备、计量标准器具的检定校准制度和仪器设备的管理制度	10	
检测事故情形	正确理解哪些事故属于检测事故，该怎样处理	10	
技术资料文件管理及保密制度	清楚原始记录的填写、保管与检查，了解检测报告整理审核和批准制度	20	
检测样品管理制度	清楚样品抽样制度、样品管理制度	10	
学习态度	态度端正，无无故缺勤、迟到、早退现象	10	

续上表

评价项目	评价标准	分值(分)	得分(分)
学习质量	按预定计划完成学习任务,具有制度草案编制的能力	10	
协调能力	与小组成员、同学间能有效地合作、交流、协调	5	
职业素质	做到多平台、多渠道收集相关信息,完成学习任务	5	
创新意识	收集并阅读《交通运输部办公厅关于工地试验室标准化建设要点的通知》《公路工程工地试验室标准化指南》《交通运输部关于进一步加强和规范公路水运工程试验检测工作的若干意见》等资料,了解各项制度	10	
小计		100	

2　学生以小组为单位,对以上学习任务的过程与结果进行互评,将互评结果填入表2-7-3中。

学 生 互 评 表　　表2-7-3

学习任务七					管理制度建设								
评价项目	分值	等级							评价对象(组别)				
									1	2	3	4	5	6
团队协作	10	优	10	良	8	中	6	差	4					
分工明确	8	优	8	良	7	中	6	差	4					
组织有序	10	优	10	良	8	中	6	差	4					
学习质量	8	优	8	良	7	中	6	差	4					
学习效率	8	优	8	良	7	中	6	差	4					
态度端正	10	优	10	良	8	中	6	差	4					
任务完整	10	优	10	良	8	中	6	差	4					
结果规范	13	优	13	良	9	中	6	差	4					
回答问题	13	优	13	良	9	中	6	差	4					
成果展示	10	优	10	良	8	中	6	差	4					
小计	100													

3　教师对学生学习过程与任务成果进行评价,并将评价结果填入表2-7-4中。

教师综合评价表　　表2-7-4

班级:		姓名:	学号:	
学习任务七			管理制度建设	
评价项目		评价标准	分值(分)	得分(分)
考勤(10%)		无无故缺勤、迟到、早退现象	10	
学习过程 (60%)	岗位责任制度	正确表述岗位责任制及试验检测各类人员的岗位责任制	5	
	设备管理制度	清楚仪器设备、计量标准器具的检定校准制度和仪器设备的管理制度	10	

续上表

评价项目		评价标准	分值(分)	得分(分)
学习过程 (60%)	检测事故情形	正确理解哪些事故属于检测事故,该怎样处理	10	
	技术资料文件管理及保密制度	清楚原始记录的填写、保管与检查,了解检测报告整理审核和批准制度	10	
	检测样品管理制度	清楚样品抽样制度、样品管理制度	10	
	协调能力	与小组成员、同学间能有效地合作、交流、协调	5	
	职业素质	做到多平台、多渠道收集相关信息,完成学习任务	5	
	创新意识	收集并阅读《交通运输部办公厅关于工地试验室标准化建设要点的通知》《公路工程工地试验室标准化指南》《交通运输部关于进一步加强和规范公路水运工程试验检测工作的若干意见》等资料,了解各项制度	5	
任务成果 (30%)	工作完整	按时完成任务	10	
	工作规范	按《公路工程工地试验室标准化指南》编制制度草案	5	
	回答问题	用语规范、回答完整	10	
	成果展示	组内分工扮演工地试验室各方	5	
小计			100	
综合评价		自评(20%) 小组互评(30%) 教师评价(50%)	综合评分	

拓展思考题

1. 抽查中发现有一车水泥混凝土工作性能不满足要求,应该怎么做?
2. 某项目工程已结束,需要把设备(全部都在有效检定周期内)转移到另外一个项目,新进的项目是否还需要对这些设备进行重新检定?

任务反思

_____
_____
_____

学习任务的相关知识点

知识点一:工作实施细则

一、相关知识

试验室必须具有所检测项目内容业务范围内的有关技术文件,它是检测工作的依据,必须齐全,这些技术文件称为工作细则。

对于没有标准的项目内容业务范围内的有关技术文件,也可用检测机构制订的有关内部暂行操作规程或技术文件,同时只有受检单位同意后,才能按这种规程或技术文件对原材料或工程质量作出是否合格的结论,否则只能做项目认证。

二、具体要求

(一)试验有关标准

公路工程试验检测依据的是国家试验规程、规范、标准等。试验室应收集的有关标准主要有:

(1)《公路土工试验规程》(JTG 3430—2020);
(2)《公路工程沥青及沥青混合料试验规程》(JTG E20—2011);
(3)《公路工程水泥及水泥混凝土试验规程》(JTG 3420—2020);
(4)《公路工程岩石试验规程》(JTG E41—2005);
(5)《公路工程无机结合料稳定材料试验规程》(JTG E51—2009);
(6)《公路工程集料试验规程》(JTG E42—2005);
(7)《公路路基路面现场测试规程》(JTG 3450—2019);
(8)《公路工程土工合成材料试验规程》(JTC E50—2006);
(9)《公路工程技术标准》(JTG B01—2014);
(10)《公路工程质量检验评定标准 第一册 土建工程》(JTG F80/1—2017);
(11)《公路水泥混凝土路面设计规范》(JTG D40—2011);
(12)《公路路基设计规范》(JTG D30—2015);
(13)《公路沥青路面设计规范》(JTG D50—2017);
(14)《公路路基施工技术规范》(JTG/T 3610—2019);
(15)《公路沥青路面施工技术规范》(JTG F40—2004);
(16)《公路工程地质勘察规范》(JTG C20—2011);
(17)《公路桥涵设计通用规范》(JTG D60—2015);
(18)《公路圬工桥涵设计规范》(JTG D61—2005);
(19)《公路钢筋混凝土及预应力混凝土桥涵设计规范》(JTG 3362—2018);
(20)《公路桥涵地基与基础设计规范》(JTG 3363—2019);
(21)《公路桥涵施工技术规范》(JTG/T 3650—2020);
(22)《公路水泥混凝土路面施工技术规范》(JTG F30—2003)等。

(二)试验室工作实施细则

试验室的每项试验检测都应根据国家或部颁现行最新技术标准、操作规程和有关行业工作规范制订的详细实施细则开展工作。

1. 实施细则制定的目的

由于工程实际情况的复杂性和多样性及有些标准规定的不够细致,而有些质检机构的试验操作人员可能经验不足,他们虽然已通过本单位的考核,但不一定很熟练;更重要的是试验室的工作就像工厂生产产品一样,每步都应该按工艺要求进行详细的实施,为此必须制订有关实施细则。

2. 实施细则的内容

(1)技术标准、规定要求、试验检测方法、操作规程等;
(2)抽样方法及样本大小;
(3)检测项目、被测参数大小及允许变化范围;
(4)检测仪器的名称、型号、量程、准确度、分辨率;
(5)检测仪器的检查标定项目和结果;
(6)检测人员组成和检测系统框图;
(7)对检测仪器和样品或试件的基本要求;
(8)对环境条件等的检查及从保证计量检测结果可靠角度出发,允许变化范围的规定;
(9)检测过程中发生异常现象的处理方法;
(10)检测过程中发生意外事故的处理方法;
(11)检测结果计算整理方法。

凡要求对整体工程项目或新产品进行质量判断的检测项目,均应进行抽样检测。凡送样检测的产品,检测结果仅对样品负责,不对整体产品质量做任何评价。

3. 实施细则的有关方法

坚持质量第一的方针,当任务数量与检验质量发生矛盾时,坚持质量第一。

(1)抽样方法

确定样本大小后,由委托试验检测单位提供编号进行随机抽样。原则上抽样人不得与产品直接见面,样本应在生产单位或使用单位已经检测合格的基础上抽取。特殊情况下,也容许在生产现场从已经检测合格的产品中抽取。

抽样前,不得事先通知被检产品单位。抽样结束后,样品应立即封存,连同出厂检验合格证一并送往指定试验检测地点。

(2)样品大小的确定方法

凡产品技术标准中已规定样本大小的,按标准规定执行;凡产品技术标准中未明确规定样本大小的,按试验检测规程或相应技术标准中的方法确定;也可按百分比抽样方法进行。百分比抽样的抽样基数不得小于样本的5倍。

在生产现场抽样时,当天产量不得小于均衡生产时的基本日均产量;在使用抽样时,抽样基数不得小于样本的2倍。

(3)样品的运输

样本确定后抽样人应以适当的方式封存,由样本所在部门以适当的方式运往检测部门,运输方式应不损坏样本的外观及性能。样品箱、样品桶、样品的包装也应满足上述要求。

(4)样品的登记

抽样结束后,由抽样人填写样品登记表,登记表应包括以下内容:产品生产单位;产品名称、型号;样品中单位产品编号;抽样依据样本大小、抽样基数;抽样地点、运输方式;抽样日期;

抽样人姓名、封样人姓名。

4. 注意事项

（1）对于比较重要的检测项目，若采用专用检测设备，应通过试验确定其检测数据的重复性。

（2）对于某些比较简单的试验检测项目，如果标准规定得很细，能满足上述要求时，可不必制订实施细则。

5. 试验检测原始记录的保存

原始记录是检测结果的如实记载，不允许随意更改，不允许删减，应采用上级部门规定的统一格式的记录表。其格式根据检测的要求不同可以有所不同。主要包括：产品名称、型号、规格；产品编号、生产单位；检测项目检测编号、检测地点；温度、湿度；主要检测仪器名称、型号、编号；检测原始记录数据、数据处理结果；检测人、复核人；试验日期等。还应包括所要求记录的信息及其他必要信息，以便在必要时能够判断检测工作在哪个环节可能出现差错。同时根据原始记录提供信息，能在一定准确度内重复所做的检测工作。

原始记录表格的填写应完整、签名齐全、文字简洁、字迹清晰、数据准确、结论正确。试验检测原始记录一律由试验检测人员填写或打印，全部测试数据必须用法定计量单位。

工程试验检测原始记录一般不得用铅笔填写，内容应完整，应有检测人员和校核人员的签名。如果确需更改，作废数据应画两条水平线，将正确数据填在上方盖更改人印章。

原始记录应集中保管，作为技术资料，由资料员保管，其保存期自工程竣工后不得少于1年，2年以上者另注明。保存方式也可用计算机软盘。

经过计算的检测结果必须通过在本领域有5年以上工作经验者校核，校核者必须在试验检测记录和报告中签字，以示负责。校核者必须认真核对检测数据，其校核范围包括测值校读、传送回读、数字计算校核、测件编号校核、检测环境校核等。

6. 资料整理

（1）检测数据的有效位数与检测系统的准确度相适应，不足部分以"0"来补齐，与测试数据的有效位数相符。

（2）统一参数检测数据个数少于3时，用算术平均低值法；测试个数大于3时，建议采用数理统计法，求其代表值。

（3）检测数据出现异常值时，剔除方法应与规程规定相符。

（4）整理后的数据应填入原始记录表的相应部分。

7. 试验报告审批

（1）试验报告由各试验组组长审核，其范围包含报告外观和内存质量，在审核中发现错误，应由填写人重新填写，审核人不得自行更改。

（2）经审核的试验报告需由质量负责人签署意见，由技术负责签字。

8. 检测报告的发送

检验报告的发送应履行登记手续，并注明印刷份数。

知识点二：管理制度建设

一、相关知识

管理制度是否健全，能否坚持贯彻执行，反映了一个单位的管理水平。对质检机构来说，管理水平必然会影响到检测工作的质量。为了保证检测工作质量，从全面质量管理的角度出发，应对影响检测结果的各种因素（包括人的因素和物的因素）进行控制。

二、管理制度内容

为了保证试验室的高效运行和高水平管理，必须建立一套可操作的管理规章制度，使试验室的管理逐步达到规范化、科学化和制度化。具体需要建立的管理制度包括以下几个方面的内容：

(1) 技术岗位责任制；
(2) 检测工作计划检查和报告制度；
(3) 抽样制度；
(4) 样品收发、保管制度；
(5) 样品检验、复验和判定制度；
(6) 仪器设备、计量器具的检定标定制度；
(7) 原始记录的填写、保管与检查制度；
(8) 试验报告整理、审核和批准制度；
(9) 事故分析及报告制度；
(10) 工程产品检测制度；
(11) 检测质量保证制度；
(12) 仪器设备管理制度；
(13) 人员培训和考核制度；
(14) 档案管理制度；
(15) 保密制度；
(16) 安全制度；
(17) 试验人员守则。

三、岗位责任制

技术岗位责任制是质检机构的一项重要制度。各部门的职责范围应对"质量检测机构计量认证评审内容及考核办法"中规定的管理功能、技术功能全部覆盖，做到事事有人管，明确各部门的质量职责，尤其对检测中心负责人、技术负责人、质量负责人、检测报告签发人等，应明确其职责范围、权限及质量责任。

(一)工地试验室负责人职责

(1)全面组织领导试验室的工作,审核工作计划,撰写工作总结;
(2)认真贯彻国家的有关方针、政策法令、技术规范、规程及标准,组织政治业务学习;
(3)对检测工作计划完成情况及检测工作的质量负责,组织完成试验检测任务;
(4)建立健全质量管理体系和质量保证体系,切实保证能公正、科学、准确地进行各项检测工作;
(5)批准检测报告;
(6)主持事故分析会和质量分析会;
(7)检查质量管理手册的执行情况,主持工地试验室质量管理手册的制订、批准、补充和修改。

(二)试验检测技术负责人职责

(1)在工地试验室负责人领导下,全面负责试验室的质量管理及技术工作;
(2)掌握本领域检测技术的发展方向,制订试验、检测工作计划;
(3)贯彻执行国家和部委颁发的技术标准、试验规程、规范和试验方法;
(4)负责重大或特殊试验检测项目的试验、检测方案的编制,试验操作的组织,报告整理审核工作,并对试验的全过程负责;
(5)深入各功能室,审查各种试验检测数据,指导试验检测人员,随时了解并解决检测过程中存在的技术问题;
(6)组织工地试验室人员的培训,并进行考核。

(三)试验检测质量负责人职责

(1)认真贯彻国家《产品质量法》《计量法》等有关规定,全面负责检测工作的质量,并对检验数据的准确性和可靠性负责;
(2)定期向工地试验室负责人和技术负责人报告检测工作质量情况;
(3)组织检查仪器设备维修、保管,保证在用仪器设备完好、精度合格;
(4)负责质量管理手册的贯彻执行。

(四)试验检测人员职责

(1)完成检测任务,接受试验室负责人、试验检测技术负责人及试验检测质量负责人的领导,服从工作服务分配,服从试验室的统一安排;
(2)严格按照试验检测规范、规程及标准进行各项检测工作,确保检测数据的准确可靠;
(3)对各自负责的试验检测工作的质量负责,做好试验前的准备工作,包括检查样品、正确分样、校对仪器、检查仪器,使仪器设备处于正常工作状态,试件、试验环境符合规定要求;
(4)严格按操作规程使用仪器设备,做到事前检查,事后维护保养、清理、加油、加罩,并及时认真填写"使用卡";
(5)上报检测仪器设备的检定、维修计划,有权拒绝使用不合格的检测仪器或超过检定周期的仪器；

（6）认真钻研业务，不断更新专业知识，掌握本专业检测技术及检测仪器的发展趋势和现状；

（7）做好检验原始记录，包括严格按技术要求填写质量报表，填写检测原始记录及检测证书，严格按照标准要求正确处理检测数据，不得擅自取舍；

（8）有权拒绝行政或其他方面的干预；

（9）严格执行安全制度，做到文明检验。

（五）档案资料保管人员职责

（1）负责各类文件、规程、标准的登记和借阅工作；

（2）负责技术资料和检测资料的登记、分类、立卷、存档和借阅工作；

（3）严格执行存档制度和保密制度，保证所管文件资料完整无损，丢失检测资料应视作质量事故处理，填写事故报告。

（六）样品管理人员职责

（1）负责样品入库时外观检查、封样标记、完整性检查，并清点数量，核实无误后，登记入库；入库登记本应有样品管理人员签字；

（2）样品应列架分类管理，未检、已检应有明显的标记；

（3）样品桶、样品箱、样品袋应清洁完好，不得用留有他物或未清洁的用具存放样品；

（4）样品管理人员应将各类样品立账、设卡，做到账、物、卡三者相符；

（5）保存样品室的环境条件符合该样品的储存要求，不得使样品变质、损坏；

（6）样品的领取应办理手续；

（7）样品的检后处理及备用样品的处理都应按有关规定办理手续；

（8）做好样品保管室的防火、防盗工作；

（9）样品的丢失按责任事故处理。

（七）仪器设备管理员职责

（1）负责仪器设备的管理工作，制订和实施仪器设备的周检计划，对必须周检的仪器设备做到及时送检和自校；

（2）参与仪器设备的安装、调试及验收工作，负责办理交验手续；

（3）负责仪器设备台账及档案的管理，根据仪器设备的检定结果进行标志管理，贴上相应标签以示仪器设备的完好状态；

（4）负责调查分析仪器设备故障的原因，并提出处理意见，严格执行仪器设备的使用、保管、维修、降级和报废制度。

知识点三：设备管理制度

一、相关知识

仪器设备、计量器具均须按照国家标准计量部门的有关规定实行定期检定，凡没有检定合格证或超过检定有效期的仪器设备、计量器具一律不准使用。

二、仪器设备、计量标准器具的检定校准制度

（1）仪器设备、计量标准器具是检测机构的最高实物标准，只能用于量质传递，特殊情况必须用于产品质量检测时，需经试验检测中心领导批准。

（2）仪器设备、计量标准器具的计量检定和维护保养工作，由仪器设备室专人负责。

（3）仪器设备、计量标准器具的保存环境应满足其说明书的要求，检定有效期内的仪器设备、计量器具在使用过程中出现失准时，经调整或修理后，应重新进行检定。应使其经常保持最佳状态。

（4）经检定合格的仪器设备、计量器具其检定合格证应随同仪器设备、计量器具仪器妥善保管。

（5）仪器设备、计量标准器具的使用操作人员必须经考核合格并取得操作证书。每次使用仪器设备、计量标准器具后均应做使用记录。

（6）自制或非标准设备，没有国家相关部门的检定标准、规定时，检测部必须按有关规定编制暂行的校准方法，报上级主管部门和国家计量部门备案，并按校准方法实行定期校准。

三、仪器设备的管理制度

（1）专管检测仪器的保管人由中心确定，使用人在使用仪器前应征得保管人同意并填写使用记录。

（2）建立健全仪器设备的管理档案，包括使用说明书、操作规程、合格证、计量检定证书、故障维修记录等。

（3）建立健全设备台账，包括名称、型号、生产厂家、出厂日期、原值、折旧值、残值等。

（4）新购置的仪器设备必须进行全面检查，合格后方可使用。使用前，使用人和保管人共同检查仪器设备的技术状态，经确认以后办理交代手续，所有检查都应做好记录，并签上姓名。

（5）检验设备计量器具使用时要做到用前检查、用后清洁干净。专管专用的仪器设备的使用人即保管人，应定期对仪器设备进行清洁、维护及保养。

（6）仪器设备的保管人应参加新购进仪器验收安装、调试工作，填写并保管仪器设备档案，填写并保管仪器设备使用记录。

（7）使用贵重、精密、大型仪器设备者，均应经培训考核合格，取得操作许可证。

（8）精密、贵重、大型仪器设备的安放位置不得随意变动，如确实需要变动，应事先征得仪器设备室的同意，重新安装后应对其安装位置、安装环境、安装方式进行检查，并重新进行检定或校准。

(9)仪器设备保管人应负责所保管设备的清洁卫生,不用时,应罩上防尘罩。

(10)长期不用的电子仪器,应每隔三个月通电一次,每次通电时间不得少于半小时。

(11)检测仪器设备不得挪作他用,不得从事与检测无关的其他工作。

(12)仪器设备室除对所有仪器按周期进行计量检定外,还应对它们进行不定期的抽查,以确保其功能正常,性能完好,精度满足检测工作的要求。

(13)全部仪器设备的使用环境均应满足说明书的要求。

(14)有温度湿度要求者,确保温度、湿度方面满足要求。

(15)仪器设备发生故障或事故时,应立即报告试验室主任和仪器设备管理人员,不得私自处理。

知识点四:设备购置、验收、维修、降级和报废制度

一、相关知识

设备购置、验收、维修、降级和报废的说明:

(1)检测机构开展检测工作需要的各种检测设备需要购置,经验收后宣告购买过程结束;

(2)设备使用过程中出现故障或定期检定维修;

(3)当检测设备技术性能降低时,可以申请降级使用;

(4)设备无法保证试验开展时,需做报废处理。

二、计量标准器具的购置、验收

(1)由仪器设备室提出申请,中心主任批准后交办公室办理。

(2)购置计划由各检测室提出,仪器设备室审核,经中心主任批准后交办公室办理。

(3)到货后,由仪器设备室组织验收,验收合格的仪器设备,由仪器设备室填写设备卡片,不合格的产品,由办公室联系返修或退货。

三、检测仪器设备的维修

(1)由仪器设备室归口管理。

(2)各专业检测室根据检测仪器设备的技术状态和使用时间,填写仪器设备维修申请书,由仪器设备室在规定的时间内进行维修。

(3)在计量检定中发现仪器设备损坏或性能下降时,由仪器设备室直接进行维修,维修情况填入设备档案。

(4)修理后的仪器设备均由仪器设备室按检定结果分别贴上合格(绿)、准用(黄)和停用(红)三种标志。其他人员均不得私自更改。

(5)材料试验机、疲劳试验机、振动台等试验设备的清洗和换油工作由各专业检测室的设备保管人员负责,并在设备档案内详细记载。

四、降级和报废

（1）检测仪器设备的技术性能降低或功能丧失、损坏时，应办理降级使用或报废手续。

（2）凡降级使用的仪器设备均应由各专业检测室提出申请，由仪器设备室确定其实际检定精度，提出使用范围的建议，经中心主任批准后实施。

（3）降级使用情况应载入设备档案。

（4）凡报废的仪器设备均应由各专业检测室填写"仪器设备报废申请单"，经仪器设备室确认后由中心主任批准，并填入设备档案。

（5）已报废的仪器设备，不应存放在试验室内，其档案由资料室统一保管。

知识点五：检测事故分析报告制度

一、相关知识

检测事故的说明：

（1）检测过程中发生的，引起检测过程、结果不符合正常检测过程、结果的因素，皆可定义为检测事故。

（2）出现检测事故需要依事故大小来分析原因、追究责任、防患未然。

二、检测事故的发生情况

检测过程中发生下列情况应按事故处理：

（1）样品丢失，零部件丢失，样品损坏。

（2）样品生产单位提供的技术资料丢失或失密，检测报告丢失，原始记录丢失或失密。

（3）由于检测人员、检测仪器设备、检测条件不符合检测工作的要求，试验方法有误，数据差错，从而造成的检测结论错误。

（4）检测过程中发生人身伤亡。

（5）检测过程中发生仪器设备损坏。

三、事故的处理

（1）凡由于上述情况所造成的事故均为责任事故，可按经济损失大小、人身伤亡情况分成小事故、大事故和重大事故。

（2）重大或大事故发生后，应立即采取有效措施防止事态扩大，抢救伤亡人员，并保护现场，通知有关人员处理事故。

（3）事故发生后三天内，由发生事故部门填写事故报告单，报告项目施工企业（或监理）办公室。

（4）事故发生五天内，由工地试验室负责人主持，召开事故分析会，对事故作善后处理并制定相应的办法，以防止类似事故产生。

(5)重大或大事故发生后一周内,工地试验室应向母体检测机构补交事故处理专题报告。

知识点六:技术资料文件管理及保密制度

一、技术资料文件管理制度

(1)检测部指定专人或兼职人员负责管理档案资料,并按照文件资料性质分类、编目,设卡存放。技术资料入库时,应办理交接手续,统一编号填写资料索引卡片。

(2)凡本部人员参加的学术会议、技术鉴定会所得资料,或以本部名义向有关单位索取的以及公款购买的各种资料(规程、规范、标准、方法)以及试验原始记录及试验报告单,仪器设备档案,鉴定证书,均应交资料室统一管理。

(3)检测所用的标准、规范、试验方法等工具书由资料室集中分专业整理保存一套;本部人员确因工作需要查阅文件资料时,原则上只能在档案室查阅,如要借出须经检测部办公室主任同意,同时应办理相应的借阅手续,借期不超过一星期。

(4)检验报告与原始记录不允许复制,不得遗失、拆卸、调换、转借及污损。

(5)外单位人员查阅文件资料时,须持单位介绍信并经检测部主任批准,只限在档案室内查阅,不准带出室外,未经许可不得摘录、拍照和复印。与检测无关的人员,不得借阅检测报告和原始记录。

(6)根据文件资料的重要程度确定存档期限,重要的文件资料保存5年,一般的文件资料保存3年。超期的文件资料,经中心主任批准后进行销毁,并在档案目录中予以注销。

二、长期保存的技术资料

长期保存的技术资料由资料室负责收集整理、保存。应该长期保存的技术资料有:
(1)国家地区、部门有关产品质量检测工作的政策、法令、文件、法规和规定。
(2)产品技术标准、相关标准、参考标准(国外和国内的)、检测规程、规范大纲、细则、操作规程和方法(国外、国内或自编的)。
(3)计量检测规程、暂行效验方法。
(4)仪器设备明细表和台账。
(5)产品检验委托书、设计文件及其他技术资料。

三、短期保存的技术资料

短期保存的技术资料由检测部整理,填写技术资料目录并对卷内资料进行编号,由资料室装订成册。短期保存的技术资料有:
(1)各类原始记录,保管期不少于2年;
(2)各类检测报告,保管期不少于2年;
(3)用户反馈意见及处理结果,保管期不少于2年;
(4)样品入库、发放及处理登记本,保管期不少于2年。

四、原始记录填写、保管与检查制度

（1）原始记录是抽样与检测时填写的最初记录，它是反映被检产品质量的第一手资料，应该严肃认真对待。

（2）原始记录应采用规定格式的记录表格，用钢笔或圆珠笔填写一份，原始记录不得随意涂改或删除，如果确需更改，作废数据应画两条水平线，将正确数据填在上方，盖更改人印章。

（3）原始记录内容应填写完整，字迹工整，检测中不检测的项目在相应的空栏目内画一横线或加以说明。

（4）原始记录上必须有检测、记录与校核人员的签名。检测组在提出检测报告的同时，应将原始记录一同上交审核，原始记录审核正确无误后，由办公室统一编号、集中保管。

五、检测报告整理审核和批准制度

（1）检测报告是判定有关材料性质的主要技术依据，因此要严格履行审核手续。

（2）检测人员要按照规定格式、文字认真填写，做到字迹清晰、数据准确、内容真实。不得擅自取舍，如有无须填写的栏目，应在空栏内画一横线或加以说明。

（3）检测人员在完成检测任务后，必须在规定时间内交给有关检测负责人，确认无误后立即写检测报告交办公室审阅。如发现数据有问题必须立即分析原因，必要时应进行复验。

（4）检测报告需经办公室主任初审，再由检测部主任或副主任审阅签字后方可发出。

（5）检测报告应待检测数据全部集齐，一般在两天内发出，如有特殊要求应提前发出。

（6）办公室对检测数据有疑问，有权要求重新检测，各检测组不得无故拒绝。

（7）检测报告发出时，应登记并由对方签字，随后将数据整理归档。

六、保密制度

为了加强各环节的保密工作，保证受检企业的正当权益，保持检测中心的公正地位，特制定本制度。

（1）属于保密范围内的文件资料、检测报告或检测数据，在上级未公布之前，或未经委托方和受检企业同意，均应保密，不得向外扩散。

（2）抽样人员接受抽样任务后，应切实做好保密工作，不得事先向有关企业部门透露抽样消息，防止抽取缺乏代表性的虚假样品。

（3）样品测试过程中，为加强保密工作，非试验人员严禁进入试验室，在有受检企业参加调试的试验中，受检企业之间应相互回避。

（4）检测中心内部会议，或者检测组内形成的意见决定，不得随意向外透露。检测数据除受检企业外，非经正式渠道，任何人不得以任何方式向任何部门泄露。

（5）为保护受检企业的权益，对受检单位提供检测用的技术资料和设计文件，中心负责保密仅供与检测工作有关的人员检测时使用，其他任何人不得使用或复制。检测验收后，检测人员也不得索取或复制。

（6）检测中心所有工作人员均应遵守保密制度，如因不执行而造成不良后果时，应追究当事人的责任,并给予必要的处分。

知识点七:检测样品管理制度

一、相关知识

检测样品的管理制度包括:抽样制度,样品的管理制度,样品的检后处理,样品检验、复验和判定制度。

二、抽样制度

(1)根据中心下达的工作任务,对产品质量抽检、评优、新产品鉴定、产品生产许可证和仲裁等项工作负责组织抽取检验样品。

(2)检验样品由检测部派熟悉抽样业务的技术人员前往抽取,抽样人员必须熟悉抽样业务,抽样小组至少由两人组成。

(3)抽样人员必须严格按照标准规定随机抽样,如实填写抽样报告单。

(4)抽样人员要秉公办事,不徇私情,在抽样过程中若发现特殊制样的情况,抽样人员有权拒绝抽样,并将情况报告主管部门。

(5)检验的样品一经抽取,不得更换。

三、样品的管理制度

(1)样品保管室由办公室指定专人负责。

(2)检测部设立专职或兼职样品保管员,建立样品账册制度。样品入库、领用、归还、处理及受检单位领回样品时,均应按规定办理有关手续。

(3)样品入库时,保管员和送样者共同开封,对样品实物与样品记载文件(如抽样表)是否相符进行检查。物品交库完毕,由保管员填写样品单,编号入样品保管室保存,并办理入库登记手续,送样者应在样品单上签字;样品上应有明显的标志,确保不同单位的同类样品不致混杂。

(4)样品保管室的环境应符合样品的存放条件如温度、湿度要求等等,同时须有防火、防盗措施,避免样品变质、损坏、丧失或降低其功能。

(5)样品保管室应做到账、物、卡三者相符。

(6)检测时,检测组须持检测计划任务单或样品领取单到样品保管室领取样品,领取时,领取人应在样品单上签字。

四、样品的检后处理

(1)检测工作结束后,检测结果经核实无误后,应于2天内将样品归还样品库保管,归还人应在样品单上签字;须保留样品的,立即通知送检单位前来领取。

(2)受检单位领回样品,应办理领回手续。若属于消耗性样品,测试完毕后,在保管员监督下,由检测室直接进行处理,保管员应在样品单上签字,并将样品单装订成册、妥善保存。

(3) 检后产品的保管期一般为申诉有效期后的一个月。

(4) 过期无人领取,则做无主物品处理。

(5) 破坏性检测后样品,确认试验方法、检测仪器、检测环境、检测结果无误后,才准撤离试验现场。

(6) 除非用户有特殊要求,检后样品一般不再保存。

(7) 不管是以哪种方式处理,均应办理处理手续,处理人应签字。

五、样品检验、复验和判定制度

(1) 样品检验、复检及判定必须严格执行产品质量标准和试验方法的规定,以保证检验判定的可比性、正确性和科学性。

(2) 检测组应由熟悉业务的工程师担任负责人,小组成员必须能胜任检测工作。

(3) 检测组在接到计划任务单后,应迅速做好技术准备,对有关的仪器设备要进行调试,确保其处于完好状态。

(4) 原始数据应按规定的格式填写,目测数据应由两人互相校对、共同负责,计算机采集数据应存入磁盘。

(5) 检测工作不应受任何单位、部门和个人的影响,检测工作程序应严格按照操作规程执行。

(6) 产品质量检验结果的判定,由检测组负责人提出,检测室主任初审,检测部主任审定签字后,报中心办公室盖章方可发送,重大工程产品检测报告需报中心主任审定。

(7) 遇下列情况之一者,允许复验:

①由于人为因素造成操作错误或读数错误而导致检测数据不准;

②检测中设备仪器出现失灵或试验环境发生变化;

③由于不可抗拒的客观因素(如火灾)使测试中断、失准或无法正常进行;

④由于操作或设备仪器的原因导致样品不符合规定要求,从而无法进行测试和判定;

⑤受检单位提出异议,并符合"被检单位对检验报告提出异议的处理制度"中复测条件。

(8) 如进行复验,对产品质量的判定原则上以复验数据为准,复验前数据全部无效。

(9) 在重要试验中,有临界线附近的数据时,也可考虑复验。

知识点八:检测工作计划检查和报告制度

一、相关知识

检测工作计划检查和报告制度包括:检测工作计划制定依据、检测工作计划制定、检测工作计划执行、检测工作计划总结。

二、检测工作计划

为了使检测部的各项检测工作能够有计划、有步骤地顺利开展,保证高质量按时完成,特制订本制度。检测部制订工作计划的主要依据是:

①检测中心以文件形式下达的检测任务;
②同法人签有书面文件的委托性检测任务;
③各年度例行的检测人员培训目标等。

(1)检测部承担的各种任务,由办公室根据任务要求和各检测室的分工和能力进行协调,编制年度检测计划或专项计划,经检测部主任批准后实施。对计划之外的新增任务和临时性任务,可采用滚动计划进行补充。

(2)检测计划实施过程中,检测部办公室应随时了解工作进度和执行情况。各检测室应定时或不定时地向办公室提供任务执行情况,反映存在问题,办公室应及时协调解决。遇有重大问题应立即向检测部主任汇报,并由主任协调解决。

(3)各检测室必须按批准的计划全项执行,不得无故中断、放弃和增加。有特殊情况需要临时撤销和增加的项目,须由任务承担者报办公室,经检测部主任批准后方可生效。

(4)各检测室每半年对计划执行情况进行一次小结、年度进行一次总结,办公室应负责年度检测计划与专项检测计划执行情况的汇总工作。专项检测任务结束时,检测主要负责人负责专题工作总结。

(5)检测部每年6月30日前向中心报告该年度上半年工作计划执行情况和下半年工作计划调整情况。年终要总结工作情况,按要求时间报中心。

知识点九:日常卫生与安全管理制度

一、卫生方面

(1)试验室是进行检测检定工作的场所,必须保持清洁、整齐、安静;
(2)试验室内禁止随地吐痰、吸烟、吃东西;
(3)禁止将与检测工作无关的物品带入试验室;
(4)恒温恒湿室内不得喝水,禁止用湿布擦地,禁止开启门窗;
(5)需要换鞋、换衣的试验室,无论是谁进入,都要按规定更换工作服和工作鞋;
(6)试验室应建立卫生值日制度,每天必须打扫卫生,每周彻底清扫一次,空调通风管每季度彻底清洁一次。

二、安全方面

(1)下班后与节假日,必须切断电源、水源、气源,关好门窗,以保证试验室的安全;
(2)仪器设备的零配件要妥善保管,选接线、常用工具应排列整齐;
(3)说明书、操作手册和原始记录表等应专柜保管;
(4)带电作业应由不少于两人操作,地面应采取绝缘措施;
(5)电烙铁应放在烙铁架上,电源线应排列整齐,不得横跨过道;
(6)试验室内设置消防设施、消火栓和灭火桶;
(7)灭火桶应经常检查,任何人不得私自挪动位置,且灭火桶不得挪作他用。

知识点十：人员培训与考核制度

一、相关知识

人员培训与考核制度包括：检测人员的培训与考核、计量检定员的培训与考核。

二、检测人员的培训与考核

(1) 检测人员必须经考试合格，获得相应检测证书，才能从事检测工作。

(2) 新检测人员上岗前接受岗前培训。岗前培训的主要内容包括：专业基础理论知识，有关标准、规范、规程、检测技术，数据修约规则，法律法规，质量手册，程序文件及相关的作业指导书等。

(3) 工地试验室所有在职试验检验人员应定期接受新知识、新技术、新方法的教育和培训，以适应工地试验室的试验检测工作需要。凡新增项目、更换新设备、标准规范修订后、新检测技术以及质量体系文件换版后，试验室及时组织对相关人员进行专项技能培训。

(4) 考核的方式有笔试、操作考核两种，根据实际情况选择。

三、计量检定员的培训与考核

(1) 考核内容为计量基本知识(计量法常识、国际单位制基本内容误差理论基本知识)和计量专业知识(了解本专业所用标准仪器的结构原理和正确使用维护知识，对本专业的检站和检定规程的理解和掌握程度，实际操作和数据处理能力)。

(2) 考核分笔试(应知)和实际操作(应会)两部分，实行百分制，两部分均以60分为合格。实际操作要按检定规程和有关操作规程，自始至终操作一遍。

(3) 考核采用两种方法：
① 由建设部主管计量工作的部门组织考核。笔试命题由全国计量检定人员考核委员会负责，主管部门监考。笔试和操作合格者，由主管部门发给计量检定员证书。
② 政府计量行政部门的考核。笔试参加主管部门组织的统考，操作考核时间协商安排。考核合格者由政府计量行政部门发给"计量检定员证"。

(4) "计量检定员证"的有效期为5年，到期后由质检机构的主管部门或政府计量行政部门重新组织考核验证。

知识点十一：检测人员守则

一、相关知识

在试验检测工作中，检测人员的行为准则是：坚持质量第一，督促过程控制，保证数据科学准确、公正可行；以先进技术、科学管理为最高宗旨，以技术规范、合同条款为行为准则；以完美工程、顾客满意为追求目标。同时要遵循坚持质量第一、科学廉洁、公正高效，为社会提供准确、可靠、真实、权威的检验数据的原则。以期达到检验准确率100%,顾客满意度100%,公平、及时地为社会提供有效、可靠服务的质量目标。

二、检测人员守则

检测人员必须遵守以下原则：
(1)认真学习贯彻国家部门、地方有关质量方面的文件、政策、法令、法规,严格按产品技术标准、试验检测规程进行各项测试工作。
(2)坚持原则、忠于职守、作风正派、秉公办事,遵守质检机构规定的各项规章制度。
(3)不准利用职权和工作条件接受受检企业或单位的礼品。
(4)不准擅自多抽或少抽样品,不准违章处理或使用样品。
(5)不准受贿,不准假公济私、弄虚作假。

总之,有了好的管理制度,如果束之高阁而不执行,还是按老习惯去做,那么就等于没有制度,也搞不好试验室的管理工作。如何按制度办事,并持之以恒,是使试验室工作走上规范化、标准化的关键所在,这就需要有专门的部门、专职人员去贯彻落实制度。这项工作一般由办公室负责,办公室负责人亲自监督。

三、规章制度的实施

首先要监督检查各项规章制度是否已经贯彻和执行。对于擅自不执行规章制度者,应按有关规定严肃处理。

其次是要深入了解掌握各试验组的工作动态,及时发现哪些规章制度还存在缺陷,必须要加以改进完善;如发现较大的问题,还可以成立质量控制小组,发挥群众的积极性,共同解决问题。针对实际所遇到的问题,研究制定出切实可行的制度。在贯彻执行管理制度时,同样要制定出执行计划,检查、落实,而后发现问题,再制定执行计划,进入第二个循环。只有这样才能使我们的试验室管理工作规范化、标准化。

学习情境三
LEARNING CONTEXT THREE
工地试验室验收与备案登记

 学习情境描述

本学习情境要求了解母体检测机构对工地试验室验收与再验收的内容;熟悉工地试验室能力核验和备案登记流程;掌握能力核验与备案登记所需的资料及材料的填写与上报;培养学生事事有结果的职业责任感。

 学习情境设计

本学习情境主要围绕3个学习任务的9个知识点进行设计,见表3-0-1。

学习情境设计表　　　　　　　　　　　　　　　表3-0-1

序号	学习任务	知识点内容	参考学时
1	工地试验室组建验收	1. 母体检测机构对工地试验室的建设监管 2. 母体检测机构对工地试验室的验收	1
2	工地试验室能力核验	1. 能力核验流程 2. 能力核验材料准备 3. 申报书的填写与上报	1
3	工地试验室备案登记	1. 备案登记流程 2. 备案登记资料准备 3. 备案登记表的填写与上报	2

 情境学习评价

完成本学习情境学习后,按照表3-0-2对本学习情境的学习情况进行总评,评价总分为100分。

情境学习评价表　　　　　　　　表 3-0-2

学号	姓名	学习任务一		学习任务二		学习任务三		学习情境三评价得分
		分值	比例/20%	分值	比例/30%	分值	比例/50%	

学习任务一　　工地试验室组建验收

 学习任务描述

　　本学习任务要求同学们了解母体检测机构对工地试验室的监管职责;熟悉母体检测机构对工地试验室建设过程的监管内容;掌握母体检测机构对工地试验室验收的目的、验收的时间点、验收的主要内容、再验收以及验收后的结论处理。为工地试验室的能力核验和备案登记做足准备。

 学习目标

通过本学习任务的学习,你应该能够:
1. 编制工地试验室建设方案;
2. 做好母体检测机构对工地试验室验收的准备工作;
3. 养成事事有结果的职业责任感。

 任务书

　　某工地试验室已建设完成,在工地试验室能力核验和备案登记之前,须由母体检测机构对其进行验收,以此来确定是否按照建设方案进行建设、是否符合标准化建设的要求。作为一名职业新人,需要掌握母体检测机构对工地试验室验收的相关知识。

 任务分组(表3-1-1)

学生任务分配表　　　　　　　　　　表3-1-1

班级		组号		指导老师	
组长		学号			
组员	姓名	学号		姓名	学号
任务分工					

准备工作

1. 阅读任务书,熟悉即将要学习的主要内容;
2. 收集并阅读工地试验室建设方案、《公路工程工地试验室标准化指南》等资料。

任务实施

(一)母体检测机构对工地试验室的建设监管

实施引导1:母体检测机构对工地试验室监管的目的是( )。(多选)

A. 为适应母体检测机构检验检测工作需要
B. 规范母体检测机构设立工地试验室的行为
C. 科学合理地指导工地试验室的运行和管理
D. 有效监督工地试验室的运行

实施引导2:工地试验室建设方案的内容至少应包括:工地试验室的驻地建设、布置、_____、_____、制度建设等方面内容及其他需要说明的问题。

实施引导3:工地试验室建设过程中,母体检测机构主要针对以下哪几方面进行建设监管?( )(多选)

A. 选址
B. 规划
C. 房屋建设
D. 环境建设
E. 操作台等其他设施
F. 人员
G. 设备
H. 体系文化建设

(二)母体检测机构对工地试验室的验收

实施引导1:母体检测机构对工地试验室验收的时间点是怎样约定的?

_____
_____
_____
_____

实施引导2:在以下关于母体检测机构对工地试验室验收的主要内容描述中,对的请打√、错的请打×。

A. 检查组织机构框图和相关管理制度是否上墙,相关内容表述是否正确、是否具有可操作性。 ( )
B. 人员数量配置是否满足项目要求;人员是否均持证上岗;人员分工是否合理;人员职责是否明确;人员档案是否完善。 ( )
C. 工地试验室各功能室的设置是否覆盖了项目建设内容,以及各功能室的面积是否达到

了标准化建设要求。 （　　）

D. 设备的种类是否在母体检测机构的参数范围内；是否对设备进行了建档；检查设备是否存在串室情况；检查设备的管理编号是否具有唯一性和溯源性；检查设备的使用状态标识是否规范真实；检查设备的精度是否满足检测参数的要求。 （　　）

E. 在设备配套设施方面：操作台的尺寸是否符合标准化的要求；基础基座的浇筑与安装是否安全稳固，对有特殊要求的基座是否进行了专门制作。 （　　）

F. 检查是否建立了含水率测定容器编号与质量统计对照表，相关数据是否真实有效。 （　　）

G. 对于工地试验室使用到的有证标准物质是否实行了双人双控管理。 （　　）

H. 核查有温湿度控制要求的功能室，是否能达到控制要求，是否配备了每日多次检查记录表。 （　　）

I. 具有污染源的功能室是否配备了可用、有效的装置，如通风罩、排风扇等；是否配备了专用的消防设施设备；在相关地方是否张贴了危险警示标识。 （　　）

实施引导3：工地试验室自接到母体检测机构下发的整改通知之日起，要对照整改内容制定整改方案，整改方案内容一般包括（　　）。（多选）

A. 整改项目　　　　　　　　　　　B. 整改措施
C. 整改期限　　　　　　　　　　　D. 整改负责人

实施引导4：工地试验室在整改过程中需注意的主要问题有（　　）。（多选）

A. 整改通知书中所列问题须严格整改到位
B. 在整改过程中发现的其他问题也应做到应改尽改
C. 留好整改前后的影像资料
D. 须限期整改完成

评价反馈

1　学生进行自我评价，评价自己关于母体检测机构对工地试验室的监管职责的了解情况，母体检测机构对工地试验室建设过程中监管内容的熟悉程度，母体检测机构对工地试验室验收的目的、验收的时间点、验收的主要内容、验收后的结论处理以及再验收的掌握深度，有无任务遗漏，并将结果填入表3-1-2中。

学 生 自 评 表　　　　　　　　　表3-1-2

班级：		姓名：	学号：	
学习任务一			工地试验室组建验收	
评价项目		评价标准	分值(分)	得分(分)
监管职责		正确表述母体检测机构对工地试验室的监管目的、监管内容	10	
组建验收		正确阐述母体检测机构对工地试验室验收的目的、验收的时间点	10	

续上表

评价项目	评价标准	分值(分)	得分(分)
验收的主要内容	正确讲述母体检测机构对工地试验室验收的主要内容	30	
验收整改与再验收	正确并完整说明验收之后的结论处理以及再验收的内容与再验收结论处理的相关内容	20	
学习态度	态度端正，无无故缺勤、迟到、早退现象	10	
学习质量	按预定计划完成学习任务	5	
协调能力	与小组成员、同学间能有效地合作、交流、协调	5	
职业素质	做到多平台、多渠道收集相关信息，完成学习任务	5	
创新意识	通过阅读工地试验室建设方案、《公路工程工地试验室标准化指南》等资料，更好地掌握母体检测机构对工地试验室验收的目的、验收的时间点、验收的主要内容、验收后的结论处理以及再验收等内容	5	
	小计	100	

2　学生以小组为单位，对以上学习任务的过程与结果进行互评，将互评结果填入表3-1-3中。

学 生 互 评 表　　　　　　　　表3-1-3

学习任务一									工地试验室组建验收					
评价项目	分值	等级							评价对象(组别)					
									1	2	3	4	5	6
团队协作	10	优	10	良	8	中	6	差	4						
分工明确	8	优	8	良	7	中	6	差	4						
组织有序	10	优	10	良	8	中	6	差	4						
学习质量	8	优	8	良	7	中	6	差	4						
学习效率	8	优	8	良	7	中	6	差	4						
态度端正	10	优	10	良	8	中	6	差	4						
任务完整	10	优	10	良	8	中	6	差	4						
结果规范	13	优	13	良	9	中	6	差	4						
回答问题	13	优	13	良	9	中	6	差	4						
成果展示	10	优	10	良	8	中	6	差	4						
小计	100														

3-1-4

3　教师对学生学习过程与任务成果进行评价，并将评价结果填入表3-1-4中。

教师综合评价表　　　　　　　　　　　表3-1-4

班级：		姓名：	学号：		
学习任务一			工地试验室组建验收		
评价项目		评价标准		分值(分)	得分(分)
考勤(10%)		无无故缺勤、迟到、早退现象		10	
学习过程 (60%)	监管职责	正确表述母体检测机构对工地试验室的监管目的、监管内容		10	
	组建验收	正确阐述母体检测机构对工地试验室验收的目的、验收的时间点		10	
	验收的主要内容	正确讲述母体检测机构对工地试验室验收的主要内容		10	
	验收整改与再验收	正确并完整说明验收之后的结论处理以及再验收的内容与再验收结论处理的相关内容		15	
	协调能力	与小组成员、同学间能有效地合作、交流、协调		5	
	职业素质	做到多平台、多渠道收集相关信息，完成学习任务		5	
	创新意识	通过阅读工地试验室建设方案、《公路工程工地试验室标准化指南》等资料，更好地掌握母体检测机构对工地试验室的验收目的、验收的时间点、验收的主要内容、验收后的结论处理以及再验收等内容		5	
任务成果 (30%)	工作完整	按时完成任务		10	
	工作规范	按要求进行文件查阅		5	
	回答问题	依据规范、办法准确回答		10	
	成果展示	用语规范、表达准确		5	
小计				100	
综合评价		自评(20%)	小组互评(30%)	教师评价(50%)	综合评分

拓展思考题

1. "五双管理"指的是哪五双？
2. 母体检测机构对工地试验室的监督检查记录表的内容主要包括哪些？

任务反思

学习任务的相关知识点

知识点一：母体检测机构对工地试验室的建设监管

一、母体检测机构对工地试验室的监管职责

1. 母体检测机构的监管目的

为适应母体检测机构检验检测工作需要，规范母体检测机构设立工地试验室的行为，科学合理地指导工地试验室的运行和管理，有效监督工地试验室的运行。

2. 母体检测机构监管人员职责

母体检测机构负责人：主持工地试验室设立的合同评审、资源配置、备案审查与批准、工地试验室的绩效考核，负责工地试验室设立授权书的签发、工地试验室行政工作监管、财务审批。

母体检测机构常务负责人：参与工地试验室设立的合同评审、资源配置、备案审查与批准、工地试验室的绩效考核，协助中心主任分管工地试验室的规划、设立、报批、运行管理和监督工作。

母体检测机构技术负责人：参与工地试验室设立的合同评审、资源配置、备案审查与批准、工地试验室的绩效考核，负责工地试验室检验检测技术文件的审定、人员技术培训与考核、工地试验室检验检测能力的考核和评价。

母体检测机构质量负责人：参与工地试验室设立的合同评审、资源配置、备案审查与批准、工地试验室的绩效考核，负责对工地试验室进行质量管理体系的宣贯、组织对工地试验室的内审和管理评审，制定工地试验室的质量管理计划，监督工地试验室的质量体系运行。

母体检测机构综合部：拟订工地试验室设立委托合同，落实工地试验室的资源配置计划和安排，协助工地试验室的审查报批，负责中心与工地试验室往来文件的管理，协助工地试验室的样品管理、设备管理和文件管理工作，完成领导交办的其他任务。

母体检测机构检测部：落实工地试验室的资源配置计划和安排，协助工地试验室检验检测工作的开展，完成领导交办的其他任务。

二、母体检测机构对工地试验室建设过程的监管

按照委托合同要求和母体检测机构的质量管理体系要求，工地试验室应制定工地试验室的建设方案，报母体检测机构审批，并根据方案审批意见启动工地试验室的建设。

建设方案的内容应包括：工地试验室的驻地建设、布置、仪器设备配置、人员配置、制度建设等方面内容及其他需要说明的问题。

工地试验室在建设过程中，母体检测机构主要针对以下几方面进行建设监管：

（1）选址：工地试验室的选址，需保证试验检测工作的独立性，并充分考虑安全、环保、交通便利、工程质量管理要求等因素。

（2）规划：在选址之后，合理利用原有地形地貌，结合工程项目的性质和内容、各功能室的

面积要求等,遵循分区设置、布局合理、互不干扰、经济适用的原则,对工地试验室进行标准化规划。

(3)房屋建设:工地试验室的用房,可以是新建房屋,也可以是租用的房屋,无论哪种,均须满足安全、实用、环境的要求。

(4)环境建设:要有安全、卫生、便于管理和维修的给排水系统;要有良好的通风、采光条件;要有安全、实用的供配电;要有安全、稳定、可操控的温湿度控制;要有满足安全要求的消防、劳保用品、防护装置等的配置。

(5)其他设施:标志标牌、操作台、样品架、基础基座等的尺寸、规模、位置须按满足标准化建设的要求设置;办公设施与交通工具需满足试验室工作需要。

(6)人员:试验检测人员的数量、专业覆盖性应满足项目的内容和规模,对人员应进行建档。

(7)设备:设备数量的配置应满足试验检测工作的需求;设备的功能、准确度、技术指标经过了检定校准程序以确保其可用性;设备的布局合理,有相应的使用记录登记表;设备进行了建档。

(8)体系文化建设:工地试验室结合工程特点,并遵循母体检测机构的质量管理体系,形成了工地试验室质量管理体系,完成了内部相关管理制度,并按要求上墙。

知识点二:母体检测机构对工地试验室的验收

一、验收的目的与时间点

(1)母体检测机构对工地试验室验收的目的:为使建成的工地试验室能为试验检测工作提供符合规定的试验检测场所、人员、设备、环境等条件,母体检测机构应在工地试验室进行能力核验申报前,依据母体检测机构批准的工地试验室建设方案、项目建设管理和标准化建设等要求,对建成的工地试验室进行验收。

(2)母体检测机构对工地试验室验收的时间点:工地试验室组建完成后、能力核验申报前。

二、验收的主要内容

(1)组织机构和相关管理制度方面:检查组织机构框图和相关管理制度是否上墙,相关内容表述是否正确、是否具有可操作性。

(2)人员方面:人员数量配置是否满足项目要求;人员是否均持证上岗;人员分工是否合理;人员职责是否明确;人员档案是否完善。

人员档案资料至少应包括:身份证复印件、学历证书复印件、职称证书复印件、试验检测师或助理试验检测师证书复印件、工作履历表等。

(3)功能室的设置与面积方面:对工地试验室各功能室的设置是否覆盖了项目建设内容,以及各功能室的面积是否达到了标准化建设要求。

《公路工程工地试验室标准化建设指南》对功能室的面积进行了最低要求规定,如土工

3-1-7

室≥20m²、沥青混合料室≥25m²。

验收方法：根据施工图纸确认功能室的设置；功能室的面积采取丈量法。

（4）设备方面：首先验收设备的种类是否在母体检测机构的参数范围内；其次对设备档案进行验收，主要检查设备的说明书、产品合格证、购置发票（复印件）、操作规程、历年使用记录、历年期间核查记录、历年维护保养记录、有效检定校准证书等档案资料是否齐全及相关信息填写是否真实规范；第三，检查设备是否存在串室情况；第四，检查设备的管理编号是否具有唯一性和溯源性；第五，检查设备的使用状态标识是否规范真实；第六，检查设备的精度是否满足检测参数的要求；第七，检查设备的相关安全防护装置是否配套到位，如压力机是否安装了配套的防护网。

（5）设备配套设施方面：操作台的尺寸是否符合标准化的要求；基础基座的浇筑与安装是否安全稳固，对有特殊要求的基座是否进行了专门制作，如水泥胶砂试件成型振实台是否单独制作，其高度、体积是否符合要求，其下方是否放置了约5mm厚的天然橡胶弹性衬垫。

（6）小型试验容器方面：要特别检查是否建立了含水率测定容器编号与质量统计对照表，相关数据是否真实有效。

检查方法：随机抽取容器、称量、核实。

（7）双人双控方面：对于工地试验室使用到的有毒、有害及易燃物品，是否设置专区入柜存放，配备带锁橱柜，是否实行了双人双控。

（8）温湿度控制条件方面：核查有温湿度控制要求的功能室是否能达到控制要求，是否配备了每日多次检查记录表。

（9）安全条件方面：具有污染源的功能室是否配备了可用、有效的装置，如通风罩、排风扇等；是否配备了专用的消防设施设备；在相关地方是否张贴了危险警示标识。

三、验收后的结论处理

母体检测机构完成了对建成的工地试验室的验收后，应向工地试验发出验收通过通知或者整改通知。

（1）获得母体检测机构验收通过通知的工地试验室，可以进行工地试验室能力核验申报和备案登记工作。母体检测机构在上报材料的审查意见页签署相关意见。

（2）获得母体检测机构验收整改通知的工地试验室，须根据母体机构下发的整改通知书限期完成整改工作。

四、问题整改

工地试验室自接到母体检测机构下发的整改通知之日起，要对照整改内容制订整改方案。

整改方案内容包括：整改项目、整改措施、整改期限、整改负责人等。

整改过程中需注意的问题：整改通知书中所列问题须严格整改到位；在整改过程中发现的其他问题也应做到应改尽改；留好整改前后的影像资料；须限期整改完成。

工地试验室的整改工作完成后，需向母体检测机构提交书面的整改回复。

整改回复格式如图3-1-1所示。

关于母体检测机构对工地试验室验收的整改回复

根据……整改通知,……工地试验室高度重视,制定了相应的整改方案,已逐一整改到位,现回复如下:

问题二:
整改措施:
整改期限:
责任人:
落实情况:
整改前后对照照片:

问题二:
整改措施:
整改期限:
责任人:
落实情况:
整改前后对照照片:

××工地试验室
试验室主任:
××年××月××日

图 3-1-1　整改回复示例

五、再验收

母体检测机构自收到工地试验室提交的书面整改回复后,应尽快安排相关人员对工地试验室进行整改后的再验收。

在对工地试验室进行再验收时,主要针对上次验收发现的问题进行再验收,同时兼顾其他方面的再验收,并实事求是地填写再验收记录表。

工地试验室通过母体检测机构再验收的,可以获得验收通过通知,并可以进行工地试验室能力核验申请工作;整改验收仍未通过的,继续进行整改,直至通过验收为止。

该验收通过通知,作为母体检测机构在工地试验室能力核验申请和备案登记表等相关材料上签署"审查意见"的依据。

学习任务二　工地试验室能力核验

学习任务描述

本学习任务要求同学们熟悉工地试验室能力核验资料的收集与准备；掌握工地试验室能力核验申请书的填写和申报流程。

学习目标

通过本学习任务的学习，你应该能够：
1. 完成工地试验室能力核验资料的收集与准备工作；
2. 完成工地试验室能力核验申请书的填写和申报工作；
3. 养成逐级上报的规矩意识。

任务书

已建成的工地试验室，经母体检测机构验收合格后，欲进行工地试验室能力核验申报。作为一名从业新人，首先要掌握申报的流程、申报书的填写规范，再根据申报书的要求熟悉需要收集哪些附件资料等，最后按照要求完成申报书的填写与申报。

任务分组（表3-2-1）

学生任务分配表　　　　　　　　　表3-2-1

班级		组号		指导老师	
组长		学号			
组员	姓名		学号	姓名	学号
任务分工					

准备工作

1. 阅读工作任务书,熟悉本学习任务的主要学习内容;
2. 收集并阅读《关于进一步加强公路水运工程工地试验室管理工作的意见》、《××省公路工程工地试验室管理办法》、能力核验申请书模板等。

任务实施

(一)能力核验流程

实施引导1:工地试验室能力核验实行_____审核。

实施引导2:监理单位根据合同赋予的职责负责( )工地试验室的能力核验,核验结果报( )批准;建设单位负责工地试验室的能力核验,具体负责( )工地试验室的能力核验。建设单位审核批准后将核验结果报( )备案,省质监机构实施监督抽查。

  A. 施工单位   B. 建设单位   C. 监理单位   D. 省质监机构

实施引导3:监理或建设单位应在收到施工或监理单位的能力核验申请材料后( )日内组织初步审查,审查资料的( )。通过初步审查的工地试验室,依次进入( )阶段;未通过初步审查的工地试验室,应根据资料缺失情况及时予以补正。

  A. 7   B. 14   C. 完整性   D. 现场核验

实施引导4:通过初步审查的工地试验室,自通过之日起_____日内接受现场核验。

实施引导5:工地试验室能力核验的现场考核阶段,分为现场总体考察和( )。

  A. 档案材料专项考核 B. 分组专项考核 C. 硬件环境专项考核

实施引导6:按现场评审计划分工,工作组成员分别进行专项考核,专项考核分( )、( )和( )三个小组分别进行。

  A. 档案材料组 B. 硬件环境组 C. 技术考核组 D. 专项考核组

实施引导7:档案材料专项考核组通过对档案和内业资料的查阅,考核管理的规范性和人员状况。查阅内容包括( )。(多选)

  A. 试验检测人员持公路水运工程试验检测人员证书情况

  B. 人员聘用合同

  C. 试验检测项目适用的标准、规范和规程

  D. 质量保证体系文件

  E. 收样、留样运转体系

实施引导8:硬件环境专项考核组通过现场符合性检查,考核试验检测机构仪器设备配备、环境设施等实际状况是否与《申请材料》的内容一致,是否满足工地试验室的要求。检查的主要内容有( )。(多选)

  A. 逐项核查仪器设备的数量和运行使用状况是否与《申请材料》符合

  B. 核查仪器设备的检定或校准证书等

  C. 试验检测场地是否便于集中有效管理;面积、温湿度是否满足要求

D. 样品的管理条件是否符合要求

实施引导9：试验检测技术专项考核组通过现场操作，检查试验检测人员能否规范、完整、熟练地完成试验检测项目，从而评定试验检测机构所具有的实际试验检测能力。现场操作考核方式包括(　　)。(多选)

A. 考核试验检测人员的实际操作过程

B. 通过提问或问卷，随机抽查试验检测人员

(二) 能力核验材料准备

实施引导1：申请工地试验室能力核验应包括的材料有(　　)。(多选)

A. 能力核验申请表

B. 母体检测机构《等级证书》及业务范围(证书副本)

C. 母体检测机构对工地试验室授权书

D. 工地试验室试验检测人员的公路水运工程试验检测人员证书、职称证书、聘任用证明材料、劳动聘用合同

E. 组织机构框图

F. 人员分工及职责

G. 母体检测机构对工地试验室的监管制度

H. 工地试验室工作与管理制度

I. 项目执行的标准、规范、规程文件清单

J. 试验室平面布置图

K. 母体检测机构人员一览表

实施引导2：通过委托方式选择的母体试验检测机构建立的工地试验室，在申请工地试验室能力核验时，除了应提交"实施引导1"中所涉材料外，还应提供(　　)。(多选)

A. 该母体试验检测机构的资质认定证书

B. 双方合同

(三) 申请书的填写与上报

实施引导1：在高速、一级公路项目上，监理单位的中心试验室人员配备总数要求不少于(　　)。

A. 4　　　　　B. 6　　　　　C. 10　　　　　D. 12

实施引导2：在高速、一级公路项目上，路基路面工程的施工单位工地试验室人员配备总数要求不少于(　　)。

A. 4　　　　　B. 6　　　　　C. 9　　　　　D. 12

实施引导3：江西省某高速公路A5合同段起点桩号为K31+900，终点桩号为K45+000，挖方109.89万 m^3；填方150.53万 m^3；大桥585m/2座；涵洞6道；通道14道；特长隧道3215m/1座；服务区1处。路线总体呈南北走向，项目合同金额62363万元。该合同段合同约定总工期为30个月，计划于2018年7月1日开工，2020年12月31日竣工。

根据要求，工地试验室布置情况如下：试验室用房为新建1层彩钢活动板房，试验室实行封闭管理，设置专业功能室：现场检测室、养护室、力学室、集料室、化学室、土工室、样品室、留

样室、水泥室、水泥混凝土室、加工室11个专业功能室,设置主任办公室、办公室、资料室、会议室4个基本功能室,见图3-2-1。其中,根据标准环境要求在主任办公室、办公室、资料室、会议室、水泥室、水泥混凝土室、力学室、土工室、化学室、集料室、留样室、样品室、加工室等安装空调;各操作间按照要求安装信息化监控设备。水泥混凝土室设有三级沉淀池,操作间采用整体橱柜式操作台、瓷砖贴面;房屋基础采用15cm厚C20混凝土硬化,房屋内地面均铺砌80cm×80cm乳白色地板砖。根据防火要求配有一定数量的消防锹、消防桶、消防砂、灭火器、消防水池;地面采用20cm厚C20混凝土硬化。办工区房间及生活区房间配设齐全,房间大小及功能均满足标准化工地建设要求,各功能室大小如表3-2-2所示。

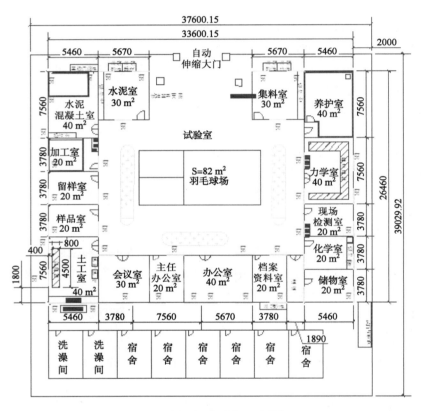

图3-2-1 试验室平面布置图(尺寸单位:mm)

各功能室面积统计 表3-2-2

序号	各功能室名称	最低要求(m²)	实际配置(m²)
1	办公室	48	60
2	档案资料室	15	20
3	集料室	15	30

续上表

序号	各功能室名称	最低要求(m²)	实际配置(m²)
4	水泥室	20	30
5	水泥混凝土室	25	40
6	力学室	25	40
7	土工室	20	40
8	养护室	40	40
9	样品室	15	20
10	留样室	12	20
11	现场检测室	15	20
12	化学室	12	20
13	加工室	—	20
14	储物室	12	20
15	会议室	—	30
合计		274	450

注:表中"最低要求"为《公路工程工地试验室标准化指南》中规定的数值。

本项目设备由中标企业统一调配和购置,为满足工作需要,本项目主要仪器设备共115台(套),各功能室仪器设备配置见表3-2-3。

各功能室仪器设备配置   表3-2-3

序号	设备名称	数量	单位	精度等级	规格型号	功能室名称
1	万能材料试验机	1	台	1级	WE-1000B	力学室
2	万能材料试验机	1	台	1级	WE-300B	力学室
3	万能材料试验机	1	台	1级	WE-100B	力学室
4	混凝土压力试验机	1	台	1级	SYE-2000	力学室
5	混凝土抗折夹具	1	个		1	力学室
6	混凝土芯样劈裂夹具	1	个		1	力学室
7	电动钢筋标距仪	1	台			力学室
8	钢筋标距仪	1	台			力学室
9	混凝土弹性模量测定仪	1	套		—	力学室
10	冷弯冲头	1	套		6-128	力学室
11	石子压碎指标测定仪	1	套		150	力学室
12	千分表	4	个	0.001mm	0~1mm	力学室
13	全自动标准恒温恒湿养护设备	2	台	—	BYS-120型	养护室
14	单卧轴强制式混凝土搅拌机	1	台	—	HJS-60	水泥混凝土室
15	自动加压混凝土渗透仪	1	台	0.1	HP-4.0	水泥混凝土室
16	混凝土含气量测定仪	2	套	—	AHC-7L	水泥混凝土室
17	混凝土振动台	3	台	—	HZJ-A	水泥混凝土室
18	水泥混凝土压力泌水仪	1	台	1MPa	SY-2	水泥混凝土室

3-2-5

续上表

序号	设备名称	数量	单位	精度等级	规格型号	功能室名称
19	混凝土贯入阻力仪	1	套	—	HG-80型	水泥混凝土室
20	砂浆搅拌机	1	台	—	HX-15型	水泥混凝土室
21	砂浆稠度仪	1	台	—	SZ-145	水泥混凝土室
22	充盈度试验仪	1	台	—	HSYJ-2	水泥混凝土室
23	砂浆保水性试验仪	1	台	—	—	水泥混凝土室
24	电子台秤	1	台	Ⅲ	TCS-100	水泥混凝土室
25	电子秤	2	台	0.1g	15kg	水泥混凝土室
26	大板喷射试件试模	20	个	—	450mm×350mm×120mm	水泥混凝土室
27	混凝土弹性模量试模	18	个	—	150mm×150mm×300mm	水泥混凝土室
28	砂浆试模	20	个	—	70.7mm×70.7mm×70.7mm	水泥混凝土室
29	混凝土试模	90	个	—	150mm×150mm×150mm	水泥混凝土室
30	抗渗试模	36	个	—	175mm×185mm×150mm	水泥混凝土室
31	混凝土抗折试模	18	个	—	150mm×150mm×550mm	水泥混凝土室
32	坍落度筒	10	套	—	100mm×200mm×300mm	水泥混凝土室
33	坍落度扩展度	3	个			水泥混凝土室
34	水泥净浆搅拌机	1	台	—	NJ-160型	水泥室
35	水泥胶砂搅拌机	1	台	—	JJ-5型	水泥室
36	水泥抗压抗折试验机	1	台	1级	HYE-300B	水泥室
37	水泥胶砂振实台	1	台	—	ZS-15型	水泥室
38	水泥细度负压筛析仪	2	台	—	FYS-150B型	水泥室
39	标准水泥恒温恒湿养护箱	2	台	—	YH-60B型	水泥室
40	水泥胶砂流动度测定仪	1	套	—	NLD-3型	水泥室
41	水泥稠度及凝结时间测定仪	1	套	—	—	水泥室
42	雷氏夹测定仪	1	台	—	LD-50	水泥室
43	雷氏夹	20	个	—	30×30	水泥室
44	沸煮箱	1	套	—	FZ-31A型	水泥室
45	水泥砂浆稠度漏斗	1	个	—	—	水泥室
46	水泥用筛	1	个	—	0.9mm	水泥室
47	水泥标准负压筛	2	个	—	0.045mm	水泥室
48	水泥胶砂试模	20	个	—	40mm×40mm×160mm	水泥室
49	电子天平	3	台	0.01g	YP20002	水泥室

续上表

序号	设备名称	数量	单位	精度等级	规格型号	功能室名称
50	量水器	2	个	0.1mL	170mL	水泥室
51	表面震动压实试验仪	1	台	—	BZYS-4212	土工室
52	多功能电动击实仪	1	台	—	HL-Ⅲ型	土工室
53	路面材料强度试验仪	1	台	—	SG-100B	土工室
54	数显液塑限联合测定仪	1	套	—	—	土工室
55	液压脱模器	1	台	—	TDM-2型	土工室
56	土壤筛	2	套	—	0.074~60mm	土工室
57	测力环	1	个	—	30kN	土工室
58	测力环	1	个	—	7.5kN	土工室
59	测力环	1	个	—	1.0kN	土工室
60	万能角度尺	1	个	2′	0~320°	土工室
61	塞规	1	个	—	17片	土工室
62	CBR试模及附件	1	套	—	—	土工室
63	震击式标准振筛机	1	台	—	—	集料室
64	高低温恒温水浴	1	台	—	TDYL-III型	集料室
65	电热鼓风恒温干燥箱	4	台	1℃	101-3型	集料室
66	静水力学天平	2	台	0.1g	YP50001	集料室
67	电子天平	3	台	0.1g	YP50001	集料室
68	针片状规准仪	2	套	—	ISO	集料室
69	砂、石标准漏斗	2	套	—	—	集料室
70	新标准方孔砂石筛	2	套	—	0.075~9.5mm	集料室
71	新标准方孔石子筛	2	套	—	0.075~100mm	集料室
72	容积升	1	套	—	1~50L	集料室
73	箱式高温电阻炉	1	台	—	SX-2.5-12	化学室
74	自动比表面积测定仪	1	套	—	FBT-9型	化学室
75	电子天平	1	台	0.0001g	FA2004N	化学室
76	电子天平	1	台	0.001g	JA2003N	化学室
77	酸(碱)式滴定管	4	个	0.1mL	—	化学室
78	玻璃水银温度计	100	个	—	(-30~100)	化学室
79	温湿度计	15	个	—	TAL-2型	化学室
80	竹节温度计	20	个	1℃	200℃	化学室

3-2-7

续上表

序号	设 备 名 称	数量	单位	精度等级	规 格 型 号	功能室名称
81	秒表	2	个	0.02s	0.02s	化学室
82	婆梅式比重计	20	个	—	—	化学室
83	移液管	2	套	—	5mL、10mL、20mL、25mL	化学室
84	容量瓶	3	套	—	50mL、500mL、1000mL	化学室
85	李氏比重瓶	4	个	—	—	化学室
86	广口瓶	10	个	—	50~1000mL	化学室
87	三角瓶	10	个	—	300mL	化学室
88	烧杯	10	个	—	300mL	化学室
89	量筒	3	个	—	5~1000mL	化学室
90	双端面磨石机	1	台	—	SCM-200	加工室
91	自动岩石切割机	1	台	—	DQ-4	加工室
92	混凝土钻孔取芯机	1	台	—		现场检测室
93	混凝土钻孔取芯机	1	台	—	HZ-205F	现场检测室
94	锚杆拉拔仪	1	套	—		现场检测室
95	重型动力触探仪	1	套	—	N63.5kg	现场检测室
96	轻型动力触探仪	1	套	—	10kg	现场检测室
97	钢筋保护层测定仪	1	套	—		现场检测室
98	数显回弹仪	1	台	—		现场检测室
99	电子秤	5	台	1g	BH-30	现场检测室
100	路面弯沉仪	1	套	—	5.4m	现场检测室
101	回弹仪	2	台	—		现场检测室
102	泥浆三件套	5	套	—	—	现场检测室
103	钢钻	1	台	—	GZ16型	现场检测室
104	灌砂筒	3	套	—	φ200mm	现场检测室
105	灌砂筒	5	套	—	φ150mm	现场检测室
106	游标卡尺	2	个	0.02mm	0~300mm	现场检测室
107	游标卡尺	1	个	0.02mm	0~200mm	现场检测室
108	二米直尺	1	套	—	JZC-D型	现场检测室
109	三米直尺	2	套	—	—	现场检测室
110	碳化深度检测仪	2	个	—	THC-2A	现场检测室
111	钢直尺	2	个	—	0~500mm	现场检测室

3-2-8

续上表

序号	设 备 名 称	数量	单位	精度等级	规 格 型 号	功能室名称
112	钢直尺	2	个	—	0~300mm	现场检测室
113	钢直尺	1	把	—	0~1000mm	现场检测室
114	百分表	9	个	0.01mm	0~10mm	现场检测室
115	量筒	2	个	0.1mm	225mL	现场检测室

该工地试验室在建设完成之后,经母体检测机构验收合格,拟进行能力核验申报。请根据以上相关信息填写"能力核验申请书"(示例见后)。

××省公路工程工地试验室能力核验

申 请 书

申请机构名称：_____（章）

工　程　项　目：_____

日　　　　　期：_____年_____月_____日

一、授权试验检测机构综合情况

申请机构名称				
项目部（总监办、驻地办）				
联系地址			邮箱	
联系电话		传真	E-mail	

授权机构人员情况	持试验检测人员证书总人数		持试验检测工程师证书人数		
	相关专业高级职称人数		试验检测用房总面积(m²)		
	行政、技术和质量负责人				
	姓名	性别	出生日期	职务	职称	专业	从事试验检测年限	检测人员证书编号

授权机构资质等级类型	申请类型				
	公路工程	综合	□甲级	□乙级	□丙级
		专项	□桥梁隧道工程	□交通工程	
	水运工程	材料	□甲级	□乙级	□丙级
		结构	□甲级		
			□乙级		

仪器设备检定单位和时间	

授权机构主要试验检测项目：

二、授权试验检测机构人员基本情况登记表

第　　页 共　　页

序号	姓名	性别	出生年月	所学专业及学历	职务	职称	试验检测岗位	从事试验检测工作年限	培训证书编号	资格证书编号	备注

三、工地试验室人员基本情况登记表

序号	姓名	性别	出生年月	所学专业及学历	职务	职称	试验检测岗位	从事试验检测工作年限	培训证书编号	资格证书编号	备注

3－2－12

四、工地试验室试验检测仪器设备一览表

第　页　共　页

设备编号	设备名称	型号规格	生产厂家	量程或规格	准确度	检定/校准周期	检定/校准单位	最近检定/校准日期	保管人	备注

五、工地试验室申请试验检测业务范围表

第　页　共　页

序号	试验检测项目	采用的试验检测方法和标准（名称/编号）	所用主要仪器设备名称	设备编号	主要操作人员	备注

六、审查意见

授权单位意见：

(公章)
　　　年　　月　　日

监理单位意见：

(公章)
　　　年　　月　　日

建设单位(建设单位)意见：

(公章)
　　　年　　月　　日

备注：

七、附件

1. 本单位或受委托试验检测机构(母体)资质证书、授权成立工地临时试验室及任命主要人员的相关文件。

2. 工地试验室人员职称证书、公路工程试验检测业务培训证书及公路工程试验检测资格证书;人员聘用合同。

3. 组织机构框图、试验室平面布置图。

4. 工地试验室质量保证体系(工作与管理制度等)、人员分工及职责。

5. 主要仪器设备的检定证书(复印件)。

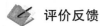 评价反馈

1　学生进行自我评价,评价自己对工地试验室能力核验流程和所需收集资料的理解,对申报书填写和申报的相关要求掌握程度,本学习任务相关内容的完成情况,并将结果填入表3-2-4中。

学 生 自 评 表　　　　　　　　表 3-2-4

班级:	姓名:	学号:	
学习任务二		工地试验室能力核验	
评价项目	评价标准	分值(分)	得分(分)
能力核验流程	正确表述能力核验流程	20	
审查与考核	正确阐述工地试验室能力核验初步审查和现场考核的具体要求和内容	20	
能力核验材料准备	正确阐述工地试验室能力核验申请应包括哪些材料	10	
申报书的填写与上报	正确描述申报书的填写要求与上报程序	20	
学习态度	态度端正,无无故缺勤、迟到、早退现象	10	
学习质量	按预定计划完成学习任务	5	
协调能力	与小组成员、同学间能有效地合作、交流、协调	5	
职业素质	创新学习方式方法,做到多平台、多渠道收集相关信息,完成学习任务	5	
创新意识	收集并阅读《关于进一步加强公路水运工程工地试验室管理工作的意见》《××省公路工程工地试验室管理办法》、能力核验申请书模板等。以便更好地理解和掌握工地试验室能力核验材料准备、申报书填写与上报的相关内容	5	
	小计	100	

2　学生以小组为单位,对以上学习任务的过程与结果进行互评,将互评结果填入表3-2-5中。

学 生 互 评 表 表 3-2-5

学习任务二		工地试验室能力核验												
评价项目	分值	等级								评价对象(组别)				
										1	2	3	4	5	6
团队协作	10	优	10	良	8	中	6	差	4						
分工明确	8	优	8	良	7	中	6	差	4						
组织有序	10	优	10	良	8	中	6	差	4						
学习质量	8	优	8	良	7	中	6	差	4						
学习效率	8	优	8	良	7	中	6	差	4						
态度端正	10	优	10	良	8	中	6	差	4						
任务完整	10	优	10	良	8	中	6	差	4						
结果规范	13	优	13	良	9	中	6	差	4						
回答问题	13	优	13	良	9	中	6	差	4						
成果展示	10	优	10	良	8	中	6	差	4						
小计	100														

3 教师对学生学习过程与任务成果进行评价,并将评价结果填入表3-2-6中。

教师综合评价表 表 3-2-6

班级:		姓名:	学号:		
学习任务二			工地试验室能力核验		
评价项目		评价标准	分值(分)	得分(分)	
考勤(10%)		无无故缺勤、迟到、早退现象	10		
学习过程(60%)	能力核验流程	正确表述能力核验流程	10		
	审查与考核	正确阐述工地试验室能力核验初步审查和现场考核的具体要求和内容	10		
	能力核验材料准备	正确阐述工地试验室能力核验申请应包括哪些材料	10		
	申报书的填写与上报	正确描述申报书的填写要求与上报程序	15		
	协调能力	与小组成员、同学间能有效地合作、交流、协调	5		
	职业素质	创新学习方式方法,做到多平台、多渠道收集相关信息,完成学习任务	5		
	创新意识	收集并阅读《关于进一步加强公路水运工程工地试验室管理工作的意见》《××省公路工程工地试验室管理办法》、能力核验申请书模板等,以便更好地理解和掌握工地试验室能力核验材料准备、申报书填写与上报的相关内容	5		

续上表

评价项目		评价标准	分值(分)	得分(分)
任务成果(30%)	工作完整	按时完成任务	10	
	工作规范	按照要求查阅文件	5	
	回答问题	用词准确、回答完整	10	
	成果展示	完整填写《能力核验申请书》	5	
小计			100	
综合评价	自评(20%)	小组互评(30%)	教师评价(50%)	综合评分

拓展思考题

1. 取得仪器设备的标定证书后,是否要进行确认?是否要注明有无修正因子?
2. 自校的仪器设备,自校人员是否要到地级市以上的计量部门办理校验员证?

任务反思

_____
_____
_____

学习任务的相关知识点

知识点一:能力核验流程

根据交通运输部办公厅文件《关于进一步加强公路水运工程工地试验室管理工作的意见》(厅质监字[2009]183号)第五条"经试验检测机构授权设立的工地试验室,应当填写'公路水运工程工地试验室备案登记表',经建设单位初审后报送项目质监机构登记备案"。

在填写备案登记表之前,一般要进行"工地试验室能力核验申请"。在实行过程中各省略有不同,现以江西省公路工程工地试验室能力核验为例,介绍工地试验室能力核验流程。

一、能力核验申请的提出

施工、监理单位应在工程开工前建立工地试验室,工地试验室建设完成后,由母体检测机构进行验收,通过验收的工地试验室,分别向监理或建设单位提出能力核验申请。需增设工区试验室的,也可与工地试验室一并提出能力核验申请。由建设单位委托的第三方试验检测机构设立的工地试验室,参照监理单位的要求完成能力核验申请。

3-2-17

二、初步审查

工地试验室能力核验实行逐级审核。

监理单位根据合同赋予的职责负责施工单位工地试验室的能力核验,核验结果报建设单位批准;建设单位负责监理单位工地试验室的能力核验。建设单位审核批准后将核验结果报省质监机构备案,省质监机构实施监督抽查。

监理或建设单位应在收到施工或监理单位的能力核验申请材料后7日内组织初步审查,审查资料完整性。通过初步审查的工地试验室,依次进入现场核验阶段;未通过初步审查的工地试验室,应根据资料缺失情况及时予以补正。

三、现场考核

通过初步审查的工地试验室,自通过之日起14日内接受现场核验。

(一)现场总体考察

现场总体考察的目的是从宏观上评价试验室总体状况,为有针对性地开展专项考核做好准备。工作组可按试验检测工作流程,查看试验室。重点观察在材料初审时发现的疑问;可能存在的薄弱环节;对环境、安全防护等有特殊要求的项目;试验室总体布局、环境、设备管理状况等情况。

(二)分组专项考核

按现场评审计划分工,工作组成员分别进行专项考核,专项考核分档案材料组、硬件环境组和技术考核组三个小组分别进行。

1. 档案材料专项考核

通过对档案和内业资料的查阅,考核管理的规范性和人员状况。查阅内容包括:

(1)试验检测人员持公路水运工程试验检测人员证书情况;
(2)人员聘用合同;
(3)试验检测项目适用的标准、规范和规程;
(4)质量保证体系文件;
(5)收样、留样运转体系。

2. 硬件环境专项考核

通过现场符合性检查,考核试验检测机构仪器设备配备、环境设施等实际状况是否与《申请材料》的内容一致,是否满足工地试验室的要求。检查的主要内容:

(1)逐项核查仪器设备的数量和运行使用状况是否与《申请材料》符合。
(2)核查仪器设备的检定或校准证书等。
(3)试验检测场地是否便于集中有效管理;面积、温湿度是否满足要求。
(4)样品的管理条件是否符合要求。

3. 试验检测技术专项考核

通过现场操作,检查试验检测人员能否规范、完整、熟练地完成试验检测项目,从而评定试验检测机构所具有的实际试验检测能力。

现场操作考核按每类别随机抽取。

工地试验室应在现场评审前，做好所有试验检测项目及样品的准备工作。

现场操作考核方式包括：

(1)考核试验检测人员的实际操作过程；

(2)通过提问或问卷，随机抽查试验检测人员。

四、核验结果处理

通过能力核验的工地试验室即为符合备案要求的工地试验室，由监理单位或项目建设单位填写工地试验室能力核验情况汇总表，并向建设单位或省质监机构提出书面备案申请；未通过能力核验的工地试验室，应按照要求限期整改到位，直至通过能力核验为止。

知识点二：能力核验材料准备

一、申请材料清单

根据《江西省公路工程工地试验室管理办法》的规定，申请工地试验室能力核验应包括以下材料(一式两份)：

(1)能力核验申请表。在项目上，该表可以向监理或者建设单位获得，一般是电子版的形式。

(2)母体检测机构《等级证书》及业务范围(证书副本)。需要向母体检测机构索取。

(3)母体检测机构对工地试验室授权书。在工地试验室建设工作启动之前，工地试验室授权负责人就已经取得了母体检测机构出具的授权书原件。

(4)工地试验室试验检测人员的公路水运工程试验检测人员证书、职称证书、聘任用证明材料、劳动聘用合同。这些证明材料如果是母体检测机构统一保管，可以从母体检测机构获取；如果是试验检测人员自行保管，可以从试验检测人员处获取。

(5)组织机构框图。该框图是工地试验室根据试验检测的实际工作内容和实际的人员情况进行设计安排的。

(6)人员分工及职责。根据工程项目涉及的试验检测工作内容，以分工明确、职责到人的基本原则进行划分，工地试验室在建设过程中会陆续完善该材料。

(7)母体检测机构对工地试验室监管制度。为了规范工地试验室的行为，科学合理地指导工地试验室的运行和管理，有效监督工地试验室的运行，母体检测机构依据自身的质量管理体系结合工程项目的特点编制的针对性较强的监管制度。

(8)工地试验室工作与管理制度。工地试验室在建设过程中，建立的功能室、设备、样品、卫生、安全、培训、考核等一系列的管理制度。

(9)项目执行的标准、规范、规程文件清单。该清单上的标准、规范、规程，一般都是本项目试验检测执行过程中要用的，所以需确保现行有效，如果有更新应及时进行更替。

(10) 试验室平面布置图。这是工地试验室在进行选址和规划阶段绘制出来的平面图。

(11) 母体检测机构人员一览表。该人员清单表需要向母体检测机构获得,要注意所收集信息的完整性。

通过委托方式选择的母体检测机构建立的工地试验室还应提供:该母体检测机构的资质认定证书、双方合同。

知识点三:申请书的填写与上报

一、能力核验申请书的填写

(一) 申请书封面

(1) 申请机构名称:母体检测机构全称+建设项目合同段名称+工地试验室。

(2) 工程项目:建设项目全称。

(3) 日期:填写申请书的日期。

(二) 授权试验检测机构综合情况

(1) 申请机构名称:母体检测机构全称+建设项目合同段名称+工地试验室。

(2) 项目部(总监办、驻地办):施工(监理)单位全称+合同段号+项目经理部(总监办、驻地办)。

(3) 联系地址、邮编、联系电话等:均为工地试验室所在地信息。

(4) 授权机构人员情况:根据母体检测机构的实际情况填写。

(5) 申请类型:工地试验室。

(6) 授权机构资质等级类型:根据行业等级资质证书内容填写。

(7) 仪器设备检定单位和时间:工地试验室仪器设备检定/校准的单位和时间。

(8) 授权机构主要试验检测项目:根据母体检测机构下发的工地试验室设立授权书中内容如实填写。

(三) 授权试验检测机构人员基本情况登记表

根据母体检测机构的持证人员情况逐个填写。

(四) 工地试验室人员基本情况登记表

(1) 根据工地试验室的持证人员情况逐个填写,人员资质和数量必须满足《公路工程监理单位工地试验室人员配备规定》《公路工程施工单位工地试验室人员配备规定》。

(2) 公路工程监理单位工地试验室人员配备规定见表3-2-7。

监理单位工地试验室人员配备 表 3-2-7

公路级别	试验人员配备	监理单位	
		中心试验室	驻地
高速、一级公路	试验室总人数	不少于 10 人	
	试验室主任	具有中级以上职称,持试验检测工程师资格证	具有中级以上职称,持试验检测工程师资格证
	试验工程师	不少于 4 人,持试验检测师资格证	不少于 2 人,持试验检测师资格证
	试验员	不少于 6 人,均持有试验员资格证	

备注:(1)建设单位中心试验室人员参照监理中心试验室标准配备。
(2)驻地监理试验检测人员数由建设单位规定。

(3)公路工程施工单位工地试验室人员配备规定见表 3-2-8。

施工单位工地试验室人员配备 表 3-2-8

公路级别	试验人员配备	施工单位		
		路基路面工程	大桥工程	隧道工程
高速、一级公路	试验室总人数	不少于 9 人	不少于 6 人	不少于 6 人
	试验室主任	具有中级以上职称,持试验检测工程师资格证	具有中级以上职称,持试验检测工程师资格证	具有中级以上职称,持试验检测工程师资格证
	试验工程师	不少于 3 人,具有中级职称,持试验检测师资格证	不少于 2 人,具有中级职称,持试验检测师资格证	不少于 2 人,具有中级职称,持试验检测师资格证
	试验员	不少于 6 人,均持试验检测员资格证	不少于 4 人,均持试验检测员资格证	不少于 4 人,均持试验检测员资格证

(五)工地试验室试验检测仪器设备一览表

(1)根据项目内容和母体检测机构授权的检测参数配备相应的仪器设备。各检测参数对应的主要仪器设备参照《公路工程工地试验室试验检测能力规定》,见表 3-2-9。

各检测参数对应的主要仪器设备 表 3-2-9

工程项目	试验检测项目	试验检测主要仪器
路基工程	1. 颗粒分析; 2. 含水率; 3. 比重; 4. 重型击实(最大干密度、最佳含水率); 5. 界限含水率; 6. 承载比(CBR); 7. 压实度(灌砂法、环刀法); 8. 弯沉; 9. 地基承载力(软基); 10. 砂浆配合比设计及强度; 11. 砂浆稠度; 12. 路基几何尺寸(宽度、横坡、高程、中线偏位)、平整度; 13. 砌石工程常规检测(平整度、垂直度或坡度、断面尺寸); 14. 视工程内容具备相应结构物工程的检测能力	1. 土壤标准筛、粗(细)集料标准筛、振动摇筛机; 2. 烘箱、干燥器、电子天平(感量 0.1g、0.01g); 3. 比重瓶(100mL 或 50mL)、砂浴及温度计(0~50℃、分度值 0.5℃); 4. 重型击实仪、电动脱模器; 5. 光电式液塑限测定仪; 6. 承载比(CBR)试验装置(路强仪、CBR 附件); 7. 灌砂筒(底板、标定罐)、取土器及环刀、电子台秤 10~15kg(感量 1g); 8. 弯沉仪(贝克曼梁、支架及百分表); 9. 动力触探仪; 10. 砂浆搅拌机及砂浆试模、标准养护箱、2000kN 压力机(准确度 1 级); 11. 砂浆稠度仪及秒表(分度值为 1s); 12. 3m 直尺、塞尺、坡度尺、水平尺、卷尺、游标卡尺、吊线锤、20m 拉线、横坡仪; 13. 全站仪、水准仪

续上表

工程项目	试验检测项目	试验检测主要仪器
路面工程 （沥青路面）	1. 沥青针入度、延度、软化点、密度、闪点、燃点、薄膜加热质量损失、储存稳定性离析48h软化点差（改性沥青）； 2. 粗集料筛分、密度、吸水率、压碎值、针片状含量（游标卡尺法）、磨耗、含泥量及泥块含量、黏附性、软弱颗粒含量； 3. 细集料筛分、密度、砂当量、亚甲蓝、云母含量、含泥量及泥块含量、液限、塑性指数； 4. 水泥细度、比表面积（勃氏法）、标准稠度用水量、凝结时间、安定性、胶砂强度； 5. 矿粉筛分、密度、亲水系数、塑性指数、加热安定性； 6. 沥青混合料配合比设计、密度、最大理论密度、沥青混合料中沥青含量及矿料级配、马歇尔试验； 7. 无机结合料稳定土配合比设计、无侧限抗压强度、筛分、含水率、石灰或水泥剂量； 8. 路面结构层厚度、压实度、弯沉、宽度、横坡、平整度； 9. 路面面层抗滑性能、车辙、渗水试验	1. 沥青针入度仪、低温延度仪、软化点仪、比重瓶、闪点仪、燃点仪、薄膜烘箱、冰箱； 2. 粗（细）集料标准筛、振动摇筛机、容积筒、压碎值测定仪（配金属筒）、秒表、游标卡尺、洛杉矶磨耗机、砂当量试验装置、光电式液塑限测定仪、亚甲蓝测试装置、烘箱； 3. 500～2000kN压力机（准确度1级）、200～300kN水泥压力机（准确度1级）及标准抗压夹具； 4. 水泥负压筛、比表面积（勃氏法）测定仪、水泥净浆搅拌机、行星式水泥胶砂搅拌机、胶砂试模、水泥标准稠度仪、水泥胶砂振实台、电动抗折试验机、煮沸箱、标准养护箱（有温、湿度控制装置）、雷氏夹及膨胀测量仪、干湿温度计； 5. 李氏比重瓶（300mL）、容量瓶（1000mL）、量筒、烧杯、广口瓶、锥形瓶、铝盒、大盛样皿、干燥器及干燥剂（有色硅胶）、研钵、坩埚； 6. 沥青混合料搅拌机、马歇尔自动击实仪及试模、马歇尔稳定度仪、最大理论密度仪（真空法）、沥青抽提仪（或燃烧炉）、电炉、电子天平（感量0.1g、0.01g）、浸水天平（最大称量5000g，感量0.5g）、恒温水浴、温度计（水银0～50℃、0～100℃、0～200℃、0～300℃）； 7. 重型击实仪、无侧限抗压强度试验、电动脱模器、路面材料强度试验仪（配1kN、30kN测力环、百分表）、石灰及水泥剂量滴定装置、标准养护室； 8. 路面取芯机、钢直尺、灌砂筒（基板、标定罐）、电子台秤10～15kg（感量1g）、弯沉仪（贝克曼梁、支架及百分表）、钢卷尺、横坡仪、平整度仪； 9. 摆式摩擦系数测定仪、铺砂仪、3m直尺、塞尺、路面渗水仪； 10. 全站仪、水准仪
路面工程 （水泥混凝土路面）	1. 水泥细度、比表面积（勃氏法）、标准稠度用水量、凝结时间、安定性、胶砂强度； 2. 粗集料筛分、密度、含水率、吸水率、堆积密度、压碎值、针片状含量、含泥量及泥块含量、坚固性、有机质含量（比色法）； 3. 细集料筛分、密度、含水率、云母含量、含泥量及泥块含量、有机质含量（比色法）、堆积密度及紧装密度； 4. 水泥混凝土配合比设计、稠度、凝结时间、抗压强度、抗弯拉强度、坍落度、容重；	1. 水泥负压筛析仪、比表面积（勃氏法）测定仪、水泥净浆搅拌机、行星式水泥胶砂搅拌机、水泥标准稠度仪、水泥胶砂振实台、水泥抗折试验仪、煮沸箱、水泥标准养护箱、空调、干湿温度计、雷氏夹及膨胀测量仪、胶砂试模、标准养护箱； 2. 200～300kN水泥压力机（准确度1级）及水泥胶砂标准抗压夹具、2000kN压力机（准确度1级）； 3. 粗（细）集料标准筛、振动摇筛机、容积筒、压碎值仪（配金属筒）、秒表、针片规准仪、游标卡尺、砂当量试验装置、光电式液塑限测定仪、电子天平（感量0.1g、0.01g）、烘箱；

续上表

工程项目	试验检测项目	试验检测主要仪器
路面工程（水泥混凝土路面）	5. 无机结合料稳定土材料配合比设计、无侧限抗压强度、筛分、液限、塑性指数、含水率、石灰或水泥剂量； 6. 水泥混凝土圆柱体劈裂抗拉强度； 7. 路面结构层厚度、压实度、弯沉、宽度、横坡、平整度； 8. 路面层构造深度、相邻板高差、纵、横缝顺直度、中线平面位置、纵断高程	4. 水泥混凝土强制式搅拌机(50L)、抗压试模、抗弯拉试模、抗弯拉试验装置、标准振动台、坍落度筒、维勃稠度仪、贯入阻力仪； 5. 重型击实仪、无侧限抗压强度试模、路面材料强度仪(配 30kN 测力环、百分表)、电动脱模器、容量瓶(1000mL)、量筒(1000mL、100mL、50mL等)、烧杯、锥形瓶、石灰及水泥剂量滴定装置、干燥器及干燥剂(有色硅胶)、标准养护室； 6. 水泥混凝土劈裂试验装置； 7. 路面取芯机、灌砂筒(基板、标定罐)、电子台秤 10~15kg(感量1g)、弯沉仪(贝克曼梁、支架及百分表)、钢卷尺、横坡仪、平整度仪、3m 直尺、塞尺； 8. 铺砂仪、钢直尺、全站仪、水准仪
结构物工程	1. 水泥凝结时间、细度、比表面积(勃氏法)、安定性、标准稠度用水量、胶砂强度； 2. 水泥混凝土(砂浆)配合比设计、抗压强度、坍落度、凝结时间、重度、抗渗性； 3. 地基承载力； 4. 钢筋及焊接钢筋力学试验(屈服强度、极限强度、伸长率、冷弯)； 5. 粗集料筛分、含泥量及泥块含量、压碎值、针片状、密度、含水率、坚固性、有机质含量(比色法)； 6. 细集料筛分、含泥量、泥块含量、云母含量、含水率、有机质含量(比色法)； 7. 泥浆性能试验(相对密度、含砂率、黏度、胶体率、失水率等)； 8. 混凝土构件回弹强度； 9. 结构物线形及几何尺寸(宽度、高程、中线偏位)； 10. 视工程内容具备相应路基工程的检测能力	1. 水泥负压筛析仪、比表面积(勃氏法)测定仪、水泥净浆搅拌机、行星式水泥胶砂搅拌机、水泥标准稠度仪、水泥胶砂振实台、抗折试验仪、煮沸箱、干湿温度计、雷氏夹及膨胀测量仪、胶砂试模； 2. 水泥混凝土搅拌机(50L)、标准振动台、坍落度筒、维勃稠度仪、抗压试模、贯入阻力仪、容积筒、抗渗仪及抗渗试模、水泥砂浆稠度仪； 3. 标准养护室、标准养护箱； 4. 2000kN 压力机(准确度 1 级)、200~300kN 水泥压力机(准确度 1 级)及水泥胶砂标准抗压夹具、600~1000kN 万能材料压力机(准确度 1 级)、游标卡尺、钢筋连续式标点机、冷弯冲头； 5. 动力触探仪； 6. 粗(细)集料标准筛、震动摇筛机、压碎值仪(配金属筒)、秒表、针片状规准仪、量筒(1000mL)、烘箱、电子天平(感量 0.1g、0.01g)、电子台秤 10~15kg(感量1g)； 7. 泥浆相对密度计、含砂量仪、黏度计等； 8. 水泥混凝土回弹仪； 9. 钢卷尺、坡度尺、吊线锤、3m 直尺、塞尺； 10. 全站仪、水准仪
隧道工程	1. 水泥凝结时间、细度、比表面积(勃氏法)、安定性、标准稠度用水量、胶砂强度、注浆材料的强度、稠度、稳定性； 2. 粗集料筛分、密度、含水率、压碎值、针片状含量、含泥量及泥块含量、坚固性、有机质含量(比色法)； 3. 细集料筛分、密度、含水率、云母含量、含泥量、泥块含量、有机质含量(比色法)；	1. 水泥负压筛析仪、比表面积(勃氏法)测定仪、水泥净浆搅拌机、行星式水泥胶砂搅拌机、水泥标准稠度仪、水泥胶砂振实台、电动抗折试验机、煮沸箱、水泥标准养护箱、雷氏夹及膨胀测量仪、胶砂试模； 2. 粗(细)集料标准筛、震动摇筛机、压碎值仪(配金属筒)、秒表、针片状规准仪、容积筒、量筒(1000mL)、烘箱；

续上表

工程项目	试验检测项目	试验检测主要仪器
隧道工程	4. 水泥混凝土配合比设计、稠度、坍落度、凝结时间、抗压强度、容重、抗渗; 5. 钢材、焊接接头力学试验(屈服强度、极限强度、伸长率、冷弯); 6. 断面检测; 7. 锚杆拉拔力检测; 8. 视工程内容具备相应路基、结构物等工程的试验检测项目	3. 电子天平(感量0.1g、0.01g)、电子台秤10~15kg(感量1g); 4. 水泥混凝土强制式搅拌机(50L)、标准振动台、坍落度筒、维勃稠度仪、抗压试模、抗渗仪、标准养护室; 5. 200~300kN水泥压力机(准确度1级)及水泥胶砂标准抗压夹具、600~1000kN万能材料试验机(准确度1级)、2000kN压力机(准确度1级)、钢筋连续式标点机、冷弯冲头; 6. 激光断面仪、收敛仪、全站仪、水准仪; 7. 锚杆拉拔仪; 8. 手持式混凝土取芯机、水泥混凝土回弹仪
备注	上述仪器设备监理单位中心试验室和施工单位工地试验室均应配备,驻地监理以常规项目为主;建设单位中心试验室参照监理单位中心试验室配备	

(2)根据工地试验室质量管理体系,对设备完成管理编号工作,指定保管人员。

(3)对所有仪器设备均进行检定/校准,且结果是合格可用的。

(六)工地试验室申请试验检测业务范围表

(1)根据母体检测机构授权的检测参数,逐一对照填写,涉及的仪器及管理编号参照"工地试验室试验检测仪器设备一览表",主要操作人员按照专业覆盖、分工明确的要求填写。

(2)采用的试验检测方法和标准:根据母体检测机构计量资质认定附表所列填写。

(七)审查意见

(1)授权单位意见:母体检测机构对工地试验室完成了验收且验收通过后,由母体检测机构填写意见。

(2)监理单位意见:监理单位(建设单位)完成了施工单位(监理单位)工地试验室的能力核验且核验通过后,由监理单位填写意见。

(3)建设单位意见:建设单位签署审核批准意见。

(八)附件

(1)本单位或受委托试验检测机构(母体)资质证书、授权成立工地临时试验室及任命主要人员的相关文件。

(2)工地试验室人员职称证书、公路工程试验检测业务培训证书及公路工程试验检测资格证书、人员聘用合同。

(3)组织机构框图、试验室平面布置图。

(4)工地试验室质量保证体系(工作与管理制度等)、人员分工及职责。

(5)主要仪器设备的检定证书(复印件)。

以上附件收集之后按照顺序进行装订。

二、申请书的上报

(1)工地试验室将填写好的能力核验申请书打印装订成册,一式两份。
(2)封面盖好施工单位(监理单位)印章。
(3)母体检测机构签署审核意见。
(4)将材料递交给监理单位(建设单位)。

学习任务三　工地试验室备案登记

学习任务描述

本学习任务要求同学们熟悉工地试验室备案登记资料的收集与准备；掌握工地试验室备案登记表的填写和申报流程。

学习目标

通过本学习任务的学习，你应该能够：
1. 完成工地试验室备案登记资料的收集与准备工作；
2. 完成工地试验室备案登记表的填写和申报工作；
3. 增强团队协作意识。

任务书

某建成的工地试验室，已完成工地试验室能力核验工作，根据交通运输部办公厅《关于进一步加强公路水运工程工地试验室管理工作的意见》规定，须进行备案登记。作为一名从业新人，首先要掌握备案登记流程、备案登记表的填写要求，再根据备案登记表的要求，收集所需的附件资料等，最后按照要求完成备案登记表的填写与申报。

任务分组（表 3-3-1）

学生任务分配表　　　　　　　　　表 3-3-1

班级		组号		指导老师	
组长		学号			
组员	姓名		学号	姓名	学号
任务分工					

168 工地试验室组建与管理

准备工作

1. 阅读工作任务书,熟悉本学习任务的主要学习内容;

2. 收集并阅读《关于进一步加强公路水运工程工地试验室管理工作的意见》《公路水运工程工地试验室备案登记表》《公路水运工程工地试验室备案通知书》《工地试验室能力核验申请书》《公路水运工程试验检测信用评价办法》等资料。

任务实施

(一)备案登记流程

实施引导1:根据交通运输部办公厅《关于进一步加强公路水运工程工地试验室管理工作的意见》(厅质监字[2009]183号)规定:工地试验室设立实行_____。

实施引导2:经试验检测机构授权设立的工地试验室,应当填写(　　),经(　　)初审后报送项目质监机构登记备案,(　　)对通过备案的工地试验室出具(　　)。

　　A. 质监机构　　　　　　　　　　B. 公路水运工程工地试验室备案登记表
　　C. 建设单位　　　　　　　　　　D. 公路水运工程工地试验室备案通知书

实施引导3:依据《关于进一步加强公路水运工程工地试验室管理工作的意见》,工地试验室的备案登记流程内容如下:①母体检测机构初审;②工地试验室填写"备案登记表";③项目建设单位核准;④项目建设单位向项目质监机构提出书面备案申请;⑤项目建设单位填写工地试验室能力核验情况汇总表;⑥项目质监机构出具"公路水运工程工地试验室备案通知书"。请选择正确的流程顺序为(　　)。

　　A. ①②③④⑤⑥　　　　　　　　B. ②①③⑤④⑥
　　C. ③①④②⑤⑥　　　　　　　　D. ②③①④⑤⑥

实施引导4:工地试验室被授权的试验检测项目及参数或试验检测持证人员进行变更的,应当由(　　)母体试验检测机构报经建设单位同意后,向项目质监机构(　　)备案。

(二)备案登记资料准备

实施引导1:自行设立工地试验室,在申报备案登记时,应附的材料有(　　)。(多选)

　　A. 工地试验室备案登记表

　　B. 工地试验室设立授权书

　　C. 工地试验室在岗人员学历、职称、检测证书复印件

　　D. 工地试验室授权负责人的聘用证明

　　E. 母体检测机构等级证书及资质认定证书复印件

　　F. 工地试验室监督检查记录表及验收记录表

实施引导2:请判断对错,对的请打√、错的请打×。

委托设立的工地试验室,在申报备案登记时,应附的材料有:工地试验室备案登记表;工地试验室设立授权书;工地试验室在岗人员学历、职称、检测证书复印件;工地试验室授权负责人的聘用证明;母体检测机构等级证书及资质认定证书复印件;工地试验室监督检查记录表及验收记录表;委托合同书复印件。(　　)

实施引导 3：项目建设单位在申请工地试验室备案的同时须附工地试验室授权负责人备案登记表及汇总表。项目质监机构对通过备案的工地试验室建立授权负责人专用信息库，加强监督检查，按照（　　）的规定，对其从业情况进行全面的信用评价。

A.《公路水运工程试验检测信用评价办法》
B.《关于进一步加强公路水运工程工地试验室管理工作的意见》
C.《公路水运工程工地试验室备案通知书》

实施引导 4：工地试验室授权负责人变更，需由母体试验检测机构提出申请，经项目建设单位同意后报项目质监机构备案。擅自离岗或同时任职于（　　）及以上工地试验室，均视为违规行为，按照（　　）予以扣分。

A.《关于进一步加强公路水运工程工地试验室管理工作的意见》
B.《公路水运工程试验检测信用评价办法》
C. 两家
D. 三家

实施引导 5：工地试验室印章的基本信息为：（　　）+（　　）+（　　）。

A. 建设项目合同段名称
B. 母体试验检测机构名称
C. 试验室
D. 工地试验室

(三) 备案登记表的填写与上报

实施引导：请依据学习任务二"工地试验室能力核验"中的"(3) 申请书的填写与上报"案例，填写备案登记表并完成上报工作。

公路水运工程工地试验室备案

登 记 表

工地试验室：_____（章）

备案日期：_____年____月____日

3-3-4

交通运输部基本建设质量监督总站制
填 表 须 知

  一、本表统一采用 A4 尺寸纸张,内容必须打印,检测机构对填表内容的真实性、可靠性负责。

  二、本表可复印,填写的内容受表格限制时,可按本表格格式增加附页,但须连同正页编页码:第　页,共　页。

  三、"所属法人机构"指的是工地试验室母体检测机构,若母体检测机构不是独立法人,则填写其所属的法人机构。

一、工地试验室综合情况

项目情况	工地试验室名称			工程投资	
	项目建设单位		联系人		电话
	工地试验室设立单位		联系人		电话
母体检测机构情况	母体检测机构及法人机构名称			等级及编号	
				计量认证编号	
	法人代表			联系方式	
	行政负责人			联系方式	
	技术负责人			联系方式	
	质量负责人			联系方式	
工地试验室情况	工地试验室详细地址			电话	
				传真	
				邮编	
				E-mail	
	持试验检测人员证书总人数		持试验检测工程师证书人数		
	相关专业高级职称人数		试验检测用房总面积(m^2)		
工地试验室授权业务范围					

3-3-6

二、工地试验室申请试验检测业务范围表

第　　页　共　　页

序号	试验检测项目及参数	采用的试验检测方法和标准(名称/编号)	所用主要仪器设备名称	设备编号	主要操作人员	备注

3-3-7

三、工地试验室授权负责人简历

姓名		性别		出生日期		照片
学历		职称		从事试验检测工作年限		
试验检测师证书编号						
工作单位及职务						

本人主要试验检测工作经历和业绩	

本人签名：

3-3-8

四、工地试验室在岗人员一览表

序号	姓名	性别	出生年月	学历和专业	职称	检测人员证书编号	从事试验检测年限

五、工地试验室试验检测仪器设备一览表

第　　页　共　　页

设备编号	设备名称	型号规格	生产厂家	购置日期	单价（元）	量程或规格	准确度	检定/校准周期	检定/校准单位	最近检定/校准日期	保管人	备注

六、相关资料

（1）工地试验室设立授权书；
（2）工地试验室在岗人员学历、职称、检测证书复印件；
（3）工地试验室授权负责人的聘用证明；
（4）如委托第三方检测机构组建工地试验室的，应提供委托合同书复印件；
（5）母体检测机构等级证书及计量证书复印件。

评价反馈

1　学生进行自我评价，评价自己对工地试验室备案登记流程和所需收集资料的理解，对申报书填写和申报的相关要求掌握程度，本学习任务相关内容的完成情况，并将结果填入表3-3-2中。

学 生 自 评 表　　　　　表 3-3-2

班级：　　　　　姓名：　　　　　学号：

学习任务三	工地试验室备案登记		
评价项目	评价标准	分值（分）	得分（分）
备案登记流程	正确表述备案登记流程	20	
备案登记材料准备	正确阐述工地试验室备案登记申报应包括哪些材料	30	
备案登记表的填写与上报	正确描述登记表的填写要求与上报程序	20	
学习态度	态度端正，无无故缺勤、迟到、早退现象	10	
学习质量	按预定计划完成学习任务	5	
协调能力	与小组成员、同学间能有效地合作、交流、协调	5	
职业素质	创新学习方式方法，做到多平台、多渠道收集相关信息，完成学习任务	5	
创新意识	收集并阅读《关于进一步加强公路水运工程工地试验室管理工作的意见》、《公路水运工程工地试验室备案登记表》模板、《公路水运工程工地试验室备案通知书》、《工地试验室能力核验申请书》成稿、《公路水运工程试验检测信用评价办法》，以便更好地理解和掌握工地试验室备案登记材料准备、登记表填写与上报的相关内容	5	
	小计	100	

2　学生以小组为单位，对以上学习任务的过程与结果进行互评，将互评结果填入表 3-3-3 中。

学 生 互 评 表　　　　　表 3-3-3

学习任务三		工地试验室备案登记										
评价项目	分值	等级							评价对象（组别）			
									1	2	3	4	5	6
团队协作	10	优	10	良	8	中	6	差	4						
分工明确	8	优	8	良	7	中	6	差	4						
组织有序	10	优	10	良	8	中	6	差	4						
学习质量	8	优	8	良	7	中	6	差	4						
学习效率	8	优	8	良	7	中	6	差	4						
态度端正	10	优	10	良	8	中	6	差	4						
任务完整	10	优	10	良	8	中	6	差	4						
结果规范	13	优	13	良	9	中	6	差	4						
回答问题	13	优	13	良	9	中	6	差	4						

续上表

评价项目	分值	等级							评价对象（组别）					
									1	2	3	4	5	6
成果展示	10	优	10	良	8	中	6	差	4					
小计	100													

3 教师对学生学习过程与任务成果进行评价，并将评价结果填入表3-3-4中。

教师综合评价表   表3-3-4

班级：		姓名：	学号：		
学习任务三			工地试验室备案登记		
评价项目			评价标准	分值(分)	得分(分)
考勤（10%）			无无故缺勤、迟到、早退现象	10	
学习过程（60%）	备案登记流程		正确表述备案登记流程	10	
	备案登记材料准备		正确阐述工地试验室备案登记申报应包括哪些材料	20	
	备案登记表的填写与上报		正确描述登记表的填写要求与上报程序	15	
	协调能力		与小组成员、同学间能有效地合作、交流、协调	5	
	职业素质		创新学习方式方法，做到多平台、多渠道收集相关信息，完成学习任务	5	
	创新意识		收集并阅读《关于进一步加强公路水运工程工地试验室管理工作的意见》、《公路水运工程工地试验室备案登记表》模板、《公路水运工程工地试验室备案通知书》、《工地试验室能力核验申请书》成稿、《公路水运工程试验检测信用评价办法》，以便更好地理解和掌握工地试验室备案登记材料准备、登记表填写与上报的相关内容	5	
任务成果（30%）	工作完整		按时完成任务	10	
	工作规范		按照要求进行文件查阅	5	
	回答问题		用词准确、回答完整	10	
	成果展示		完整填写《公路水运工程工地试验室备案登记表》	5	
小计				100	
综合评价	自评（20%）	小组互评（30%）	教师评价（50%）	综合评分	

拓展思考题

1. 工地试验室授权负责人如需变更，变更流程是如何规定的？
2. 工地试验室信用评价结果小于等于70分的，其授权负责人会受到什么影响？

工地试验室组建与管理

 任务反思

_____
_____
_____

 学习任务的相关知识点

知识点一:备案登记流程

根据交通运输部办公厅《关于进一步加强公路水运工程工地试验室管理工作的意见》(以下简称《意见》)(厅质监字〔2009〕183号)规定,工地试验室设立实行登记备案制。即经试验检测机构授权设立的工地试验室,应当填写"公路水运工程工地试验室备案登记表",经建设单位初审后报送项目质监机构登记备案,质监机构对通过备案的工地试验室出具"公路水运工程工地试验室备案通知书"。

各省、自治区、直辖市依据《意见》,制定了相应的执行文件。工地试验室的备案登记流程大体如下。

1. 工地试验室填写"备案登记表"

施工(监理)单位的工地试验室,根据"备案登记表"的要求,填写好相应内容。

2. 母体检测机构初审

施工(监理)单位的工地试验室,将填写好的"备案登记表"递交给母体检测机构,母体检测机构对材料进行初步审核,并签署初审意见。

3. 项目建设单位核准

项目建设单位对施工(监理)单位上交的"备案登记表"进行核准。

4. 项目建设单位填写工地试验室能力核验情况汇总表

项目建设单位根据核准情况,对通过核准的单位,填写工地试验室能力核验情况汇总表。

5. 项目建设单位向项目质监机构提出书面备案申请

项目建设单位将统计的汇总表和"备案登记表"一并递交项目质监机构。

6. 项目质监机构出具"公路水运工程工地试验室备案通知书"

项目质监机构根据登记备案制,出具"公路水运工程工地试验室备案通知书"。

由项目建设单位委托的第三方试验检测机构设立的工地试验室,参照监理单位完成备案登记工作。

知识点二:备案登记资料准备

一、备案需附的证明材料

1. 自行设立工地试验室需附的证明材料

(1) 工地试验室备案登记表。在项目上,这份登记表可以从监理单位或者建设单位获取,一般是可填写的电子版形式。

(2) 工地试验室设立授权书。在工地试验室建设工作启动之前,工地试验室授权负责人就已经获得授权并取得了母体检测机构出具的授权书原件,如果不慎遗失的话,可以从母体检测机构获取复印件。

(3) 工地试验室在岗人员学历、职称、检测证书复印件。这些证明材料如果是母体检测机构统一保管,可以从母体检测机构获取;如果是试验检测人员自行保管,可以从试验检测人员处获取。

(4) 工地试验室授权负责人的聘用证明。聘用证明一般是母体检测机构保管,工地试验室可以从母体检测机构获取。

(5) 母体检测机构等级证书及资质认定证书复印件。工地试验室可以从母体检测机构获取。

(6) 工地试验室监督检查记录表及验收记录表。这两种表格,在登记备案之前至少分两阶段编制而成,目的是证明母体检测机构对工地试验室开展了必要的检查、监督、指导的工作。第一阶段是在工地试验室在建设过程中,母体检测机构对工地试验室的监督检查;第二阶段是在工地试验室建设完成之后,在进行能力核验等相关手续报批之前,母体检测机构对工地试验室的验收。如果验收未通过的话,可能还会涉及再次验收的情况。相关的监督检查记录表和验收记录表可以从母体检测机构获取。

2. 委托设立工地试验室所需的证明材料

如果是委托第三方检测机构组建工地试验室的,应在以上清单的基础上再提供委托合同书复印件。该合同是在母体检测机构出具工地试验室设立授权书之前签订的,委托方和被委托方都拥有原件。合同的内容至少要涵盖:项目名称、服务内容、服务期限、服务报酬、相关的人员数量和资格要求等。

以上所有备案材料须同时附电子版报项目质监机构。

二、其他相关要求

(1) 项目建设单位在申请工地试验室备案的同时须附工地试验室授权负责人备案登记表及汇总表。项目质监机构对通过备案的工地试验室建立授权负责人专用信息库,加强监督检查,按照《公路水运工程试验检测信用评价办法》(以下简称《办法》)的规定,对其从业情况进行全面的信用评价。

(2) 工地试验室授权负责人变更,需由母体试验检测机构提出申请,经项目建设单位同意后报项目质监机构备案。擅自离岗或同时任职于两家及以上工地试验室,均视为违规行为,按照《办法》予以扣分。

(3) 通过备案的工地试验室,工地试验室印章由项目建设单位统一刻制、发放,项目质监机构不再发放。印章包含的基本信息有:母体试验检测机构名称+建设项目合同段名称+工地试验室。

(4) 母体试验检测机构应加强对授权工地试验室的管理和指导,按要求配备工地试验室试验检测人员和仪器设备,并对工地试验室试验检测结果的真实性和准确性负责。

项目质监机构将按照《意见》和《办法》的相关要求对各公路水运工程工地试验室进行监督。《意见》中明确规定的,严格执行;《意见》中无明确要求的内容,则按照《办法》执行。

知识点三：备案登记表的填写与上报

一、备案登记表的填写

（一）登记表封面
（1）工地试验室：母体检测机构全称+建设项目合同段名称+工地试验室。
（2）备案日期：填写登记表的日期。
（二）工地试验室综合情况
1. 项目情况
工地试验室名称：母体检测机构全称+建设项目合同段名称+工地试验室。
工程投资：项目合同段投资。
项目建设单位：填写项目建设单位单位全称。
工地试验室设立单位：项目合同段单位全称。
2. 母体检测机构情况
母体检测机构及法人机构名称：填写授权的母体检测机构全称。
等级及编号：母体检测机构行业资质证书上的信息。
计量认证编号：母体检测机构计量资质认定证书上的信息。
相关人员信息：根据母体检测机构情况填写。
3. 工地试验室情况
工地试验室详细地址：工地试验室所在地联系地址。
相关人员数：根据工地试验室实际人员情况填写。
试验检测用房面积：根据工地试验室的情况填写。
4. 工地试验室授权业务范围
根据母体检测机构下发的工地试验室设立授权书中内容如实填写。
（三）工地试验室试验检测业务范围表
同"工地试验室能力核验申请书"中的"五、工地试验室申请试验检测业务范围表"。
（四）工地试验室授权负责人简历
根据授权负责人的情况填写。
（五）工地试验室在岗人员一览表
在"工地试验室能力核验申请书"中的"三、工地试验室人员基本情况登记表"基础上，少了"职务"，多了"从事试验检测年限"。
（六）工地试验室试验检测仪器设备一览表
在"工地试验室能力核验申请书"中的"四、工地试验室试验检测仪器设备一览表"基础上，多了"购置日期""单价(元)"。

(七)相关资料

(1)工地试验室设立授权书。
(2)工地试验室在岗人员学历、职称、检测证书复印件。
(3)工地试验室授权负责人的聘用证明。
(4)如委托第三方检测机构组建工地试验室的,应提供委托合同复印件。
(5)母体检测机构等级证书及计量证书复印件。
按照以上清单,收集材料,并按顺序装入登记表。

(八)审查意见

(1)母体检测机构意见:通过能力核验之后,由母体检测机构填写意见。
(2)项目建设单位意见:由建设单位填写意见。
(3)备案质监机构意见:由质监机构填写意见。

二、登记表的上报

(1)工地试验室将填写好的备案登记表打印装订成册。
(2)封面盖好施工(监理)单位印章。
(3)将材料递交给监理(建设)单位。

学习情境四
LEARNING CONTEXT FOUR
工地试验室运维管理

学习情境介绍

本学习情境要求同学们了解现代管理的相关内容;熟悉工地试验室质量管理体系与制度的管理内容;掌握工地试验室基础设施、人员与设备、记录与报告、试验检测工作和检测资料等综合性管理知识。

学习情境设计

本学习情境主要围绕8个学习任务的29个知识点进行设计,见表4-0-1。

学习情境设计表　　　　　　　　　　　　　　　　　　　表4-0-1

序号	学习任务	知识点内容	学时
1	母体检测机构监督管理	1. 工地试验室监督管理概述 2. 母体检测机构的监督管理	1
2	基础设施运维管理	1. 水电设施运维管理 2. 安全设施运维管理 3. 温湿度管理 4. 环保管理	1
3	人员、设备 及试验物品运维管理	1. 人员建档与运维管理 2. 设备建档与运维管理 3. 参考标准和有证标准物质建档与运维管理 4. 样品取样与流转管理 5. 化学品的采购与领用管理 6. 耗材的采购与使用管理 7. 标准规范的采购与使用管理	2
4	记录和报告的标准化管理	1. 记录的标准化管理 2. 报告的标准化管理	2

续上表

序号	学习任务	知识点内容	学　时
5	质量管理体系与制度的管理	1. 体系的管理与修订 2. 制度的管理与修订	1
6	检测工作管理	1. 日常试验检测管理 2. 外委试验检测管理	1
7	检测资料管理	1. 资料内容 2. 整理归档 3. 保存期限	1
8	现代信息化管理	1. 现代管理的概念 2. 现代管理的职能 3. 试验室管理与心理 4. 主要管理者的素质 5. 主要管理者的领导艺术 6. 试验检测工作信息化管理 7. 试验检测资料信息化管理	1

 情境学习评价

完成本学习情境学习后,按照表 4-0-2 对本学习情境的学习情况进行总评,评价总分为 100 分。

情境学习评价表　　　　表 4-0-2

学号	姓名	学习任务一		学习任务二		学习任务三		学习任务四		学习任务五		学习任务六		学习任务七		学习任务八		学习情境四评价得分
		分值	比例/5%	分值	比例/15%	分值	比例/20%	分值	比例/20%	分值	比例/5%	分值	比例/15%	分值	比例/10%	分值	比例/10%	

4-0-2

学习任务一　母体检测机构监督管理

学习任务描述

本学习任务要求同学们了解工地试验室监督管理概述，以及母体检测机构对工地试验室授权范围、试验场地与环境、人员与设备、检测资料等方面的监督管理工作。

学习目标

通过本学习任务的学习，你应该能够：
1. 了解母体检测机构与工地试验室的关系；
2. 了解对工地试验室有监督责任的机构；
3. 掌握母体检测机构对工地试验室的监督管理内容与程序。

任务书

工地试验室是由母体检测机构派出的，代表母体检测机构在工地现场从事试验检测工作，为了保障工地试验室的管理水平和工作质量，母体检测机构要履行必需的监督管理职能。你是否了解母体检测机构是如何对工地试验室进行监督管理的？监督管理的内容有哪些？

任务分组（表 4-1-1）

学生任务分配表　　　　　　　　　　表 4-1-1

班级		组号		指导老师	
组长		学号			
组员	姓名		学号	姓名	学号
任务分工					

准备工作

1. 阅读任务书,熟悉即将要学习的主要内容;
2. 收集并阅读《公路工程工地试验室标准化指南》、《建设工程质量检测管理办法》、《检验检测机构资质认定能力评价检验检测机构通用要求》(RB T 214—2017)、《铁路工程质量监督检测管理办法》、《铁路建设工程质量监督管理规定》、《水利工程质量检测管理规定》等资料。

任务实施

(一) 工地试验室监督管理概述

实施引导1:母体试验室对工地试验室监督的目的是什么?

_____

_____

_____

_____

实施引导2:对授权工地试验室负有管理、指导和监督职责的上级单位有( )。(多选)

A. 各地交通运输主管部门
B. 建设单位
C. 施工单位
D. 监理单位
E. 母体检测机构

实施引导3:母体检测机构对工地试验室的监督检查每年不少于( )次。

实施引导4:以下说法,对的请打√、错的请打×。

A. 上级单位对工地试验室的重点监管内容主要包括对工地试验室授权负责人的管理和对工地试验检测活动的监督检查。 ( )
B. 工地试验室的设立实行备案登记制制度。 ( )
C. 工地试验室授权负责人变更,需由母体检测机构提出申请,经项目建设单位同意后报项目质监机构备案。 ( )
D. 母体检测机构对工地试验结果的真实性和准确性负责。 ( )

(二) 母体检测机构的监督管理

实施引导1:母体检测机构对工地试验室的监督管理的内容主要体现在( )方面。(多选)

A. 授权范围监督管理
B. 试验场地与环境的监督管理
C. 试验检测人员的监督管理
D. 试验检测资料的监督管理

4-1-2

E. 试验检测设备的监督管理

实施引导 2：母体检测机构对设立的工地试验室在授权范围监督管理的工作中具体包含哪些授权内容？（　　）（多选）

A. 工地试验室负责人

B. 服务的项目

C. 服务期限

D. 试验检测参数

E. 试验室各项规章制度是否贯彻执行

实施引导 3：母体检测机构在对工地试验室的试验检测人员的监督管理具体表现在以下哪些方面？（　　）（多选）

A. 母体检测机构应派有监督员定期对工地试验室人员数量进行监督管理

B. 如果工地试验室的负责人需要变更，母体机构需对其进行重新授权

C. 母体检测机构应协助工地试验室的试验检测人员积极参加继续再教育活动

D. 母体检测机构应协助工地试验室的试验检测人员完成质量体系文件及专业技术的宣贯培训学习

E. 母体检测机构应派有监督员定期对工地试验室人员在岗情况进行监督管理

实施引导 4：母体检测机构在对工地试验室的试验检测设备的监督管理具体表现在哪些方面？（　　）（多选）

A. 设备在使用过程中是否有串室的情况

B. 检查设备的完好情况

C. 设备的使用状态是否真实有效

D. 工地试验室是否开展了设备检定/校准及其不确定度工作

E. 试验仪器设备移交的同时移交相关仪器设备的档案

实施引导 5：母体检测机构对工地试验室的检测资料的监督管理内容体现在哪些方面？（　　）（多选）

A. 母体检测机构应对工地试验室的样品流转记录进行监管

B. 母体检测机构应对工地试验室的设备使用记录进行监管

C. 母体检测机构应对工地试验室的检测数据原始记录进行监管

D. 母体检测机构应对工地试验室的内业资料的归档移交进行监管

E. 母体检测机构应对工地试验室的设备在使用过程中是否有串室的情况进行监管

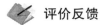 评价反馈

1　学生进行自我评价，评价自己是否对试验检测相关术语有清晰的概念，是否对母体试验室与工地试验室间的关系有了清楚的认识，是否了解工地试验室的职责范围，是否了解母体监督管理中的授权范围监督、试验场地与环境监督、试验检测人员与设备监督、试验检测资料监督，并将结果填入表 4-1-2 中。

学 生 自 评 表   表 4-1-2

班级:		姓名:	学号:	
学习任务一		母体检测机构监督管理		
评价项目		评价标准	分值(分)	得分(分)
授权范围监督管理		了解母体检测机构对工地试验室的授权主要体现的四个方面及具体要求	10	
试验场地与环境监督管理		了解母体检测机构对试验场地及环境的具体监督管理内容	10	
对试验检测人员的管理		了解母体检测机构对工地试验室试验检测人员的监督管理内容	15	
设备监督管理		了解母体检测机构对工地试验室试验检测设备的监督管理内容	15	
试验检测资料监督管理		了解母体检测机构对工地试验室试验检测资料在运行过程中和运行结束后的监督管理内容	10	
学习态度		态度端正,无无故缺勤、迟到、早退现象	10	
学习质量		按预定计划完成学习任务	10	
协调能力		与小组成员、同学间能有效地合作、交流、协调	10	
职业素质		做到多平台、多渠道收集相关信息,完成学习任务	10	
		小计	100	

2 学生以小组为单位,对以上学习任务的过程与结果进行互评,将互评结果填入表 4-1-3 中。

学 生 互 评 表   表 4-1-3

学习任务一									母体检测机构监督管理					
评价项目	分值	等级							评价对象(组别)					
									1	2	3	4	5	6
团队协作	10	优	10	良	8	中	6	差	4						
分工明确	8	优	8	良	7	中	6	差	4						
组织有序	10	优	10	良	8	中	6	差	4						
学习质量	8	优	8	良	7	中	6	差	4						
学习效率	8	优	8	良	7	中	6	差	4						
态度端正	10	优	10	良	8	中	6	差	4						

续上表

评价项目	分值	等级								评价对象(组别)					
										1	2	3	4	5	6
任务完整	10	优	10	良	8	中	6	差	4						
结果规范	13	优	13	良	9	中	6	差	4						
回答问题	13	优	13	良	9	中	6	差	4						
成果展示	10	优	10	良	8	中	6	差	4						
小计	100														

3 教师对学生学习过程与任务成果进行评价,并将评价结果填入表4-1-4中。

教师综合评价表　　　　　　　　　表4-1-4

班级：		姓名：	学号：	
学习任务一			母体检测机构监督管理	
评价项目		评价标准	分值(分)	得分(分)
考勤(10%)		无无故缺勤、迟到、早退现象	10	
学习过程(60%)	授权范围监督管理	了解母体检测机构对工地试验室的授权主要体现的四个方面及具体要求	10	
	试验场地与环境监督管理	了解母体机构对试验场地及环境的具体监督管理内容	10	
	对试验检测人员的管理	了解母体机构对工地试验室试验检测人员的监督管理内容	10	
	设备监督管理	了解母体机构对工地试验室试验检测设备的监督管理内容	10	
	试验检测资料监督管理	了解母体机构对工地试验室试验检测资料在运行过程中和运行结束后的监督管理内容	10	
	协调能力	与小组成员、同学间能有效地合作、交流、协调	5	
	职业素质	做到多平台、多渠道收集相关信息,完成学习任务	5	
任务成果(30%)	工作完整	按时完成任务	10	
	工作规范	按要求进行文件查阅	10	
	回答问题	用语规范、表达准确	10	
综合评价		自评(20%)	小组互评(30%)	教师评价(50%)	综合评分

4-1-5

拓展思考题

1. 在工地试验室管理中母体检测机构与工地试验室之间的关系是怎样的?
2. 母体检测机构对工地试验室的监督管理具体表现在哪些方面?

 任务反思

_____
_____
_____
_____

 学习任务的相关知识点

知识点一:工地试验室监督管理概述

《交通运输部关于进一步加强和规范公路水运工程试验检测工作的若干意见》[交质监发〔2013〕114号]提出:"要切实发挥母体检测机构对保证工地试验室工作质量的基础作用,将试验检测行业管理要求有效延伸至工程一线,着力解决工地试验室人员结构不稳定、责任感不强、短期行为等问题。"

公路水运工程工地试验室是工程质量控制和评判的重要基础数据来源,是工程建设质量保证体系的重要组成部分。为进一步加强工地试验室管理,规范试验检测行为,提高试验检测数据的客观性、准确性,保证公路水运工程质量,各地交通运输主管部门及其质量监督机构,公路水运工程建设项目的建设单位、施工单位、监理单位以及母体检测机构应加强对授权工地试验室的管理、指导和监督的职责。

一、各级单位监管职责

1. 各地交通运输主管部门及其质量监督机构

各地交通运输主管部门及其质量监督机构要以科学发展观为指导,高度重视工地试验室管理。结合本地区实际情况,建立健全工地试验室监督管理制度,加强对工地试验室的指导与监督管理。要以规范试验检测行为和提高工地试验检测工作水平为主线,落实责任制,推动诚信体系建设,营造有利于工地试验室独立规范运行的外部环境,有效发挥工地试验室对工程质量的控制和指导作用,促进公路水运工程质量水平不断提高。

2. 建设单位

需设立工地试验室的公路水运工程建设项目,建设单位应在招标文件、合同文件中明确工地试验室的检测能力、人员、仪器设备配备要求,督促中标单位保证工地试验室的投入,加强对工地试验室试验检测工作的监督检查,按照《公路水运工程试验检测信用评价办法》的要求开展对工地试验室和试验检测人员的信用评价工作。

建设单位也可通过招标等方式委托具有等级证书和资质认定证书的第三方试验检测机构设立工地试验室，承担工程建设项目监理的全部或部分试验检测工作。

3. 施工单位、监理单位

施工单位、监理单位应根据工程质量安全管理需要或合同约定，在工程现场可自行设立工地试验室，也可委托第三方试验检测机构设立工地试验室，设立工地试验室的母体均应具有相应的《公路水运试验检测机构等级证书》(以下简称等级证书)。

4. 母体检测机构

设立工地试验室的母体检测机构，应当在其等级证书核定的业务范围内，根据工程现场管理需要或合同约定，由母体检测机构负责人签署出具"公路水运工程工地试验室设立授权书"对工地试验室进行授权，授权内容包括工地试验室可开展的试验检测项目及参数、授权负责人、授权期限等。工地试验室只能在母体检测机构授权的业务范围内，为工程建设现场提供试验检测服务并出具试验检测报告，不得对外承揽试验检测业务，不得对社会出具试验检测报告。

经试验检测机构授权设立的工地试验室，应当填写"公路水运工程工地试验室备案登记表"，经建设单位初审后报送项目质监机构登记备案，质监机构对通过备案的工地试验室出具"公路水运工程工地试验室备案通知书"。

母体检测机构应加强对授权工地试验室的管理和指导，根据工程现场管理需要或合同约定，合理配备工地试验室试验检测人员和仪器设备，并在工地试验室工作开展过程中加强人员、设备、环境、资料等方面的监督管理，以促进工作的改进和提高，最终对试验检测结果的真实性和准确性负责。

二、重点监管内容

1. 对工地试验室授权负责人的管理

(1) 母体检测机构应制定工地试验室授权负责人管理制度，对其工作进行监督管理。

(2) 质监机构应建立工地试验室授权负责人专用信息库，加强监督检查。按照《公路水运工程试验检测信用评价办法》对其从业情况进行全面的信用评价。

(3) 工地试验室授权负责人如需变更，需由母体检测机构提出申请，经项目建设单位同意后报项目质监机构备案。擅自离岗或同时任职于两家及以上工地试验室的，均视为违规行为，按照《公路水运工程试验检测信用评价办法》予以扣分。

(4) 工地试验室授权负责人信用等级被评为信用较差的，2年内不能担任工地试验室授权负责人。信用等级被评为信用很差的，5年内不能担任工地试验室授权负责人。

(5) 工地试验室信用评价结果小于等于70分的，其授权负责人两年内不能担任工地试验室授权负责人。

2. 对工地试验检测活动的监督检查

对工地试验检测活动的监督检查主要包括下列内容：

(1) 有无超出其授权机构《等级证书》核定的业务范围开展试验检测活动；

(2) 工地试验室试验检测人员有无变更审批手续；
(3) 试验室各项规章制度是否贯彻执行；
(4) 试验检测原始记录、报告的真实性、规范性和完整性；
(5) 仪器设备的运行、检定或校准情况；
(6) 采用的技术标准、规范和规程是否现行有效；
(7) 样品的管理是否符合要求；
(8) 质量保证体系运行的有效性；
(9) 试验检测环境是否满足试验检测要求；
(10) 是否建立和执行台账制度，试验检测频率是否满足规定要求；
(11) 是否建立和执行不合格报告制度；
(12) 是否建立安全制度并执行；
(13) 授权机构对工地试验室是否进行了监督检查，有无相应检查记录。

知识点二：母体检测机构的监督管理

工地试验室是由母体检测机构派出的，代表母体检测机构在工地现场从事试验检测工作，为了保障工地试验室的管理水平和工作质量，母体检测机构要履行必要的监督管理职能。一般，母体检测机构每年要对工地试验室进行两次监督考核，旨在及时了解工地试验室在日常运行中所存在的具体问题，并及时提出解决办法进而提高工地试验室的工作水平和工作质量。

一、授权范围监督管理

主要介绍母体检测机构对工地试验室服务的项目、服务期限、试验检测参数的监督管理。

（一）对服务项目和服务期限的监督管理

母体检测机构应对工地试验室的服务项目和服务期限进行有效的监督管理：要认真核查工地试验室是否为非本项目提供了试验检测服务，如有该情况发生，要立即禁止并进行必要的批评教育；工地试验室的设立授权书中，对服务期限有明确时间段要求的，须在服务期限临近截止期间，加强对服务期限的监督，如若需要延期服务的，须补充书面文件，禁止无授权的延期服务。

（二）对授权试验检测参数的监督管理

在工地试验室运行过程中，母体检测机构要对授权试验检测参数进行监督管理，禁止出现超参数现象。如果授权试验检测参数超出等级证书或出具了授权试验检测参数以外的试验检测报告，将会影响母体检测机构的信用评价，因此，母体检测机构要进行严格的监督管理，确保工地试验室出具试验检测报告的参数是真实、有效的，并能指导施工。

【例 4-1-1】 试验检测人员小甲服务于某高速路的 A 合同段工地试验室，同学小乙工作于 B 合同段工地试验室，某天小乙需要一份混凝土配合比报告，得知小甲在试验室工作，于是送了一些样品来小甲试验室请小甲检测并出具报告，小甲检测后出具一份报告给小乙。请问：
(1) 小甲的做法合理吗？

(2)小甲出具的报告是否有效力?

案例分析:

工地试验室按照规定到项目质监机构登记备案后,在母体检测机构授权的业务范围内为工程建设现场提供试验检测服务,并出具试验检测报告,不得对外承揽试验检测业务,不得对社会出具试验检测报告。小甲所处的工地试验室只能对A合同段工程建设提供检测服务,出具报告,所以他的做法不合理,试验检测报告不具有效力。

二、试验场地与环境监督管理

1. 试验场地的监督管理

工地试验室在组建期间,其试验室各功能室的用房面积一般都能满足标准化建设的要求,但是在工地试验室运行过程中,往往会出现试验场所被侵占的情况,比如在试验室堆放与试验无关杂物或者长时间堆放试验垃圾;在试验室放置休息床等物件。类似情况都会对试验场地的使用造成影响,在监督管理过程中,如若发现类似情况,要及时提出,并监督整改到位。

2. 试验环境的监督管理

母体检测机构在对工地试验室的监督管理过程中,还要对试验环境进行有效的监督,要求工地试验室建立卫生值日制度;保持各功能室清洁、整齐、安静;保持各功能室室内空气清洁;试验室内禁止随地吐痰、吸烟等;禁止带入与检测工作无关的任何物品(如食品等)。

三、试验检测人员与设备监督管理

(一)对试验检测人员的监督管理

(1)母体检测机构要对工地试验室的人员情况进行动态管理。母体检测机构应派有监督员定期对工地试验室人员数量、持证覆盖专业情况、人员在岗情况等方面进行监督管理。确保工地试验室的人员相对稳定,持证专业基本覆盖项目需求。

(2)工地试验室负责人的变更。如果工地试验室的负责人需要变更,母体检测机构应根据相关要求,履行变更程序。并对工地试验室进行重新授权。

(3)母体检测机构应派有经验的试验检测工程师定期对工程施工过程中的试验检测活动进行指导讲解,确保工地试验室工作人员的试验检测活动规范、有序。

(4)母体检测机构应协助工地试验室的试验检测人员积极参加继续再教育活动,完成对试验检测人员的质量体系文件及专业技术的宣贯培训学习。

【例4-1-2】 持有试验检测工程师证书的李工为母体检测机构正式委派的工地试验室负责人,在母体机构进行了信息登记注册,其朋友张工任另一项目管理人员,邀请李工去他的项目试验室挂职,请问:李工可否去挂职?为什么?

案例分析:

不可以。

工地试验室所有持有公路工程试验检测人员证书的在岗人员,必须在母体机构进行信息登记注册，不得同时受聘于两家或两家以上的工地试验室。所以李工不可以到其朋友项目试验室挂职。

(二) 对设备的监督管理

(1) 母体检测机构要依据相关要求，对工地试验室的仪器设备进行监督管理。一是设备在使用过程中是否有串室的情况；二是检查设备的完好情况；三是设备的使用状态是否真实有效；四是工地试验室是否开展了设备检定/校准工作。

(2) 试验仪器设备的移交：工程项目结束后，如果是母体检测机构配备的仪器设备，应在母体检测机构仪器设备管理员及技术负责人的主持下移交，并同时移交相关仪器设备的档案。工地试验室应将仪器设备(包括配件和档案)全面保养检查一遍，并包装好，运送到新的工地或临时存放地，办理好交接手续。

四、试验检测资料监督管理

(一) 运行过程中的监督管理

母体检测机构应根据自己的《质量手册》《程序文件》中的规定对工地试验室的样品流转记录、试验检测过程中的设备使用记录、检测数据原始记录、试验检测报告的对应性，试验检测报告的规范性、引用的检测标准、规范和规程的有效性及准确性进行详细检查，对发现的未按照母体检测机构质量保证体系要求开展的试验检测活动，监管人员应对其开具不符合项，要求工地试验室限期整改，对整改结果，母体检测机构进行跟踪验证，并闭合确认，确保其不符合活动已得到纠正，工地试验室根据工程项目特点制定预防措施，以防出现偏离。对所有的检查活动填写"母体对工地试验室现场检查记录表""工地试验室对检查不符合项整改情况反馈表"。

(二) 运行结束的监督管理

(1) 试验检测内业资料的移交：工地试验室在工程项目结束时，母体检测机构要监督工地试验室负责人组织试验检测人员，及时按母体检测机构的档案管理要求整理好试验检测内业资料进行归档移交。若暂不能移交的，工地试验室负责人应安排相应试验检测人员继续对该项目试验检测内业资料妥善保管，并适时协助移交。

(2) 施工结束后，母体检测机构应要求工地试验室对所有形成的质量保证体系文件资料分类进行整理、装订，建立授权管理档案，母体检测机构也应该对所有授权的项目质量保证体系文件资料建立工地试验室授权管理档案，每个授权工地建立一套档案便于日常管理和接受质监机构的监督检查。

学习任务二　基础设施运维管理

学习任务描述

本学习任务要求同学们掌握工地试验室在运行过程中的水电设施、安全设施、温湿度、环保等管理内容。

学习目标

通过本学习任务的学习,你应该能够:
1. 独立进行温湿度的监控和记录;
2. 独立开展水电和安全设施的管理;
3. 养成实事求是的工作态度。

任务书

工地试验室各功能室在运行过程中,对试验室基础设施的有效运维管理是保障试验检测数据真实、有效、准确的基础条件,为此,作为试验室一名工作人员,需要了解基础设施涵盖的内容,并掌握其相关的管理要求。

任务分组(表4-2-1)

学生任务分配表　　　　　　　　　　　表4-2-1

班级		组号		指导老师	
组长		学号			
组员	姓名		学号	姓名	学号
任务分工					

4-2-1

准备工作

1. 阅读任务书,熟悉即将要学习的主要内容;

2. 收集并阅读《公路工程工地试验室标准化指南》、《建设工程质量检测管理办法》、《检验检测机构资质认定能力评价检验检测机构通用要求》(RB/T 214—2017)、《铁路工程质量监督检测管理办法》、《铁路建设工程质量监督管理规定》、《水利工程质量检测管理规定》等资料。

 任务实施

(一)水电设施运维管理

实施引导1:试验室用水管理如何分类?(　　)

A. 分为一级水和二级水

B. 分为普通水和特殊水

C. 分为一般水和特殊水

实施引导2:依据《分析实验室用水规格和试验方法》(GB/T 6682—2008),分析实验室用水级别分为(　　)级?

A. 2　　　　　　　B. 3　　　　　　　C. 4

实施引导3:分析实验室用水对各级别水的存储有何要求?

_____
_____
_____

实施引导4:简述工地试验室排水设施的管理内容。

_____
_____
_____

实施引导5:以下说法,对的请打√,错的请打×。

A. 试验室从事电气作业的人员,必须持有电气作业人员操作证。　　(　　)

B. 在进入标准养护室时,要穿戴好必需的绝缘手套和绝缘靴,防止漏电触电。　　(　　)

C. 触电急救的原则是首先尽快使触电人脱离电源,再根据触电人的具体情况,采取相应的急救措施。　　(　　)

(二)安全设施运维管理

实施引导1:工地试验室在建设期间需按要求配备(　　)等消防器材和设施。

4-2-2

实施引导2：对于各种灭火器，专职安全员每（　　）检查一次，检查结果记入《日常安全巡查表》。

A. 天　　　　　　　B. 周　　　　　　　C. 月

(三) 温湿度管理

实施引导1：工地试验室对水泥原材料的检测项目通常有哪些？各自的温湿度要求是如何规定的？

_____
_____
_____

实施引导2：以下说法，对的请打√，错的请打×。

A. 水泥混凝土的成型温度是20℃±5℃，相对湿度为>50%。　　　　　（　　）
B. 水泥混凝土的标准养护温度是20℃±2℃，相对湿度为>95%。　　　（　　）

实施引导3：标准养护室（箱）在运行过程中，须配备专人记录标准养护室（箱）的温度和湿度，每天至少记录（　　）次。

A. 1　　　　　　　B. 2　　　　　　　C. 3

(四) 环保管理

实施引导：以下说法，对的请打√，错的请打×。

A. 对废弃的水泥渣、混凝土试块、砂浆试块、土样等非污染性建筑材料应分类集中堆放。
　　　　　　　　　　　　　　　　　　　　　　　　　　　　　　　　　（　　）
B. 对废弃的金属材料（如钢筋、钢绞线）、非金属制品（如土工布、玻璃格栅等），应按有关规定集中回收后再进行集中处理。　　　　　　　　　　　　　　　　　　（　　）
C. 对未使用完的建筑材料，如石灰、水泥等胶凝材料应采取相应的回收措施。（　　）

评价反馈

1　学生进行自我评价，评价自己是否了解了试验室基础设施管理的相关内容，对水电设施管理、安全设施管理、温湿度管理、环保管理等具体内容的掌握程度，并将结果填入表4-2-2中。

学 生 自 评 表　　　　　　　　　　　　　　　　　　表4-2-2

班级：　　　　　　姓名：　　　　　　学号：

学习任务二	基础设施运维管理		
评价项目	评价标准	分值(分)	得分(分)
水电设施运维管理	能正确表述水电设施运维管理具体内容	15	
安全设施运维管理	能正确完善地描述安全设施运维管理具体内容	15	

续上表

评价项目	评价标准	分值(分)	得分(分)
温、湿度管理	能熟练说出常见试验参数温湿度要求及温湿度管理具体要求	20	
环保管理	能清晰表达环保管理具体内容	20	
学习态度	态度端正,无无故缺勤、迟到、早退现象	10	
学习质量	按预定计划完成学习任务	10	
协调能力	与小组成员、同学间能有效地合作、交流、协调	5	
职业素质	做到多平台、多渠道收集相关信息,完成学习任务	5	
小计		100	

2　学生以小组为单位,对以上学习任务的过程与结果进行互评,将互评结果填入表4-2-3中。

学 生 互 评 表　　　　　　　　　表4-2-3

学习任务二									基础设施运维管理					
评价项目	分值	等级							评价对象(组别)					
									1	2	3	4	5	6
团队协作	10	优	10	良	8	中	6	差	4					
分工明确	8	优	8	良	7	中	6	差	4					
组织有序	10	优	10	良	8	中	6	差	4					
学习质量	8	优	8	良	7	中	6	差	4					
学习效率	8	优	8	良	7	中	6	差	4					
态度端正	10	优	10	良	8	中	6	差	4					
任务完整	10	优	10	良	8	中	6	差	4					
结果规范	13	优	13	良	9	中	6	差	4					
回答问题	13	优	13	良	9	中	6	差	4					
成果展示	10	优	10	良	8	中	6	差	4					
小计	100													

3　教师对学生学习过程与任务成果进行评价,并将评价结果填入表4-2-4中。

教师综合评价表　　　　　　　　　表4-2-4

班级:		姓名:	学号:	
学习任务二		基础设施运维管理		
评价项目		评价标准	分值(分)	得分(分)
考勤(10%)		无无故缺勤、迟到、早退现象	10	

续上表

评价项目		评价标准	分值(分)	得分(分)
学习过程(60%)	水电设施管理	能正确叙述用水、用电管理具体内容	10	
	安全设施管理	熟悉消防器材的使用及保养内容	10	
	温、湿度管理	掌握部分参数试验温、湿度要求,正确叙述试验室温、湿度管理要求	15	
	环保管理	正确叙述环保管理具体内容,了解化学物品、试验废料、试验噪声及废弃办公用品的管理内容	15	
	工作态度	态度端正,无无故缺勤、迟到、早退现象	5	
	协调能力	与小组成员、同学间能有效地合作、交流、协调	5	
任务成果(30%)	工作完整	能按时完成任务	5	
	工作规范	回答问题格式规范	5	
	回答问题	回答问题准确无误	10	
	成果展示	用语规范、表达准确	10	
		小计	100	
综合评价	自评(20%)	小组互评(30%)	教师评价(50%)	综合评分

拓展思考题

1. 如何有效减少因突然停电给设备造成的影响?
2. 如何让标准养护室的试件保持标准养护湿度状态?

任务反思

_____
_____
_____

学习任务的相关知识点

知识点一:水电设施运维管理

工地试验室各功能室的给排水和供配电都是按照试验检测工作的需要进行建设的,在使用过程中,须进行必要的管理和维修。

一、用水管理

(一)对一般试验用水的管理

对一般性的试验用水,其水质应满足饮用水的标准,水温应满足试验时的温度要求。

(二)对特殊试验用水的管理

对工地试验室而言,特殊性的试验用水主要在分析试验室。

1. 分析试验室用水级别

依据《分析实验室用水规格和试验方法》(GB/T 6682—2008),分析实验室用水共分三个级别:一级水、二级水和三级水。

一级水用于有严格要求的分析试验;二级水用于无机痕量分析等试验;三级水用于一般化学分析试验。

2. 试验室用水的储存及容器要求

(1)各级用水在储存期间,其沾污的主要来源是容器可溶成分的溶解、空气中二氧化碳和其他杂质,因此,一级水不可储存,二级水和三级水可适量制备,分别储存在预先经同级水清洗过的相应容器中。

(2)容器需使用密闭的、专用聚乙烯容器,三级水可使用密闭、专用的玻璃容器。

(3)新容器在使用前需用盐酸溶液(质量分数为20%)浸泡2~3d,再用待测水反复冲洗,并注满待测水浸泡6h以上。

3. 采样要求

一级水从超纯水机出水口采集,二级水从纯水机出水口采集,三级水采集新制备的蒸馏水或生产车间的纯水;取样前用待测水清洗容器3次,取样时要避免沾污。

(三)对给水设施的管理

(1)了解试验室自来水各级水阀的位置。

(2)水龙头或水管漏水时,应及时修理、疏通。

(3)杜绝自来水龙头打开而无人照管的现象。

(4)停水时要逐一检查并关闭所有水龙头。

(5)定期检查连接胶管,了解其老化情况,及时更换,以防漏水。

(6)须在无人状态下用水时,要做好预防措施及停水的应急准备。

(7)对有储水功能的给水设备,要定期进行清理消杀。

(8)试验室的水龙头一般都是金属材质,使用一段时间之后内部容易生锈,若出现放出锈水的现象,应及时更换水龙头。

(四)对排水设施的管理

(1)对水泥室、水泥混凝土室、石料室等设置的泄水槽和室外的沉淀池,定期进行清掏,以保证排水畅通,防止发生溢水事故。

(2)对损毁的排水设施及时进行维修,无法进行维修的,需进行重建。

二、用电管理

(一)基本要求

(1)凡从事电气作业的人员,必须持有电气作业人员操作证方可上岗,无证人员不准独立操作。

(2)要经常开展用电隐患自检,对查出的问题要立行立改,不能及时消除的应制定整改计划。

(二)技术预防措施

(1)正确选用和安装导线、开关、保护装置等。
(2)正常不带电的设备金属外壳、框架,应采取保护接地(接零)措施。
(3)设备和线路要保持合格的绝缘、屏护、间距要求。
(4)优先使用带有漏电保护器的开关。
(5)设备和线路周围,应留有一定操作和检修场地。
(6)用电警示牌要设置完好。

(三)日常使用要求

(1)经常检查电线、插座和插头,一旦发现损坏,立即更换。
(2)严禁带电插接电源及电器线路。
(3)严禁在试验室私拉电线。
(4)没有掌握电器安全操作的人员严禁擅自变动或随意拆修电器设备。
(5)启动或关闭电器设备时,必须将开关扣严或拉妥。
(6)在电炉等用电设备使用过程中,使用人员不得离开。
(7)保持电线和电器设备的干燥,防止线路和设备受潮漏电。
(8)清洁电器设备前,必须先切断电源。
(9)试验过程中若遇停电或设备发生故障时,应立即关闭设备电源。
(10)在进入标准养护室时,要穿戴好必需的绝缘手套和绝缘靴,防止漏电触电。

(四)触电急救

(1)急救原则:发现有人触电时,首先尽快使触电人脱离电源,再根据触电人的具体情况,采取相应的急救措施。
(2)脱离电源方法:拉闸停电、切断电源、用绝缘物品脱离电源等。

知识点二:安全设施运维管理

工地试验室在建设期间应按要求配备灭火器等消防器材和设施。根据《中华人民共和国消防条例》的有关精神,消防器材是灭火工作中的主要工具,为了确保一旦发现火情时发挥应有的灭火效力,我们要切实做好定期组织全员学习消防知识和应急处置措施及相关的管理工作。

一、消防器材的使用管理

（1）要做到一不准三勤三定。即不准将消防器材移作他用，勤检查、勤清洁、勤维护，定人保管、定位置、定期更换药物。

（2）严禁随意动用灭火器开玩笑、玩耍等。

（3）如遇火险、火警或火灾动用消防器材，事后必须归放原处，空灭火器应集中到专职安全员办公处，不得随意乱放。

（4）消防器材为灭火所必需，爱护、保养消防设施是试验室所有人员的职责。

（5）消防设施的周边不得任意堆放物品妨碍使用。

二、消防器材的保养管理

（1）试验室各个放置点的消防设施，应做到定期定时检查，发现问题及时整改。

（2）对于各种灭火器，专职安全员每天检查一次，检查结果记入《日常安全巡查表》。

（3）放置在室外的灭火器，必须认真做好冬季的防冻保暖工作。

（4）试验室的消火栓和其他灭火器材，必须定期检查测试效果，确保正常。

（5）发现消防器材有损坏、泄漏、丢失等问题时应及时反映，使消防器材的保养工作成为试验室全员的义务。

（6）灭火器使用后，应及时更换已损件，在有效期之前重新充装灭火剂和驱动气体，并做好记录，以免灭火剂过期失效。

（7）任何人不得擅自拆卸消防设施。

知识点三：温湿度管理

在试验检测过程中，如果试验室的温湿度控制不准，容易导致数据出偏差，得到不准确的试验结果，甚至会给建设项目造成巨大的损失。因此，要严格控制试验检测的温度、湿度。

一、部分试验参数的温湿度要求（表4-2-5）

部分试验参数温湿度要求　　　　表4-2-5

项　目	试验检测参数	温度、湿度要求
集料	粗集料磨光值	加速磨光温度：20℃±5℃ 试验前2h和试验过程温度：20℃±2℃
水泥	比表面积	相对湿度：≤50%
水泥	胶砂强度	试验温度：20℃±2℃，相对湿度：≥50% 养护箱温度：20℃±1℃，相对湿度：≥90% 养护水温度：20℃±1℃

续上表

项　　目	试验检测参数	温度、湿度要求
水泥	安定性 凝结时间 标准稠度用水量	试验温度:20℃±2℃,相对湿度:≥50% 水泥、砂、水和试验用具等温度:20℃±2℃ 养护箱温度:20℃±1℃,相对湿度:≥90%
	胶砂流动度	试验温度:20℃±2℃,相对湿度:≥50%
水泥混凝土 砂浆	水泥混凝土成型(室内)及养护	成型温度:20℃±5℃,相对湿度:>50% 标准养护温度:20℃±2℃,相对湿度:>95%
	混凝土凝结时间泌水率	试验温度:20℃±2℃
	砂浆试件养护	标准养护温度:20℃±2℃,相对湿度:>90%,混合砂浆 养护温度:20℃±2℃,相对湿度:60%-80%
	混凝土干缩率	试验温度:20℃±2℃,相对湿度:60%±5%
无机结合料 稳定材料	无侧限抗压强度	标准养护温度:20℃±2℃,相对湿度:≥95%,高温快速 养护温度:60℃±1℃,相对湿度:≥95%
钢筋(含接头)	屈服强度 抗拉强度 伸长率 弯曲 反向弯曲	10~30℃ 焊接接头拉伸、弯曲试验:除非另有规定,试验环境温度 应为23℃±5℃

二、温湿度管理要求

1. 试验时的温湿度管理

在开展试验检测工作前,应按要求将试验室的温度和湿度控制在规定的标准范围内,并保持到试验检测工作结束,整个过程的温度和湿度通过功能室悬挂的温湿度仪上的视值进行控制。

试验时的试验温度和湿度要记录在试验检测原始记录表上,以备试验检测数据的溯源。

2. 标准养护室(箱)的温湿度管理

标准养护室(箱)在运行过程中,根据标准养护室(箱)的管理制度要求,须配备专人记录标准养护室(箱)的温度和湿度,每天至少记录两次。标准养护室的温度和湿度以室内悬挂的温湿度仪上的视值为准,标准养护箱的温度和湿度以设备显示窗口显示温湿度视值为准。

【例4-2-1】 母体检测机构在对某工地试验室进行例行检查时发现,在水泥试验室的试验台上摆放有水泥净浆搅拌机、维卡仪、行星式水泥胶砂搅拌机、振实台,墙角有恒温恒湿养护箱等试验检测仪器,请问:

(1)此仪器摆放位置是否有不妥？
(2)若有,不妥在哪里？

案例分析：

(1)不妥。

(2)振实台应单独安装在距地面高度约为 400mm 的混凝土基座上,不能与其余仪器一同摆放在试验台上。如图 4-2-1 所示放置。

知识点四：环保管理

图 4-2-1　放置于基座上的试验设备

试验室所有人员都要提升环境理念,提高环境保护意识,切实从身边做起。

一、化学物品管理

(1)化学物品一般都是消耗品,因其特殊性需实行严格管理,建立专门的化学试剂存放区域,并对存储器进行经常性检查,防止泄露事件的发生。

(2)在试验过程中,本着规范操作的原则,尽量避免化学试剂的浪费、流失,从而对环境造成影响。对清洗试验仪器的废水,应查明其化学性质再进行稀释后方能排放,对明令禁止含化学试剂的废水应做好回收工作后再集中进行处理。如图 4-2-2 所示。

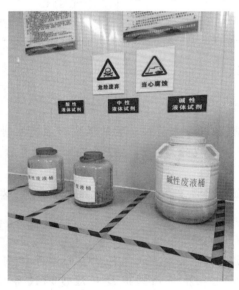

图 4-2-2　试验废液

(3)试验完成后,对可以重复使用的化学试剂应及时收捡,避免遗失现象的发生;对不可重复使用的化学试剂应按国家有关规定进行深埋或稀释后再倾倒在固定的地方,严禁倾倒在生活水源、农田、生活区附近等一切可能对人体、动物造成伤害的地方,对有剧毒、剧烈腐蚀性的化学物品或化学试剂应按国家或地方有关规定进行深埋或回收处理。

二、试验废料的管理

(1) 对废弃的水泥渣、混凝土试块、砂浆试块、土样等非污染性建筑材料应分类集中堆放,避免对周围环境、交通等造成影响。如图4-2-3所示。

(2) 对废弃的油类,如废机油、柴油等具有一定污染性但又不具有严重的扩散性的材料应实行集中焚烧、深埋或根据国家法规的有关规定进行处理。

(3) 对未使用完的建筑材料,如石灰、水泥等胶凝材料应采取相应的回收措施,或按有关规定进行集中处理。

(4) 对废弃的金属材料,如钢筋、钢绞线、废弃的试模、废弃的试验仪器零配件等金属制品,应征得有关领导同意后进行回收处理。

(5) 对废弃的非金属制品,如土工布、玻璃格栅等应按有关规定集中回收后再进行集中处理。

图4-2-3 废料堆放

三、试验噪声管理

根据现行国家环境保护管理条例精神,噪声也被纳入环境保护范畴,试验室应在按时按量地完成工作任务的同时必须尽量避免噪声对环境的影响。其中包括:按时保养好试验仪器,减少噪声的音量;避免在休息时间进行有太大声音的试验;在工作的同时,尽一切努力减小噪声,减少对他人工作的干扰。

四、废弃办公用品的管理

对工作当中产生的废弃用品,如废纸、废弃的文件、文件夹、笔芯等物品,不准随地乱丢乱弃,应倒入废弃办公用品桶中,进行集中处理,避免对环境造成污染。

学习任务三 人员、设备及试验物品运维管理

学习任务描述

本学习任务要求同学们熟悉工地试验室试验物品的采购与管理内容,掌握人员及设备的建档与管理工作内容。

学习目标

通过本学习任务的学习,你应该能够:
1. 完成工地试验室人员及设备的建档工作;
2. 完成样品的流转工作;
3. 按照化学品的管理要求进行管理。

任务书

试验室的正常运行离不开人员、设备和试验物资,作为一名试验室工作人员,需要对工地试验室的人员、设备、参考标准和有证标准物质进行建档和运维管理,并按要求对样品的流转和化学品的管理进行管控。

任务分组(表4-3-1)

学生任务分配表 表 4-3-1

班级		组号		指导老师	
组长		学号			
组员	姓名		学号	姓名	学号
任务分工					

准备工作

1. 阅读任务书,熟悉即将要学习的主要内容;

2. 收集并阅读《公路工程工地试验室标准化指南》、《建设工程质量检测管理办法》、《检验检测机构资质认定能力评价检验检测机构通用要求》(RB/T 214—2017)、《铁路工程质量监督检测管理办法》、《铁路建设工程质量监督管理规定》、《水利工程质量检测管理规定》等规范、办法。

任务实施

(一)人员建档与运维管理

实施引导1:何谓工地试验室的授权负责人?其职责是什么?

_____
_____
_____
_____

实施引导2:工地试验室人员档案管理资料应按照一人一档建立,人员档案包含的资料主要有(   )。(多选)

  A. 个人简历、身份证复印件
  B. 毕业证、职称证、资格证
  C. 劳动合同、任职文件
  D. 证书网上查询截图、继续教育截图、信用评价截图
  E. 培训和考核记录

实施引导3:工地试验室授权负责人对工地试验室运行管理工作和试验检测活动全面负责,成为授权负责人的必要条件是(   )。(多选)

  A. 具有5年检测行业相关经验
  B. 具有中级职称
  C. 必须由母体检测机构委派
  D. 必须是正式聘用人员
  E. 需持有试验检测工程师证书

实施引导4:以下说法,对的请打√、错的请打×。

工地试验室一般试验检测人员变更需由母体检测机构提出申请,经项目建设单位批准并报项目质监机构备案。   (   )

工地试验室授权负责人变更需由母体检测机构提出申请,经项目建设单位批准并报项目质监机构备案。   (   )

(二)设备建档与运维管理

实施引导1:工地试验室的所有仪器设备应实行(   )状态和(   )状态两种标识

4-3-2

管理。
　　A. 维护　　　　　　　　　　B. 管理
　　C. 使用　　　　　　　　　　D. 停用
　　E. 报修
　　实施引导2：仪器设备的使用状态,分为(　　)几种。（多选）
　　A. 停用　　　　　　　　　　B. 使用
　　C. 合格　　　　　　　　　　D. 准用
　　E. 维修
　　实施引导3：仪器设备管理标识包含(　　)内容。（多选）
　　A. 设备名称　　　　　　　　B. 购置日期
　　C. 规格型号　　　　　　　　D. 生产厂家
　　E. 保修日期
　　实施引导4：仪器设备的使用状态的"黄"标签,代表了仪器的(　　)使用状态；仪器设备的使用状态的"绿"标签,代表了仪器的(　　)使用状态。
　　A. 停用　　　B. 维修　　　　C. 合格　　　　D. 准用
　　实施引导5：设备在(　　)情况下,应贴"红"色标识的标签。（多选）
　　A. 仪器设备损坏
　　B. 仪器超过检定或校准或验证周期的
　　C. 某一功能或某一指标达不到仪器设备本身要求,但可以限制使用的仪器设备
　　D. 怀疑仪器设备有失准问题的,封存备用的
　　E. 仪器经检定或校准或验证技术指标达不到使用要求的
　　实施引导6：以下说法,对的请打√、错的请打×。
　　A. 对于大型、操作复杂的仪器设备应根据作业指导书或使用说明书、试验规程等编制操作规程,按照要求制作成上墙图框。　　　　　　　　　　　　　　　　　　（　　）
　　B. 对于自动数据采集和处理的仪器设备,应在正式使用前对数据处理系统进行准确性验证。　　　　　　　　　　　　　　　　　　　　　　　　　　　　　　　（　　）
　　C. 试验检测人员在仪器设备操作时,应进行运行前检查,在操作前和结束后及时填写使用记录。　　　　　　　　　　　　　　　　　　　　　　　　　　　　　　　（　　）
　　D. 工地试验室应加强仪器设备期间核查管理,所有的仪器设备都必须进行期间核查。
　　　　　　　　　　　　　　　　　　　　　　　　　　　　　　　　　　　（　　）
　　实施引导7：什么是期间核查？
_____
_____
_____

4-3-3

实施引导 8：常见的期间核查的方法有（　　）。（多选）
A. （试验室间、仪器设备间、方法间）比对
B. 使用有证标准物质验证
C. 与相同准确等级的另一个设备或几个设备的量值进行比较
D. 对稳定的被测件的量值重新测定
E. 利用核查标准进行期间核查

实施引导 9：工地试验室应当认真甄别需要进行期间核查的仪器设备，符合下列（　　）情况的仪器应进行期间核查。（多选）
A. 性能不稳定的仪器设备
B. 使用频率高的仪器设备
C. 经常携带运输至现场进行检测的仪器设备
D. 在恶劣环境下使用的仪器设备
E. 检定周期较长，有可能在检定周期内发生量值偏离和功能异常的仪器设备。

实施引导 10：试验室仪器设备建档的档案宜按＿＿＿＿＿＿＿＿的方式建立。

实施引导 11：以下说法，对的请打√、错的请打×。
同类型的多台（件）小型仪器设备可以集中建立一套档案，但每台（件）仪器设备应建立唯一性管理（微型编号）标识。（　　）

(三) 参考标准和有证标准物质建档与运维管理

实施引导 1：什么是参考标准？工地试验室常见的参考标准有哪些？
_____
_____
_____

实施引导 2：何谓标准物质、有证标准物质？工地试验室可能使用到的有证标准物质有哪些？
_____
_____
_____

实施引导 3：以下说法，对的请打√、错的请打×。
A. 工地试验室应建立参考标准和有证标准物质管理制度，参考标准和有证标准物质应由专人保管，并对使用维护进行记录。（　　）
B. 参考标准作为试验室内部的最高标准器具一般用于自校验、期间核查工作，不得将其作为工作计量器具使用，不得借出供其他试验室使用。（　　）

(四) 样品取样与流转管理

实施引导 1：工地试验室的样品管理制度，是对样品的（　　）等全过程实施严格控制和管理。（多选）

A. 取样 B. 运输
C. 标识 D. 流转
E. 留样与处置

实施引导2：为确保每个样品在流转过程中不会混淆并具有可追溯性，应对样品进行唯一性标识，内容包含（　　）。（多选）

A. 样品名称 B. 样品编号
C. 规格 D. 取样日期
E. 流转状态等信息

实施引导3：以下说法，对的请打√、错的请打×。

在现场取样进行试验检测时，可将取样单上的内容直接填写在试验检测原始记录上。
（　　）

实施引导4：水泥、外加剂、沥青等原材料的样品保留期限一般不少于____天。

(五) 化学品的采购与领用管理

实施引导1：以下说法，对的请打√、错的请打×。

工地试验室应建立化学品(试剂)管理制度，化学品(试剂)应由专人保管，危险化学品实行双人双锁管理。
（　　）

实施引导2：标准溶液应严格按照试验规程进行配制，配制好的溶液应进行标识，标识内容包括（　　）。（多选）

A. 溶液名称 B. 溶液浓度、介质
C. 配制日期 D. 有效期限
E. 配制人

实施引导3：以下说法，对的请打√、错的请打×。

化学品(试剂)定位放置、用后复位、节约使用。多余的化学品(试剂)可以倒回原瓶。
（　　）

(六) 耗材的采购与使用管理

实施引导1：工地试验室常用的耗材有（　　）、（　　）、（　　）、（　　）等。

实施引导2：以下说法，对的请打√、错的请打×。

A. ISO标准砂每小袋净重为1350g±5g。 （　　）
B. 基准水泥应置于阴凉干燥处储存，避免阳光直射，冬季防止霜冻。每次使用后，注意封口。正常保存条件下，基准水泥的有效储存期为三个月。 （　　）

(七) 标准规范的采购与使用管理

实施引导1：工地试验室应按照母体检测机构授权开展的试验检测项目和参数，配备齐全相应的标准、规范、规程和设计文件等技术资料，并进行确认和（　　）管理。

实施引导2：以下说法，对的请打√、错的请打×。

工地试验室实施试验检测活动，应优先选择国家标准、行业标准、地方标准；如果缺少指导书可能影响试验检测结果的，应制订相应的作业指导书。 （　　）

评价反馈

1　学生进行自我评价,评价自己对试验室的人员、设备、参考标准、有证标准物质的建档与管理等内容的掌握情况,对样品的运输、流转、使用等内容的熟悉程度,对化学品、耗材、标准规范的采购管理等内容的了解程度,将结果填入表 4-3-2 中。

学 生 自 评 表　　　　　　　表 4-3-2

班级:	姓名:	学号:	
学习任务三	人员、设备及试验物品运维管理			
评价项目	评价标准	分值(分)	得分(分)
人员建档与运维管理	了解试验室人员档案管理制度,试验人员上岗公示,受教育培训和劳动保护的规定	5	
设备建档与运维管理	掌握试验设备的标识管理内容,掌握仪器设备检定/校准、使用、维护、维修、期间核查、移动、闲置与报废和档案管理等环节	20	
参考标准和有证标准物质建档与运维管理	掌握参考标准和有证标准物质的概念,明确工地试验室常用的参考标准和有证标准物质	10	
样品取样与流转管理	掌握样品的取样、运输、标识、流转、留样与处置全过程管理内容	10	
化学品采购与领用管理	掌握一般化学品(试剂)的购买、存放、领用、使用及处置等环节的管理内容	10	
耗材的采购与使用管理	了解工地试验室常用的耗材及其采购使用管理内容	5	
标准规范的采购与使用管理	掌握标准规范的分类及配备、查新、变更、使用等环节的管理内容	5	
学习态度	态度端正,无无故缺勤、迟到、早退现象	10	
学习质量	按预定计划完成学习任务	10	
协调能力	与小组成员、同学间能有效地合作、交流、协调	5	
职业素质	做到多平台、多渠道收集相关信息,完成学习任务	10	
小计		100	

2　学生以小组为单位,对以上学习任务的过程与结果进行互评,将互评结果填入表 4-3-3 中。

学 生 互 评 表

表 4-3-3

学习任务三			人员、设备及试验物品运维管理											
评价项目	分值	等级							评价对象(组别)					
									1	2	3	4	5	6
团队协作	10	优	10	良	8	中	6	差	4					
分工明确	8	优	8	良	7	中	6	差	4					
组织有序	10	优	10	良	8	中	6	差	4					
学习质量	8	优	8	良	7	中	6	差	4					
学习效率	8	优	8	良	7	中	6	差	4					
态度端正	10	优	10	良	8	中	6	差	4					
任务完整	10	优	10	良	8	中	6	差	4					
结果规范	13	优	13	良	9	中	6	差	4					
回答问题	13	优	13	良	9	中	6	差	4					
成果展示	10	优	10	良	8	中	6	差	4					
小计	100													

3　教师对学生学习过程与任务成果进行评价，并将评价结果填入表4-3-4中。

教师综合评价表

表 4-3-4

班级：		姓名：	学号：		
学习任务三			人员、设备及试验物品运维管理		
评价项目		评价标准	分值(分)	得分(分)	
考勤(10%)		无无故缺勤、迟到、早退现象	10		
学习过程(60%)	人员建档与运维管理	了解试验人员档案管理制度，试验人员上岗公示，受教育培训和劳动保护的规定	5		
	设备建档与运维管理	掌握试验设备的标识管理内容，掌握仪器设备检定/校准、使用、维护、维修、期间核查、移动、闲置与报废和档案管理等环节	10		
	参考标准和有证标准物质建档与运维管理	掌握参考标准和有证标准物质的概念，明确工地试验室常用的参考标准和有证标准物质	10		
	样品取样与流转管理	掌握样品的取样、运输、标识、流转、留样与处置全过程管理内容	10		
	化学品的采购与领用管理	掌握一般化学品(试剂)的购买、存放、领用、使用及处置等环节的管理内容	5		
	耗材的采购与使用管理	了解工地试验室常用的耗材及其采购使用管理内容	5		
	标准规范的采购与使用管理	掌握标准规范的分类及配备、查新、变更、使用等环节的管理内容	5		
	协调能力	与小组成员、同学间能有效地合作、交流、协调	5		
	职业素质	做到多平台、多渠道收集相关信息，完成学习任务	5		

续上表

评价项目		评价标准	分值(分)	得分(分)
任务成果（30%）	工作完整	按时完成任务	10	
	工作规范	按要求进行文件查阅	5	
	回答问题	依据规范、办法准确回答	10	
	成果展示	用语规范、表达准确	5	
小计			100	
综合评价	自评（20%）	小组互评（30%）	教师评价（50%）	综合评分

拓展思考题

1. 化学药品的危险等级是如何界定的？
2. 什么叫作仪器设备的不确定？

任务反思

学习任务的相关知识点

知识点一：人员建档与运维管理

工地试验室实行授权负责人责任制。工地试验室授权负责人对工地试验室运行管理工作和试验检测活动全面负责，授权负责人必须是母体检测机构委派的正式聘用人员，且须持有试验检测工程师证书。

一、人员管理

工地试验室应建立试验检测人员管理制度，加强人员考核管理，确保人员实际在岗和相对稳定，因特殊情况确实需要变动的，应按照有关规定及时办理变更手续。

二、人员档案

建立健全人员档案资料，一人一档，档案内容包括个人简历、身份证、毕业证、资格证、聘

(任)用关系证明、培训和考核记录等资料的彩色扫描件或复印件(原件可由母体检测机构留存)。人员档案卡见图4-3-1。

登记日期			编号		
姓名			性别		
出生年月			工作时间		
所学专业			文化程度		
毕业时间			毕业学校		
岗位					
证件类别	发证单位	级别	证件号	复印件	原件
身份证					
试验证					
毕业证					
职称证					
工作简历及职务					
备注					

图 4-3-1 人员档案卡

三、公示监督

(1)工地试验室在人员配备完成后,填写《试验检测人员一览表》,并将试验检测人员的姓名、工作岗位、证书编号、照片等信息制作成上墙图框悬挂在办公室,予以公示并接受监督。

(2)试验检测人员作业时应统一着装和佩戴胸卡,胸卡尺寸:宽×高 = 85mm×55mm,内容包含工地试验室名称、姓名、工作岗位、证书编号、照片(二寸免冠照)等信息(图4-3-2)。

图 4-3-2 试验人员胸卡

(3)工地试验室应按照规定及时对试验检测人员进行年度信用评价。

四、教育培训

工地试验室应制订全员学习培训计划,定期或不定期地组织学习有关政策、质量体系文件、标准、规范规程以及试验检测操作技能、职业素养等知识,不断提高试验检测人员综合能力和业务水平,保证其专业基础知识和试验检测能力与所从事的试验检测工作岗位相适应,并填写《试验检测人员培训情况登记表》。

五、劳动保护

工地试验室应重视试验检测人员劳动保护工作。试验检测人员在进行有毒、有腐蚀性、有强噪声等试验操作时,必须按要求佩戴相应的防护用具。

知识点二:设备建档与运维管理

工地试验室应建立试验检测仪器设备管理制度,在仪器设备配置和安装调试结束后,填写《试验检测仪器设备一览表》,并从仪器设备检定/校准、使用、维护、维修、期间核查、移动、闲置与报废和档案管理等环节加强管理。

一、标识管理

工地试验室的所有仪器设备应实行管理标识和使用状态标识两种标识管理。

(一)仪器设备管理标识

仪器设备的管理标识即仪器设备管理卡,见图4-3-3,内容包括设备名称、设备编号、规格型号、出厂编号、生产厂家、购置日期、管理人员(与仪器设备管理档案中的信息应一致),尺寸:宽×高=85mm×55mm。管理卡可用硬质材料或普通纸张塑封制作,不易变形且可重复利用,固定在仪器设备上;对于小型仪器,可以做成小吊牌系在仪器设备上。

单位名称	
设备名称	
设备编号	规格型号
出厂编号	生产厂家
购置日期	管理人员

图4-3-3 仪器设备管理卡

(二)仪器设备使用状态标识

仪器设备的使用状态,分为"合格""准用""停用"三种,分别用"绿""黄""红"三色标签进行标识(图4-3-4,颜色未示出),应保证标签规格统一、信息完整。

(1)合格标识(绿色):适用于经检定或校准或验证后达到使用量值和功能要求的仪器设备、量具。标识内容至少应包含设备编号、检/校单位、检/校日期、有效日期等信息。

(2)准用标识(黄色):适用于某一功能或某一指标达不到仪器设备本身要求,但又可以限制使用的仪器设备。标识内容至少应包含设备编号、检/校单位、检/校日期、有效日期、使用范围等信息。

(3)停用标识(红色):适用于仪器设备损坏,经检定或校准或验证技术指标达不到使用要求的;超过检定或校准或验证周期的;怀疑仪器设备有失准问题,封存备用的。标识内容至少应包含设备编号、开始停用时间等信息。

图4-3-4 仪器使用状态标识

(三)小型仪器设备标识

对于小型且不易粘贴标识的仪器设备,可采用微型编号进行标识。如:环刀、铝盒等可用钢号码(字母)进行标识;玻璃量具可在专用标识框内或通过刻画进行标识;温度计可在适当位置悬挂带编号的金属或硬质材料铭牌进行标识;各类试模可用油漆喷涂编号或悬挂带编号铭牌进行标识(图4-3-5)。标识或微型编号应固定在仪器设备本身明显且不影响操作的部位,过期的使用状态标识要及时清理,保证标识状态有效。

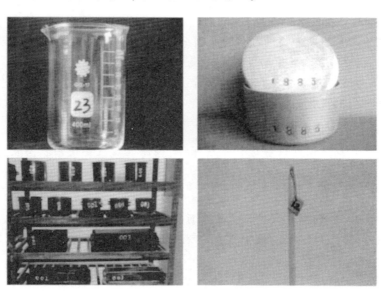

图4-3-5 小型仪器设备标识

二、使用、维护、维修

仪器设备应按照规定正确操作使用,并注意日常维护和维修。

（一）使用

（1）对于大型、操作复杂的仪器设备应根据作业指导书或使用说明书、试验规程等编制操作规程，按照要求制作成上墙图框，固定在仪器设备对应墙上，方便指导试验检测人员规范操作和正确使用仪器设备，如图4-3-6所示。

图4-3-6　上墙图框

（2）对于自动数据采集和处理的仪器设备，应在正式使用前对数据处理系统进行准确性验证，同时应定期做功能性检查并予以状态标识，确保数据准确、可靠。

（3）试验检测人员在仪器设备操作时，应进行运行前检查，严格按照操作规程进行操作。仪器设备对应墙上可采用硬面夹悬挂装订成薄的《试验检测仪器设备使用记录》底边距离地面高度为120cm，在操作前和结束后及时填写使用记录。

（4）仪器设备在使用过程中，试验检测人员应注意人身和设备安全，使用完毕后应切断电源、清扫现场，保持仪器设备的清洁。

（二）维护

设备管理员应定期对仪器设备进行维护保养，确保仪器设备使用状态良好，并及时填写《试验检测仪器设备维护记录》。

（三）维修

仪器设备发生故障(缺陷)时，应由专业人员进行维修和调试，并经检定/校准等方式证明其功能指标已恢复方可继续使用，并及时填写维修记录。

三、期间核查

期间核查是指为保持对设备校准状态的可信度，在两次检定之间进行的核查，包括设备的期间核查和参考标准器的期间核查。这种核查应按规定的程序进行。通过期间核查可以增强试验人员的信心，保证检测数据的准确可靠。

工地试验室应加强仪器设备期间核查管理，制定期间核查计划，开展有效的期间核查，填写《试验检测仪器设备期间核查情况登记表》,确保试验检测数据准确可靠。

(一) 期间核查原则

期间核查宜遵循"有必要、有条件"的原则,并非所有的仪器设备都必须进行期间核查。对于性能不稳定、使用频率高和经常携带运输至现场进行检测的以及在恶劣环境下使用的仪器设备应进行期间核查。或者检定周期较长,有可能在检定周期内发生量值偏离和功能异常的仪器设备,无法继续保持检定/校准状态,有必要开展期间核查。

(二) 期间核查条件

期间核查需要一定人员、设备、场地、环境条件以及标准物质等,一些仪器设备的核查方法和标准要求的条件十分苛刻,工地试验室很难满足要求。对于应该进行但又没有条件实施期间核查工作的仪器设备,可委托专业机构或具有相应能力的母体检测机构开展此项工作。

(三) 期间核查甄别

工地试验室应当认真甄别需要进行期间核查的仪器设备,既要避免遗漏需要期间核查的仪器设备,又要避免对没有必要或没有条件的仪器设备开展无效或不科学的期间核查,造成不必要的资源浪费。对于有必要而又无条件开展期间核查的仪器设备,也可采用适当缩短检定周期的方式处理。

(四) 期间核查方法

进行期间核查的方法常见的有以下四种:
(1) (试验室间、仪器设备间、方法间) 比对;
(2) 使用有证标准物质验证;
(3) 与相同准确等级的另一个设备或几个设备的量值进行比较;
(4) 对稳定的被测件的量值重新测定(即利用核查标准进行期间核查)。

四、移动、闲置与报废

(一) 移动

仪器设备在工地试验室不同功能室之间或者在同一建设项目同母体授权的不同工地试验室之间移动时,应做好检查验收工作,确保设备受控。

(二) 闲置

对于数量配置有富余或与工程建设无关且性能正常的仪器设备应存放在储藏室,并做好相应登记,有需要的时候经检定/校准合格后可正常使用。

(三) 报废

对于损坏、经检定不合格、性能无法确定的仪器设备可存放在储藏室,进行保养或维修后仍不能正常使用的,可按照有关程序进行报废处理或清理出试验室,并做好相应登记。

五、档案管理

为掌握仪器设备的技术状态,便于调查和分析试验检测事故的原因,仪器设备应从购置环节开始建立档案,并实施动态管理,及时补充相关的信息和资料内容。

(一)仪器设备档案建立

仪器设备档案宜按一机一档的方式建立。同类型的多台(件)小型仪器设备可以集中建立一套档案,如百分表、铝盒、玻璃器皿、温度计等,但每台(件)仪器设备应建立唯一性管理(微型编号)标识。

(二)仪器设备档案内容

(1)仪器设备履历表:设备名称、设备编号、规格型号、生产厂家、出厂编号、购置日期、购置价格、测量范围、准确度、调配情况、管理人员等;

(2)仪器设备的装箱单、说明书、合格证等技术文件;

(3)仪器设备的验收记录、历次检定/校准报告、证书、记录;

(4)仪器设备的使用、维护、维修、期间核查记录。

(三)仪器设备档案保管

工地试验室的仪器设备如果从母体检测机构调配,设备档案中的原件可由母体检测机构留存,工地试验室将必要的资料复印带到工地试验室即可;仪器设备如果为工地新购置的,则应按照以上要求建立完整档案。工程结束后,可将档案原件和新增加的资料交回母体检测机构或购置单位。图4-3-7为设备档案卷内目录。

序号	内容	页次(份数)	备注
1	仪器设备履历表		
2	说明书		
3	产品合格证		
4	购置申请		
5	验收单		
6	"检定/校准"证书及确认记录		
7	设备使用记录		
8	维护保养记录		
9	期间核查记录		
10	设备的购置发票(复印件)		

图4-3-7 设备档案卷内目录

知识点三:参考标准和有证标准物质建档与运维管理

一、定义

参考标准,是参考测量标准的简称,指在给定组织或给定地区内指定用于校准或检定同类量其他测量标准的测量标准,这类标准称为计量标准。

标准物质,是指具有足够均匀和稳定特定特性的物质,其特性被证实适用于测量中或标称特性检查中的预期用途。

有证标准物质,是指附有由权威机构发布的文件,提供使用有效程序获得的具有不确定度和溯源性的一个或多个特性量值的标准物质。

二、建档与管理方法

工地试验室应建立参考标准和有证标准物质管理制度,参考标准和有证标准物质应由专人保管,并对使用维护进行记录。参考标准和有证标准物质除应满足以上对仪器设备的相关要求外,还应注意以下事项:

(1)参考标准是具有量值传递功能的试验室最高计量标准,应由法定的计量检定机构进行检定。工地试验室可以采用的参考标准一般有标准砝码、标准温度计、天平、尺、百分表、秒表、钢砧等。参考标准作为试验室内部的最高标准器具一般用于自校/验、期间核查工作,不得将其作为工作计量器具使用,不得借给其他试验室使用。

(2)工地试验室可能使用到的有证标准物质一般有水泥细度(比表面积)标准粉、邻苯二甲酸氢钾(混合磷酸盐、硼砂)pH标准物质、水泥胶砂流动度标准样等。应妥善保存有证标准物质的技术文件,建立统一的有证标准物质档案,便于查询和使用。技术文件应包含标准物质名称和编号、研制单位和生产单位名称、地址及联系方式、包装、储存和运输方式、特性量值及测量方法、标准物质的不确定度、均匀性和稳定性的说明、有效期、使用中的注意事项及必要的参考文献和CMC标记等信息。工地试验室使用到的标准砂、基准水泥等可按照消耗材料进行严格管理。

(3)使用人员应严格按照程序使用参考标准和有证标准物质,定期进行维护保养,一旦有异常,应及时上报并通过重新检定合格与否来判定是否可以继续使用。不合格的参考标准和超期失效的标准物质应报废或销毁。

(4)母体检测机构应对参考标准和有证标准物质的购置、处置、运输、储存和使用等环节进行指导和监督检查,保证其存放与使用符合国家有关规定。

知识点四:样品取样与流转管理

工地试验室应建立样品管理制度,对样品的取样、运输、标识、流转、留样与处置等全过程实施严格控制和管理。

一、取样与运输

(1)工地试验室收到材料进货通知后应及时对材料进行取样,取样方法应符合标准、规程要求,取样数量应同时满足试验检测和留样数量要求。

(2)取样时填写《样品取样单》,取样人应在取样单上签字,如有见证人应同时签字。

(3)在现场取样进行试验检测时,可将取样单上的内容直接填写在试验检测原始记录上,如与环境存在关联,还应有环境信息。

(4)取样结束后应填写《样品取样登记表》,取样单应与试验检测原始记录、试验报告一并存档。

(5) 在运输过程中应保证样品不受损、不丢失,保证不会影响样品的完整性和试验检测结果的准确性。

二、标识与流转

(一) 样品标识

为确保每个样品在流转过程中不会发生混淆并具有可追溯性,应对样品进行唯一性标识,内容包含样品名称、样品编号、规格型号、取样日期、流转状态等信息,尺寸:宽×高 = 12cm×8cm。样品标识应清晰,制作标识的材料应根据标识与样品的连接方式确定,保证在样品流转过程中不损坏、不灭失,并能够在其上面进行书写(图4-3-8)。

图 4-3-8　样品标识卡

(1) 如果可能,样品标识可直接粘贴在样品上(如工字钢、橡胶支座等);桶装和瓶装样品标识可直接粘贴在包装正面(图 4-3-9)。

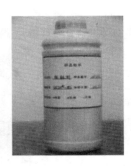

图 4-3-9　桶装水泥、沥青样品、瓶装外加剂样品标识

(2) 钢材及连接件、袋装样品标识可粘贴在与标识尺寸相同的有穿孔的吊牌上(可采用胶合板、铝塑板、薄金属板等制作),并用金属丝等将其与样品或包装袋连接(图 4-3-10)。

(3) 水泥混凝土、水泥胶砂、砂浆等试件可用防水墨汁或颜料笔在试件表面进行标识,内容包括样品编号、制件日期等信息,同时确保试件不被损坏。

(4) 多试件组成的样品,每个试件都应进行标识。

(二) 样品流转

样品在流转过程中应根据试验检测工作开展情况,及时在样品标识上标明其流转状态;水泥混凝土、水泥胶砂、砂浆等试件应在出入标准养护室(箱)时填写《标准养护室(箱)试件出入登记表》。

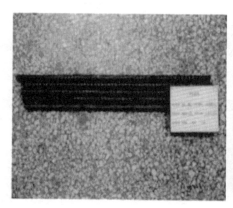

图4-3-10 钢筋、袋装样品标识

三、制备与使用

（1）样品应根据相关的标准和试验检测方法准备、制备或成型。

（2）样品在试验检测使用过程中不得发生任何混淆、变质、污染、损坏、丢失等现象,如果发生异常应及时处置,并重新取样。

（3）具有危害和危险的样品在使用过程中应严格按照相关的安全防护规定和要求操作。

四、留样

（一）留样内容

（1）水泥、外加剂、沥青、粉煤灰、钢材及连接件等宜按相关规定进行留样,其他材料视需要留样（图4-3-11）；

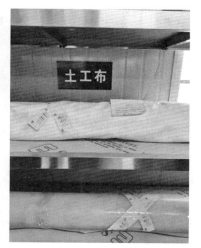

图4-3-11 外加剂、土工布留样

(2) 样品检验不合格但检验后的样品可以表现其质量状态的,应同时留样,如钢材(包括焊接件样品)等;

(3) 现场钻取的芯样(如水泥混凝土结构物和路面等关键部位的芯样)、水泥混凝土等试件残体如有必要也需留样;

(4) 外委试验样品如必要时可留样;

(5) 不易保存的现场试验检测或隐蔽工程的检测,必要时可拍照或留有影像资料。

(二) 留样数量

样品的留样数量应满足样品进行所检测项目需要的用量。

(三) 留样方式

样品的留样方式应视样品的特性采用不同的方法,确保样品在留样期间质量特性不发生变化。留样应进行标识,包括样品名称、样品编号、规格型号、取样日期、留样日期、留样期限等信息,尺寸:宽×高=12cm×8cm(图4-3-12)。

图 4-3-12 留样标识

(1) 水泥、沥青、外加剂等材料样品采用筒装密封并贴上封条;

(2) 砂、石等材料如留样可采用袋装封存,钢材及连接件采用捆绑保存,并贴上封条。

(四) 留样期限

(1) 水泥、外加剂、沥青等原材料的样品保留期限一般不少于90天;

(2) 现场钻取芯样等样品应根据工程进度自行确定留样期限;

(3) 水泥混凝土等试件残体保留期限一般不少于30天;

(4) 所有不合格样品应长期保留,直到处理意见闭合,相关单位批准后方可处置。

(五) 留样存放

所有留样样品应存放在留样室,分类、整齐有序地摆放在样品架上(图4-3-13),填写《样品留样登记表》。样品的存储环境应符合相关要求,对于有毒、有害及易燃的样品应设专区存放。

五、处置与销毁

样品的处置与销毁应符合安全和环保要求,一般样品经试验检测合格后即可自行处理,水泥等样品应至留样期限满无异议后自行处理,水泥混凝土等试件残体应堆放整齐,按建筑垃圾集中处理。

图 4-3-13　留样室水泥、钢筋留样

知识点五：化学品的采购与领用管理

工地试验室应建立化学品（试剂）管理制度，从购买、存放、领用、使用及处置等环节加强管理；化学品（试剂）可通过包装上标签的内容确定是否属于危险化学品，如果属于危险化学品，应严格按照《危险化学品安全管理条例》（国务院令 2011 年第 591 号）等有关规定进行管理。

一、购买

化学品（试剂）宜即买即用，不得大量长期储存；购买时应以最小包装为购买单元；对购买的化学品（试剂）、蒸馏水等应进行验收，确认其包装、标识、成分、有效期等满足要求，建立验收记录，填写《化学品（试剂）购置情况登记表》。不得使用超出有效期的化学品（试剂）。

二、存放

一般化学品（试剂）应分类存放于柜内（图 4-3-14），室温保持在 5～30℃ 之间且避光通风，并对其进行定期查看，保证化学品（试剂）密封性良好，并在保质期内；如果属于危险化学品，应分区分类用金属专柜存放，并张贴危险警示标志（图 4-3-15）。

三、领用

（1）化学品（试剂）应由专人保管，用多少领多少，谁用谁领谁签字，填写《化学品（试剂）领用记录》，做到账物相符。

（2）危险化学品实行双人双锁管理，当天领取当天使用并把余量交回，专人用专人领，谁用谁领谁签字谁负责。

四、使用及处置

（1）使用化学品（试剂）的人员应接受过专业培训，具备相应能力，熟练掌握化学品（试剂）的性质、使用和操作规范。

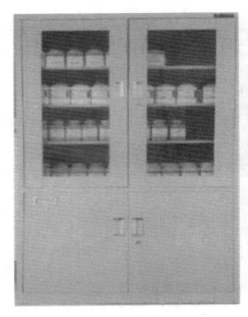
图 4-3-14　一般化学品存放

图 4-3-15　危险化学品存放

（2）使用危险化学品时，要采用有效的防护和应急处理措施；应有专业人员在场监督，以防操作失误、发生危险、造成伤害，一旦发生危险或事故能够共同积极采取措施，防止事态扩大，并迅速报告或报警。

（3）标准溶液应严格按照试验规程进行配制，填写《标准溶液配制记录》，配制好的溶液应进行标识，内容包括溶液名称、溶液浓度、介质、配制日期、有效期限、配制人等信息（图4-3-16）。标准溶液的标定按照《化学试剂标准滴定溶液的制备》（GB/T 601—2016）进行。

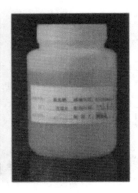

图 4-3-16　标准溶液配制标识

（4）注意化学品（试剂）的存放期限，一些化学品（试剂）在存放过程中会逐渐变质，甚至会造成危害。

（5）化学品（试剂）柜和试剂溶液均应避免阳光直晒及靠近暖气等热源。要求避光的试剂，应装于棕色瓶中或用黑纸或黑布包好存放于暗处。

（6）发现化学品（试剂）包装（瓶）上标签将要掉落时应立即贴好标签。无标签或标签无法辨认的化学品（试剂）要当成危险物品重新鉴别后小心处理，不可随便乱扔，以免引起严重后果。

（7）化学品（试剂）定位放置、用后复位、节约使用，但多余的化学品（试剂）不准倒回原瓶。

（8）对废弃的化学品（试剂）及试验检测过程中产生的废液严禁随意处置，应做到分类放置、妥善处置，符合安全环保要求。

知识点六：耗材的采购与使用管理

工地试验室常用的耗材有液压油、混凝土试件脱模油（半废机油）、无水煤油、压实度标准砂、ISO 标准砂、基准水泥、凡士林、中速定量滤纸、指示硅胶（干燥剂）等。

下面主要介绍 ISO 标准砂和基准水泥的采购与管理。

一、ISO 标准砂

ISO 标准砂，是检验水泥强度用的国家法定基准试验材料。ISO 标准砂在从原料到成品的生产全流程中，各生产环节均要严格验证控制，任何的偏差均会影响最终的产品质量，这个过程是非常精细而严谨的，需进行定期验证检验。

（1）标准砂应通过定点销售单位购买，购买时应检查包装统一，密封完好，袋内有生产厂家产品合格证，严禁使用不合格产品或无合格证产品。ISO 标准砂内外包装如图 4-3-17 所示。

图 4-3-17 ISO 标准砂内外包装

提示：标准砂包装一般每大袋为 20.25kg，内装 15 小袋，每小袋净重为 1350g±5g。可根据厂家提供的检测报告，对其质量进行送检，也可自行对标准砂的湿含量进行检测。其湿含量以样品在 105~110℃ 下烘 2h 质量损失来测定，以干基的质量百分数表示，应小于 0.2%。

辨别真假 ISO 标准砂的一般方法:查看内包装袋;防伪数码查询,在外包装大袋和内包装小袋均喷印防伪密码,一码一袋,具备唯一性;合格证查询,每个真品标准砂外包装大袋的袋口都缝有一张产品合格证。

(2)在搬运和堆码过程中应轻拿轻放包装袋,防止破损,同时杜绝与尖刺物品接触。标准砂应做到入室储存,避免阳光直晒,堆码现场应干燥、通风、干净。包装袋原则上不直接与地面接触,用木托盘或防雨布与地面隔开。堆码极限不得超 500kg。应定期对标准砂的保管进行检查。

二、基准水泥

基准水泥是统一检验混凝土外加剂性能的材料,是由符合品质标准要求的硅酸盐水泥熟料与二水石膏共同粉磨而成的硅酸盐水泥。

(1)应符合《混凝土外加剂》(GB 8076—2008)附录 A 质量要求。基准水泥采用塑料袋密封包装,净质量(25±0.5)kg/袋,如图 4-3-18 所示。

图 4-3-18 基准水泥

(2)基准水泥应置于阴凉干燥处储存,避免阳光直射,冬季防止霜冻。每次使用后,注意封口。正常保存条件下,基准水泥的有效储存期为半年。

知识点七:标准规范的采购与使用管理

标准规范是工地试验室开展试验检测工作的依据,包括规程、规范、标准,分为两大类,一类是方法标准,是试验检测的依据,试验规程、测试规程均属于方法标准;另一类是产品标准,是质量评定的依据,规范、标准均属于产品标准。工地试验室应从标准规范的配备、查新、变更、使用等环节对标准规范进行有效管理,确保使用的标准规范齐全有效。试验操作规程如图4-3-19所示。

图 4-3-19　试验操作规程

一、配备

工地试验室应建立标准、文件管理制度,按照母体检测机构授权开展的试验检测项目和参数,配备齐全相应的标准、规范、规程和设计文件等技术资料,填写《标准(规范、规程)一览表》,便于查阅和管理。

二、查新

对使用的标准、方法可通过标准查新机构或网站等有效可靠的途径进行不间断的跟踪确认和更新,确保在用的标准、方法均为现行有效。

三、采购与变更

如果标准、方法更新,工地试验室应根据变更情况,执行有关变更程序,及时采用新标准且进行受控登记,并在《标准(规范、规程)一览表》及过期标准、规范和规程上标注"作废"字样。

四、使用与管理

工地试验室应按照相关技术标准或规范要求,使用适合的方法和程序实施试验检测活动,优先选择国家标准、行业标准、地方标准;如果缺少指导书可能影响试验检测结果的,应制订相应的作业指导书。试验方法应与结果判定依据相匹配。在使用的过程中,应进行受控登记。

学习任务四　记录和报告的标准化管理

学习任务描述

本学习任务要求同学们熟悉记录和报告管理内容,掌握记录和报告的相关管理规定,保证记录编制合理、填写真实、更改规范、标识清晰、收集及时、检索方便、存取有序,规范出具检测报告的行为,保证报告签发、整理、存档的有序性。

学习目标

通过本学习任务的学习,你应该能够:
1. 完成记录的填写、标识、保存、借阅等工作;
2. 协助完成报告的编制、审核、批准等工作;
3. 养成规范工作的意识。

任务书

行业监督管理部门要到试验室进行检查,检查的其中一项内容为记录和报告的管理,领导安排作为试验员的你协助资料管理员开展工作。由于你刚刚接触这项工作,你首先面临的任务是熟悉记录和报告等资料的存放要求、格式规范、内容真实、签审完整等。希望你能发挥自己在报告方面的优势,并向资料管理员学习,熟练掌握相关内容,对试验室报告和记录管理中存在的问题进行整理,规范化迎接检查。

任务分组(表 4-4-1)

学生任务分配表　　　　　　　　　　表 4-4-1

班级		组号		指导老师	
组长		学号			
组员	姓名	学号		姓名	学号

续上表

任务分工	

准备工作

1. 阅读工作任务书,熟悉内业的概念和内业管理工作的内容;
2. 收集并阅读《实验室资质认定工作指南》、检测单位的质量手册、程序文件等资料;
3. 查阅相关资料,编制试验检测参数的试验报告样表。

任务实施

(一)记录的标准化管理

实施引导1:记录管理的目的是什么?

_____
_____
_____

实施引导2:请描述质量记录与技术记录的区别。

_____
_____
_____

实施引导3:记录的填写应遵循真实、及时、清晰、规范、充分、具有(　　　)的原则,观察结果、数据和计算应在产生时予以记录,不允许事后补记或追记,不得使用铅笔。

实施引导4:记录如确需更改,作废数据采用(　　　),使之能够辨认,将正确的数据填在上方,对记录的所有改动应有改动人的(　　　)或签名缩写或加盖更改人印章,不得涂抹、涂改原始记录,对电子记录的更改也应采取同等措施。

实施引导5:保存记录的形式主要有哪几种?

_____
_____

实施引导 6：对记录的保存期限有哪些要求？

(二) 报告的标准化管理

实施引导 1：以下说法，对的请打√、错的请打×。

A. 报告是检测结果的表达，也是检测工作质量的最终体现，报告的信息应充分、完整、准确、清晰、明确、客观，应使用法定计量单位，并由授权签字人批准。（　　）

B. 对报告进行编号和页码，每份报告编制唯一性标识，以确保能够识别报告的唯一性和完整性。（　　）

实施引导 2：检测报告由检测工程师负责审核，审核的内容包括(　　)。（多选）

A. 记录是否完整、数据是否正确
B. 数据处理是否正确、合理
C. 数据转换、计算方法及其结果是否正确，必要时应进行复算
D. 检测结果、结论是否准确、合理、得当
E. 是否使用法定计量单位
F. 检测报告的编制是否规范

实施引导 3：检测报告复制、发放、存档的相关要求主要有哪些？

 评价反馈

1　学生进行自我评价，评价自己是否对记录和报告的作用和在试验室管理中的地位有了清楚的认识，能否独立完成相关记录表格的管理，是否能够识别试验报告编写规范与否，能否在试验检测管理团队内进行有效的合作和沟通，并将结果填入表 4-4-2 中。

2　学生以小组为单位，对以上学习任务的过程与结果进行互评，将互评结果填入表 4-4-3 中。

学 生 自 评 表　　　　　　　　　　　　　　　　表 4-4-2

学习任务四		记录和报告的标准化管理		
项目	评价标准		分值(分)	得分(分)
记录的标准化管理	能够了解记录应该包括的内容		15	
记录管理的要求	能够了解记录管理应包含的内容,并能够对记录进行有效管理		15	
报告的标准化管理	能够独立完成一份规范格式的试验报告表格的编制,并能掌握试验报告相关印章和签字人的要求		30	
学习态度	态度端正,无无故缺勤、迟到、早退现象		10	
学习质量	能按计划完成工作任务		10	
团队合作	与小组成员、同学间能有效地合作、交流、沟通		5	
职业素质	能做到多渠道收集信息,完成任务,保护环境,爱护公共设施		10	
创新意识	能够利用所学内容对记录和报告管理提出更科学的建议		5	

学 生 互 评 表　　　　　　　　　　　　　　　　表 4-4-3

学习任务四		记录和报告的标准化管理												
评价项目	分值	等级								评价对象(组别)				
										1	2	3	4	5	6
计划合理	8	优	8	良	7	中	6	差	4						
方案准确	8	优	8	良	7	中	6	差	4						
团队协作	8	优	8	良	7	中	6	差	4						
组织有序	8	优	8	良	7	中	6	差	4						
学习质量	8	优	8	良	7	中	6	差	4						
学习效率	8	优	8	良	7	中	6	差	4						
任务完整	10	优	8	良	7	中	6	差	4						
结果规范	16	优	8	良	7	中	6	差	4						
回答问题	16	优	8	良	7	中	6	差	4						
成果展示	10	优	8	良	7	中	6	差	4						
小计	100														

3　教师对学生学习过程与任务结果进行评价,并将评价结果填入表 4-4-4 中。

教师综合评价表

表 4-4-4

班级：　　　　　　姓名：　　　　　　学号：

学习任务四		记录和报告的标准化管理	
评价项目		评价标准	分值	得分
考勤（10%）		无无故缺勤、迟到、早退现象	10	
学习过程（60%）	记录的标准化管理	能够了解记录应该包括的内容	10	
	记录管理的要求	能够了解记录管理应包含的内容，并能够对记录进行有效管理	10	
	报告的标准化管理	能够独立完成一份规范格式的试验报告表格的编制，并能掌握试验报告相关印章和签字人的要求	15	
	工作态度	态度端正，无无故缺勤、迟到、早退现象	5	
	工作质量	能按计划完成工作任务	5	
	团队合作	与小组成员、同学间能有效地合作、交流、沟通	5	
	职业素质	能做到多渠道收集信息，完成任务，保护环境，爱护公共设施	5	
	创新意识	能够利用所学内容对记录和报告管理提出更科学的建议	5	
任务成果（30%）	工作完整	按时完成任务	10	
	工作规范	按要求进行文件查阅	5	
	回答问题	回答问题准确无误	10	
	成果展示	能准确表达、汇报工作成果	5	
小计			100	
综合评价	自评（20%）	小组互评（30%）	教师评价（50%）	综合评分

拓展思考题

1. 如果母体检测机构资质已到期，工地试验室还能否继续出具检测报告？为什么？
2. 如果在填写试验记录时写错了，该如何处理？

任务反思

学习任务的相关知识点

知识点一：记录的标准化管理

一、记录管理知识汇总（表4-4-5）

记录管理知识列表　　　　　　　　　　　表4-4-5

内　容	要　求
记录的识别	质量记录
	技术记录
记录的填写	详见记录表格示例
记录的标识	按照相关规定执行，编制记录一览表
记录的收集与整理	程序文件
记录的存取与存档	编目，交资料管理员，借阅、更改需履行手续并存档
记录的存放	设专柜保存、卷宗存放，加强防护，并保密
记录的保存	形式有书面、电子、电磁、音像、照片等，必须进行加密、加权限管理，并进行备份
记录的保密	应予安全和保密，并采取保密措施，主要包括保守记录中涉及的国家秘密、技术秘密、商业秘密以及客户的机密和所有权
记录的保存期限	①检测报告：包括任务书、制样记录、环境记录及原始记录等技术记录，保存6年；隐蔽工程的检测报告永久保存； ②管理记录：内审、体系评审、不合格及其纠正措施活动等，保存6年； ③个人技术档案：任职期限保存； ④仪器设备档案：保存至仪器设备报废或永久转出
记录的借阅与复印	①与试验室有关的记录，经相应级别的管理人员批准； ②保证按时完整、完好性归还
记录的作废与清理	将到期或过期记录，资料管理员列清单，相关人员确认，母体检测机构批准，相关人员参加，监销人员监督，资料管理员记录保存

二、记录表格清单（表4-4-6）

记 录 列 表

JLYC/JL17　　　　　　　　　　　记录清单　　　　　　　　　表4-4-6　第1页 共4页

序号	记录名称	记录编号	保存期(年)	备注
1	年度内审计划	JLYC/JL01	至少6年	
2	内审实施计划	JLYC/JL02	至少6年	
3	内审首/末次会议签到记录	JLYC/JL03	至少6年	
4	内审检查表	JLYC/JL04	至少6年	
5	内审不符合项报告	JLYC/JL05	至少6年	
6	内审报告	JLYC/JL06	至少6年	
7	纠正措施/预防措施处理单	JLYC/JL07	至少6年	
8	管理评审计划	JLYC/JL08	至少6年	
9	管理评审报告	JLYC/JL09	至少6年	
10	管理评审整改措施实施记录	JLYC/JL10	至少6年	
11	受控文件清单	JLYC/JL11	长期	
12	外来文件清单	JLYC/JL12	长期	
13	文件发放/回收记录	JLYC/JL13	长期	
14	文件借阅/复制记录	JLYC/JL14	至少6年	
15	文件更改申请表	JLYC/JL15	长期	
16	文件销毁申请表	JLYC/JL16	至少6年	
17	记录清单	JLYC/JL17	长期	
18	培训计划	JLYC/JL18	至少6年	
19	补充培训申请表	JLYC/JL19	至少6年	
20	培训签到记录	JLYC/JL20	至少6年	
21	培训记录	JLYC/JL21	至少6年	
22	培训成绩登记表	JLYC/JL22	至少6年	
23	技术人员资质证书登记表	JLYC/JL23	长期	
24	员工技术档案	JLYC/JL24	长期	
25	技术人员考核记录	JLYC/JL25	长期	

4-4-7

续上表

JLYC/JL17　　　　　　　　　　　　记录清单　　　　　　　　　第 2 页　共 4 页

序号	记录名称	记录编号	保存期(年)	备注
26	比对试验计划	JLYC/JL26	至少 6 年	
27	比对试验报告	JLYC/JL27	至少 6 年	
28	检验报告审批记录	JLYC/JL28	长期	
29	检验报告发放登记表	JLYC/JL29	至少 6 年	
30	检验报告质量申诉处置记录	JLYC/JL30	长期	
31	检验报告更改记录	JLYC/JL31	至少 6 年	
32	检验报告质量统计记录	JLYC/JL32	长期	
33	检验事故调查处理记录	JLYC/JL33	长期	
34	不符合工作处置记录	JLYC/JL34	至少 6 年	
35	客户申诉和投诉登记表	JLYC/JL35	长期	
36	客户申诉和投诉处置记录	JLYC/JL36	长期	
37	客户满意度调查表	JLYC/JL37	至少 6 年	
38	供方/服务方评定记录	JLYC/JL38	长期	
39	合格供方/服务方名录	JLYC/JL39	长期	
40	新开展项目申请表	JLYC/JL40	至少 6 年	
41	新开展项目计划书	JLYC/JL41	至少 6 年	
42	新开展项目评审记录	JLYC/JL42	至少 6 年	
43	质量控制计划	JLYC/JL43	至少 6 年	
44	质量控制实施计划	JLYC/JL44	至少 6 年	
45	质量控制数据分析报告	JLYC/JL45	至少 6 年	
46	质量监督检查记录	JLYC/JL46	长期	
47	设备检定/校准周期表	JLYC/JL47	长期	
48	设备检定/校准计划	JLYC/JL48	至少 6 年	
49	校准证书确认记录	JLYC/JL49	长期	
50	设备内校记录	JLYC/JL50	长期	

4-4-8

JLYC/JL17　　　　　　　　　　记录清单　　　　　　　　　续上表
　　　　　　　　　　　　　　　　　　　　　　　　　　　　第 3 页　共 4 页

序号	记录名称	记录编号	保存期(年)	备注
51	设备一览表	JLYC/JL51	长期	
52	标准物质/标准样一览表	JLYC/JL52	长期	
53	设备购置申请记录	JLYC/JL53	长期	
54	设备验收记录	JLYC/JL54	长期	
55	设备检定档案	JLYC/JL55	长期	
56	设备维护保养计划	JLYC/JL56	长期	
57	设备维护/保养记录	JLYC/JL57	长期	
58	设备维修档案	JLYC/JL58	长期	
59	设备期间核查计划	JLYC/JL59	长期	
60	设备期间核查记表	JLYC/JL60	长期	
61	设备使用记录(含环境监控记录)	JLYC/JL61	长期	
62	设备停用处置记录	JLYC/JL62	长期	
63	设备降级处置记录	JLYC/JL63	长期	
64	设备报废处置记录	JLYC/JL64	长期	
65	设备事故处理记录	JLYC/JL65	长期	
66	检测软件审批记录	JLYC/JL66	长期	
67	合同评审记录	JLYC/JL67	至少 6 年	
68	质量目标考核记录	JLYC/JL68	长期	
69	校核方法计划	JLYC/JL69	至少 6 年	
70	校核方法有效性评审表	JLYC/JL70	长期	
71	例外允许偏离申请报告	JLYC/JL71	长期	
72	测量不确定度审批记录	JLYC/JL72	长期	
73	检测方法审批表	JLYC/JL73	长期	
74	标准变更确认记录	JLYC/JL74	长期	

续上表

JLYC/JL17		记录清单		第4页 共4页	
序号	记录名称		记录编号	保存期(年)	备注
75	易耗品采购申请表		JLYC/JL75	至少6年	
76	易耗品验收记录		JLYC/JL76	至少6年	
77	易耗品领用记录		JLYC/JL77	至少6年	
78	样品登记表		JLYC/JL78	长期	
79	样品处置记录		JLYC/JL79	长期	
80	化学试剂一览表		JLYC/JL80	长期	
81	玻璃器皿一览表		JLYC/JL81	长期	
82	检测报告		JLYC/JL82	至少6年	
83	原始记录		JLYC/JL83	至少6年	
84	能力验证/实验室间比对实施计划表		JLYC/JL84	至少6年	
85	能力验证/实验室间比对评审报告		JLYC/JL85	至少6年	

知识点二：报告的标准化管理

一、报告管理知识汇总（表4-4-7）

报告管理列表　　　　　表4-4-7

内　容	要　求
报告的形成	由专职人员编制、检测工程师审核、授权签字人批准、资料管理员存档
报告的格式	见知识拓展
报告的内容	见知识拓展

续上表

内　容	要　求
报告的编制、审核、批准	由专职人员编制,检测工程师审核(主要包括原始记录、数据处理、数据转换计算方法及结果、检测结果、结论、是否适用法定计量单位及报告编制规范性等),授权签字人批准
检测报告或证书信息	①标题;②CMA章和检测章;③检测机构名称和地址;④报告标识;⑤客户名称和信息;⑥检测方法;⑦样品描述;⑧检测日期及样品送检日期;⑨必要时提供抽样计划和程序说明;⑩签发人的签字或等效标识及日期;⑪外委检测单位名称
检测报告满足基本要求	满足报告编制的要求
检测报告的复制、发放、存档	一律打印,不得涂改、空栏(/),外委的试验检测报告须加盖检测章和CMA章,工地试验室的试验检测报告加盖试验室公章
报告传输中的保密	不得用电话、电传、传真或其他电子电磁设备传送

4-4-11

二、报告样式（图 4-4-1～图 4-4-4）

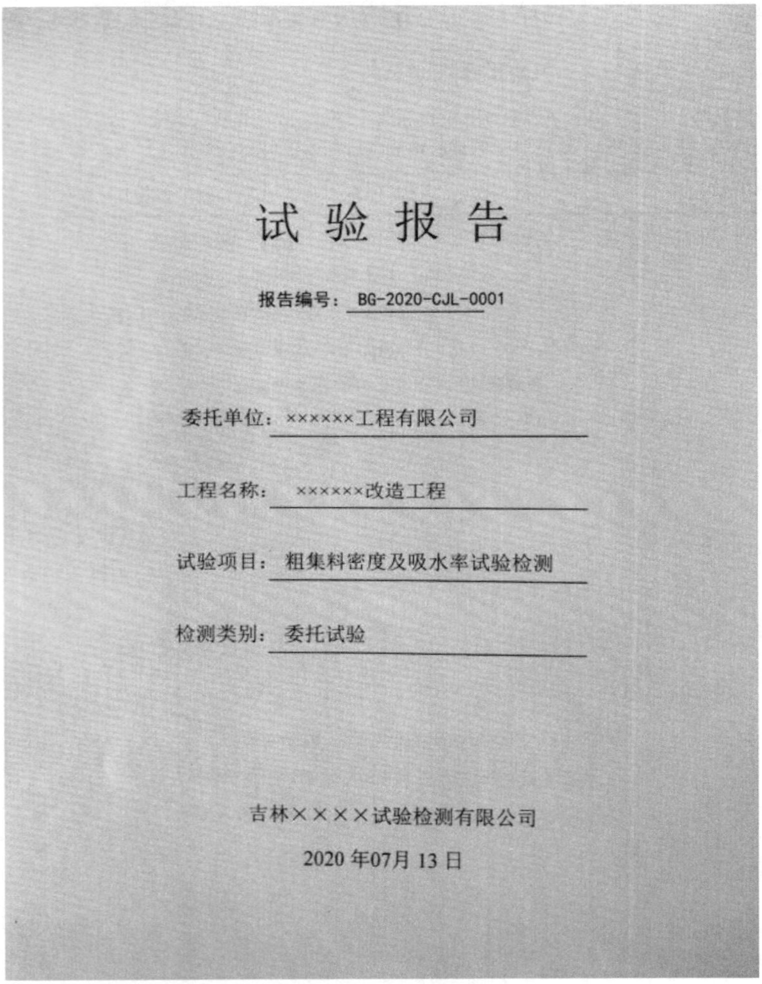

试 验 报 告

报告编号：BG-2020-CJL-0001

委托单位：××××××工程有限公司

工程名称：××××××改造工程

试验项目：粗集料密度及吸水率试验检测

检测类别：委托试验

吉林××××试验检测有限公司

2020 年 07 月 13 日

图 4-4-1　完整报告样例 1

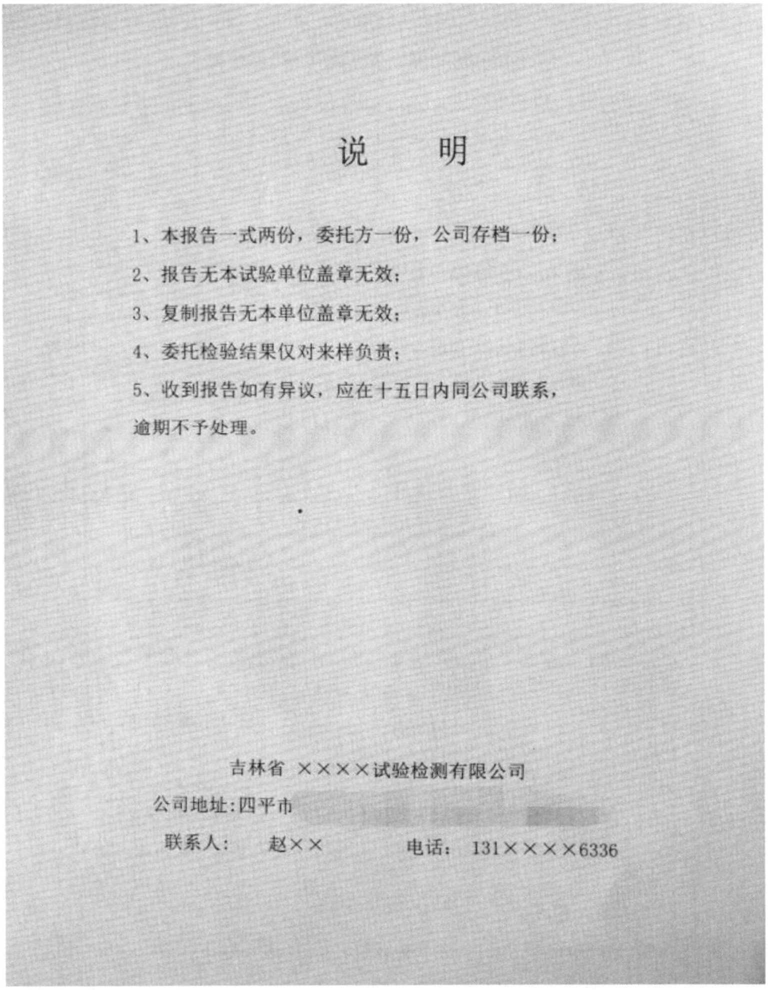

说　明

1、本报告一式两份，委托方一份，公司存档一份；
2、报告无本试验单位盖章无效；
3、复制报告无本单位盖章无效；
4、委托检验结果仅对来样负责；
5、收到报告如有异议，应在十五日内同公司联系，逾期不予处理。

吉林省 ××××试验检测有限公司
公司地址：四平市
联系人：　赵××　　　电话：131×××6336

图 4-4-2　完整报告样例 2

第1页，共1页
JB010201

粗集料试验检测报告（水泥混凝土用）

试验室名称：吉林××××试验检测有限公司				报告编号：BG-2020-CJL-0001		
委托/施工单位	××××××工程有限公司			委托编号	WT-2020-	
工程名称	××××××改造工程			样品编号	YP-2020-CJL-002	
工程部位用途	墩柱/水泥混凝土			样品名称	(9.5-19)mm碎石	
试验依据	JTG E42-2005			判定依据	JTG/T F50-2011	
样品描述	蓝灰，颗粒无污染					
主要仪器设备/编号	电子天平/GL01020004、电热鼓风干燥箱/GL01010005、标准筛/GL01020001、低温溢流水箱/GL01020019					
产地	伊通					
类型规格	9.5-19mm			代表数量		

序号	检测项目	技术指标			检测结果	结果判定
		I类	II类	III类		
1	针片状颗粒含量（按质量计，%）	<5	<15	<25	—	—
2	坚固性（硫酸钠溶液法经5次循环后质量损失值，%）	<5	<8	<12	—	—
3	有害物质含量	含泥量（按质量计，%）	<0.5	<1.0	<1.5	—	—
		泥块含量（按质量计，%）	0	<0.5	<0.7	—	—
		有机物含量（比色法）	合格	合格	合格	—	—
		硫化物及硫酸盐（按SO_3质量计，%）	<1.1	<2.1	<2.6	—	—
4	碎石压碎指标（%）	<18	<20	<30	—	—
5	吸水率（%）	<1.0	<2.0	<2.5	0.54	合格
6	岩石抗压强度（水饱和状态，MPa）	火成岩>80；变质岩>60；水成岩>30			—	—
7	碱集料反应	经碱集料反应试验后，试件无裂缝、酥裂、胶体外溢等现象，在规定试验龄期的膨胀量应小于0.10%			—	—
8	表观密度（kg/m³）	>2500			2872	合格
9	松散堆积密度（kg/m³）	>1350			—	—
10	空隙率（%）	<47			—	—
11	筛分					

筛孔尺寸（mm）	37.5	31.5	26.5	19	16	9.5	4.75	2.36	底
累计筛余（%）	—	—	—	—	—	—	—	—	—

检测结论：经检测，该粗集料密度及吸水率指标符合《公路桥涵施工技术规范》JTG/T F50-2011粗集料技术指标中的II类技术要求。

备注：/

试验：张×× 审核：李×× 签发：赵×× 日期：2020年07月13日（专用章）

图 4-4-3 完整报告样例3

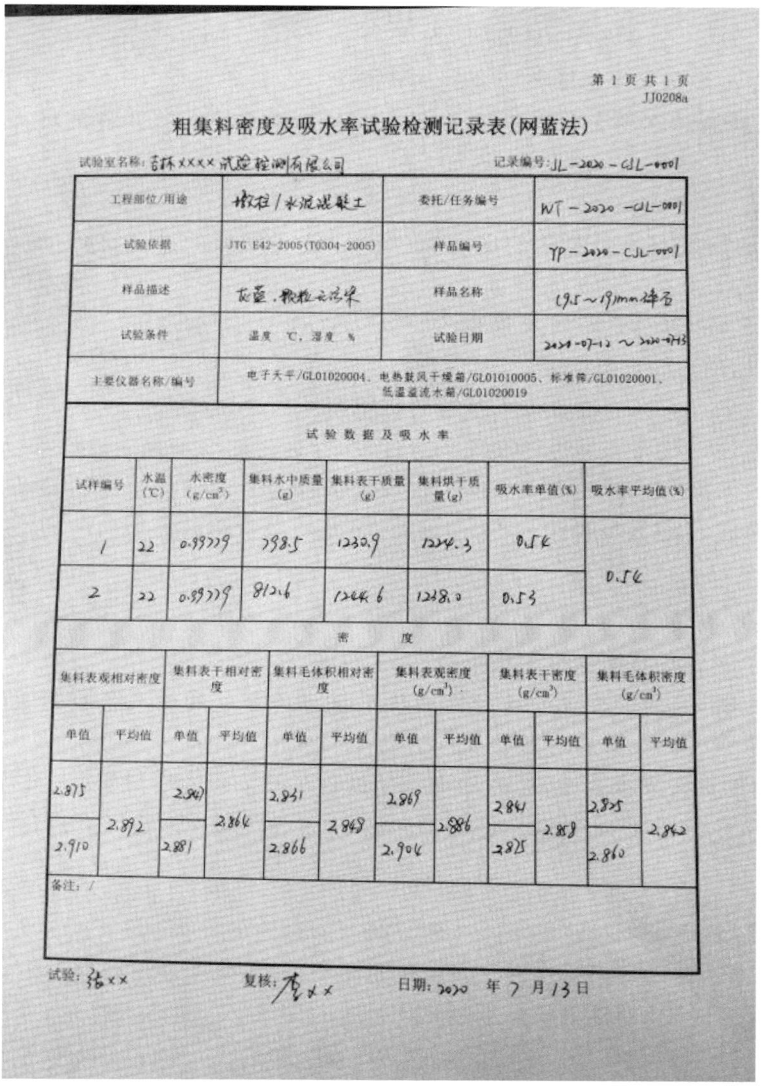

第 1 页 共 1 页
JJ0208a

粗集料密度及吸水率试验检测记录表(网蓝法)

试验室名称：吉林××××试验检测有限公司　　记录编号：JL-2020-CJL-0001

工程部位/用途	墩柱/水泥混凝土	委托/任务编号	WT-2020-CJL-0001
试验依据	JTG E42-2005(T0304-2005)	样品编号	YP-2020-CJL-0001
样品描述	灰蓝，颗粒无污染	样品名称	(9.5~19)mm碎石
试验条件	温度 ℃，湿度 %	试验日期	2020-07-12~2020-07-13
主要仪器名称/编号	电子天平/GL01020004、电热鼓风干燥箱/GL01010005、标准筛/GL01020001、低温溢流水箱/GL01020019		

试验数据及吸水率

试样编号	水温(℃)	水密度(g/cm^3)	集料水中质量(g)	集料表干质量(g)	集料烘干质量(g)	吸水率单值(%)	吸水率平均值(%)
1	22	0.99779	798.5	1230.9	1224.3	0.54	0.54
2	22	0.99779	812.6	1244.6	1238.0	0.53	

密度

集料表观相对密度		集料表干相对密度		集料毛体积相对密度		集料表观密度(g/cm^3)		集料表干密度(g/cm^3)		集料毛体积密度(g/cm^3)	
单值	平均值	单值	平均值	单值	平均值	单值	平均值	单值	平均值	单值	平均值
2.875	2.892	2.847	2.864	2.831	2.848	2.869	2.886	2.841	2.858	2.825	2.842
2.910		2.881		2.866		2.904		2.875		2.860	

备注：/

试验：张××　　复核：李××　　日期：2020 年 7 月 13 日

图 4-4-4　完整报告样例 4

三、报告的解释

(一)试验检测结果的解释

(1)当需对检验检测结果进行解释时，检验检测报告或证书中还应包括下列内容：

①对检验检测方法的偏离、增加或删减，以及特定检验检测条件的信息，如环境条件等。

②相关时，符合(或不符合)要求、规范的声明。

③适用时，评定测量不确定度的声明。当不确定度与检验检测结果的有效性或应用有关，或客户的指令中有要求，或当不确定度影响到对规范限度的符合性时，检验检测报告中还需要

包括有关不确定度的信息。
④适用且需要时,提出意见和解释。
⑤特定检验检测方法或客户所要求的附加信息。
(2)当需对检验检测结果作出解释时,对含抽样结果在内的检验检测报告或证书,还应包括下列内容:
①抽样日期;
②抽取的物质、材料或产品的清晰标识(适当时,包括制造者的名称、标示的型号或类型和相应的系列号);
③抽样位置,包括简图、草图或照片;
④所用的抽样计划和程序;
⑤抽样过程中可能影响检验检测结果的环境条件的详细信息;
⑥与抽样方法或程序有关的标准或规范,以及对这些标准或规范的偏离、增加或删减。
(3)对检验检测结果的"意见和解释"应基于试验室自身所实施的检验检测项目来决定,对本检测机构而言,"意见和解释"不是必需的,而是一种附加服务。

(二)外委项目的结果报告

(1)当检验检测报告或证书包含了由外委方所出具的检验检测结果时,这些结果应予清晰标明。外委方应以书面或电子方式报告结果,以备日后查阅。
(2)检验检测外委方向发包的检验检测机构报告所分包的检验检测结果,总的检验检测报告由外委检验检测机构出具。
(3)在总的检验检测报告中,有关外委的数据和结果必须清晰标明"来自外委方"。

(三)错误的检测报告分类和处置

1. 分类

结论性错误:检验检测报告没有按照相应的评判标准进行评判。
其他错误:单位大小写用错、修约错误、信息不全、设备编号填写错误、样品描述不规范、检验检测方法信息不全、日期填写错误等。

2. 处置

(1)所有的错误检验检测报告均需要进行登记。
(2)按照年度的工作量计算出错误报告率,进入管理评审,作为质量目标是否达成的依据。

学习任务五　质量管理体系与制度的管理

 学习任务描述

本学习任务要求同学们了解试验室质量管理体系修订的目的和适用范围;掌握试验室质量管理体系和相关规章制度的修订程序。

 学习目标

通过本学习任务的学习,你应该能够:
1. 协助完成试验室质量管理体系的修订;
2. 协助完成工地试验室相关规章制度的修订;
3. 增强与时俱进的意识。

 任务书

为了保证试验室管理体系和检验检测活动顺利并有效进行,试验室近期要开展管理评审活动,你作为内审员,请协助质量负责人和技术负责人对管理评审涉及工作进行梳理,对相关制度进行完善。

任务分组（表 4-5-1）

学生任务分配表　　　　表 4-5-1

班级		组号		指导老师	
组长		学号			
组员	姓名	学号		姓名	学号
任务分工					

准备工作

1. 阅读任务书,熟悉即将要学习的主要内容;
2. 收集并阅读《公路水运工程试验检测管理办法》《检验检测机构资质认定能力评价检验检测机构通用要求》等资料,能更好地理解修订质量管理体系等相关内容。

任务实施

（一）体系的管理与修订

实施引导1：管理评审通常（　　）举行一次,一般在（　　）进行。

实施引导2：管理评审会议由（　　）主持,参会人员有中心主任、副主任、（　　）、（　　）、（　　）、（　　）。

实施引导3：试验室质量管理体系修订的目的是什么？

_____
_____
_____
_____

实施引导4：试验室管理评审的输出都包含哪些内容？

_____
_____
_____
_____

实施引导5：试验室质量管理体系修订的程序是什么？

_____
_____
_____
_____

（二）制度的管理与修订

实施引导1：试验室管理制度建立的目的是什么？

_____
_____
_____
_____

实施引导2：工地试验室都应该建立哪些制度？

_____
_____
_____

实施引导3：以下说法，对的请打√、错的请打×。

A. 所有试验记录项目不能有空白，没有内容空着。（　　）

B. 试验记录按表格设计要求，签字齐全后方可有效。（　　）

C. 技术标准、规范、试验规程等是公用书籍，应按手续做好借阅归还登记，不得私人独自占用，调动工作时应及时交回。（　　）

D. 试验人员必须经培训考试合格取得上岗证后，才能在指定岗位上进行试验工作。（　　）

E. 检测报告是判定原材料、半成品、成品质量主要依据，要履行审核手续，签字齐全后对外发出。发出后必须留一份存档备查。（　　）

F. 试验人员负责仪器设备的维护和保养，并做好仪器使用记录和仪器档案的记录。（　　）

评价反馈

1　学生进行自我评价，评价自己对试验室质量管理体系的了解情况，对工地试验室管理制度的熟悉程度，有无任务遗漏，并将结果填入表4-5-2中。

学生自评表　　　　　　　　表4-5-2

班级：	姓名：	学号：	
学习任务五	质量管理体系与制度的管理		
评价项目	评价标准	分值(分)	得分(分)
质量管理体系目的及适用范围	正确阐述试验室质量管理体系的目的及适用范围	10	
体系管理与修订的程序	明确试验室质量管理体系管理与修订的程序	20	
试验室管理制度	正确阐述试验室管理制度	10	
其他相关管理制度	明确工地试验室仪器设备、检测记录、安全等制度	30	
学习态度	态度端正，无无故缺勤、迟到、早退现象	10	
学习质量	按预定计划完成学习任务	5	
协调能力	与小组成员、同学间能有效地合作、交流、协调	5	
职业素质	做到多平台、多渠道收集相关信息，完成学习任务	5	
创新意识	通过阅读《公路水运工程试验检测管理办法》、《检验检测机构资质认定能力评价检验检测机构通用要求》等资料，能更好地理解修订质量管理体系等相关内容	5	
小计		100	

2　学生以小组为单位，对以上学习任务的过程与结果进行互评，将互评结果填入表4-5-3中。

学 生 互 评 表　　　　　　　表 4-5-3

学习任务五		质量管理体系与制度的管理												
评价项目	分值	等级								评价对象（组别）				
										1	2	3	4	5	6
团队协作	10	优	10	良	8	中	6	差	4						
分工明确	8	优	8	良	7	中	6	差	4						
组织有序	10	优	10	良	8	中	6	差	4						
学习质量	8	优	8	良	7	中	6	差	4						
学习效率	8	优	8	良	7	中	6	差	4						
态度端正	10	优	10	良	8	中	6	差	4						
任务完整	10	优	10	良	8	中	6	差	4						
结果规范	13	优	13	良	9	中	6	差	4						
回答问题	13	优	13	良	9	中	6	差	4						
成果展示	10	优	10	良	8	中	6	差	4						
小计	100														

3　教师对学生学习过程与任务成果进行评价，并将评价结果填入表 4-5-4 中。

教师综合评价表　　　　　　　表 4-5-4

班级：		姓名：	学号：		
学习任务五			质量管理体系与制度的管理		
评价项目		评价标准		分值（分）	得分（分）
考勤（10%）		无无故缺勤、迟到、早退现象		10	
学习过程（60%）	质量管理体系目的及适用范围	正确阐述试验室质量管理体系的目的及适用范围		10	
	体系管理与修订的程序	明确试验室质量管理体系管理与修订的程序		10	
	试验室管理制度	正确阐述试验室管理制度		10	
	其他相关管理制度	明确工地试验室仪器设备、检测记录、安全等制度		15	
	协调能力	与小组成员、同学间能有效地合作、交流、协调		5	
	职业素质	做到多平台、多渠道收集相关信息，完成学习任务		5	
	创新意识	通过阅读《公路水运工程试验检测管理办法》《检验检测机构资质认定能力评价检验检测机构通用要求》等资料，能更好地理解修订质量管理体系等相关内容		5	

续上表

评价项目		评价标准	分值(分)	得分(分)
任务成果(30%)	工作完整	按时完成任务	10	
	工作规范	按要求进行文件查阅	5	
	回答问题	依据规范、办法准确回答	10	
	成果展示	用语规范、表达准确	5	
小计			100	
综合评价	自评(20%)	小组互评(30%)	教师评价(50%)	综合评分

拓展思考题

1. 管理评审的输入应该包括哪些内容？
2. 管理评审和内审有什么区别？

任务反思

_____
_____
_____
_____

学习任务的相关知识点

知识点一：体系的管理与修订

一、目的

定期对质量管理体系和检验检测活动进行评审，以确保其保持适用和有效，并适时进行必要的改进。

二、适用范围

适用于质量管理体系的管理评审。

三、程序

1. 制订管理评审计划

管理评审通常12个月举行一次,一般在年底进行。当发生下列情况时,应及时组织管理评审:

(1) 社会环境、市场需求有重大变化;
(2) 发生重大质量事故或质量问题;
(3) 试验室内部组织结构、经营体制发生重大变化;
(4) 用户有严重投诉。

2. 评审计划的主要内容

(1) 评审目的;
(2) 评审范围及评审重点;
(3) 参加评审人员;
(4) 评审时间;
(5) 评审依据;
(6) 评审内容。

3. 增加管理评审频次

当出现下列情况之一时,可根据具体情况增加管理评审频次:

(1) 中心的组织结构、资源和体制发生重大变化时;
(2) 发生重大质量事故或客户关于质量有严重投诉或投诉连续发生时;
(3) 当法律、法规、标准及其他要求发生变化时;
(4) 市场需求发生重大变化时;
(5) 质量审核中发现严重不符合时;
(6) 发生其他必须进行管理评审的情况。

4. 管理评审输入

(1) 与检验检测机构相关的内外部因素的变化;
(2) 目标的可行性;
(3) 政策和程序的适用性;
(4) 以往管理评审所采取措施的情况;
(5) 近期内部审核的结果;
(6) 纠正措施;
(7) 由外部机构进行的评审;
(8) 工作量和工作类型的变化或检验检测机构活动范围的变化;
(9) 客户反馈;
(10) 投诉;
(11) 实施改进的有效性;

(12)资源配备的合理性;
(13)风险识别的可控性;
(14)结果质量的保障性;
(15)其他相关因素,如监督活动和培训等。

5. 管理评审会议

(1)试验室质量负责人主持管理评审会议,参会人员包括工地试验室负责人、技术负责人、内审员等。

(2)参加评审人员对评审输入资料作出评价,对体系修改、改进建议进行讨论。管理评审主要针对质量方针和目标,对体系的现状和适应性作出评价。

(3)试验室质量负责人对所涉及的评审内容作出结论,包括进一步调查、验证等。

6. 管理评审输出

(1)管理体系及其过程的有效性;
(2)符合本标准要求的改进;
(3)提供所需的资源;
(4)变更的需求。

7. 修订

根据现行有效的《公路水运工程试验检测管理办法》《检验检测机构资质认定能力评价检验检测机构通用要求》等规定,对试验室管理体系中的不符合项及时修订。

知识点二:制度的管理与修订

所谓的制度管理与修订,指的是工地试验室在运行过程中要严格执行已制定的相关制度,但制度在运行管理过程中,可能会因法律法规或行业政策的调整等原因导致不再适用而需要作出必要的修订。

一、修订依据

工地试验室管理制度的修订应遵循以下依据:
(1)国家、行业的关于工地试验室方面的法律、法规、条例。
(2)制度评审结果。
(3)制度执行过程中,试验检测人员提出的其他合理建议。

二、修订的组织与修订后的生效

制度的修订由工地试验室质量负责人组织实施,由档案资料管理员负责资料的收集、整理,其他试验检测人员参与。

修订后的制度，应按照工地试验室质量管理体系中的审批程序，经审批后以修订版发布实施，替代原相应制度并上墙，试验室所有人员须按照新修订的制度开展试验室工作。

三、制度的终止

因特殊原因终止执行的管理制度，按原审批程序申请批准后终止执行。

学习任务六　检测工作管理

学习任务描述

本学习任务要求同学们了解日常试验检测和外委试验检测管理的目的和适用范围;掌握日常试验检验的实施流程和各类检验检测外委的类别。

学习目标

通过本学习任务的学习,你应该能够:
1. 按照实施流程开展日常试验检测工作;
2. 按照程序开展外委试验检测工作;
3. 锻炼组织与交流能力。

任务书

管理部门近期要到试验室进行检查,检查重点是试验室日常试验检测和外委试验检测资料管理的规范性和有效性,试验室负责人委派你召集试验室相关人员进行准备,请对照试验室日常试验检测和外委试验检测管理的相关规定做好迎检工作。

任务分组(表4-6-1)

学生任务分配表　　　　　　　　　　表4-6-1

班级		组号		指导老师	
组长		学号			
组员	姓名		学号	姓名	学号
任务分工					

4-6-1

准备工作

1. 阅读任务书,熟悉即将要学习的主要内容;

2. 收集并阅读《公路水运工程试验检测管理办法》《检验检测机构资质认定能力评价检验检测机构通用要求》等资料。

任务实施

(一)日常试验检测管理

实施引导1:以下说法,对的请打√、错的请打×。

A. 日常试验检测不包括现场检测。　　　　　　　　　　　　　　　　　　　　(　　)

B. 对于现场检测项目,检测人员接受任务通知单后可以直接将所需外携设备带走,返回时放回即可,不需要向设备管理员履行手续。　　　　　　　　　　　　　　　　　　(　　)

实施引导2:查看图4-6-1中样品标识卡内容是否完整。

试验/检测样品状况标识卡
GLJL/JL-26-06

样品编号	YP-2021-TGJ-022701	来样日期	2021.2.27
样品名称	细粒土	样品规格	—
试样用途		土的液塑限、颗粒级配等试验	
检测状态:	待检 ☑　在检 □　已检 □		
备注:请在检测状态□内打"√"			

图4-6-1　样品标识卡

实施引导3:试验报告编制完成后,检测工程师审核无误签字后,再提交(　　　)签发报告。

(二)外委试验检测管理

实施引导1:外委类别有哪些?

_____

_____

_____

实施引导2:外委能力的评审由(　　　)组织,提交的外委选择书面报告由(　　　)对外委书面报告进行审核批准及备案,评审合格后经(　　　)批准生效后与外委方正式签约。

实施引导3:外委协议的终止由(　　　)提出书面申请材料,交(　　　)审核,由(　　　)批准实施。

实施引导4:外委试验结束后,综合部保存的有关外委的资料应该包括(　　　)、(　　　)、(　　　)、(　　　)、(　　　)等。

评价反馈

1　学生进行自我评价，评价自己对日常试验检测管理的了解情况，对外委试验检测管理的熟悉程度，有无任务遗漏，并将结果填入表4-6-2中。

学 生 自 评 表　　　　　　　　　　　　　　　　　表4-6-2

班级：	姓名：	学号：	
学习任务六	检测工作管理		
评价项目	评价标准	分值(分)	得分(分)
日常试验检测管理目的及适用范围	正确阐述日常试验检测管理的目的及适用范围	10	
检验检测的实施	明确日常试验检验检测的实施流程	30	
外委试验管理目的及适用范围	正确阐述外委试验管理目的及适用范围	10	
外委试验管理的程序	明确外委试验管理的相关程序	20	
学习态度	态度端正，无无故缺勤、迟到、早退现象	10	
学习质量	按预定计划完成学习任务	5	
协调能力	与小组成员、同学间能有效地合作、交流、协调	5	
职业素质	做到多平台、多渠道收集相关信息，完成学习任务	5	
创新意识	通过阅读《公路水运工程试验检测管理办法》《检验检测机构资质认定能力评价检验检测机构通用要求》等资料，更好理解试验检测工作管理的要求	5	
小计		100	

2　学生以小组为单位，对以上学习任务的过程与结果进行互评，将互评结果填入表4-6-3中。

学 生 互 评 表　　　　　　　　　　　　　　　　　表4-6-3

学习任务六		检测工作管理											
评价项目	分值	等级							评价对象(组别)				
									1	2	3	4	5	6
团队协作	10	优	10	良	8	中	6	差	4					
分工明确	8	优	8	良	7	中	6	差	4					
组织有序	10	优	10	良	8	中	6	差	4					
学习质量	8	优	8	良	7	中	6	差	4					
学习效率	8	优	8	良	7	中	6	差	4					
态度端正	10	优	10	良	8	中	6	差	4					
任务完整	10	优	10	良	8	中	6	差	4					
结果规范	13	优	13	良	9	中	6	差	4					

续上表

学习任务六		检测工作管理											
评价项目	分值	等级						评价对象(组别)					
								1	2	3	4	5	6
回答问题	13	优	13	良	9	中	6	差	4				
成果展示	10	优	10	良	8	中	6	差	4				
小计	100												

3. 教师对学生学习过程与任务成果进行评价,并将评价结果填入表 4-6-4 中。

教师综合评价表　　　　　　　　　　表 4-6-4

班级:		姓名:	学号:	
学习任务六			检测工作管理	
评价项目		评价标准	分值(分)	得分(分)
考勤(10%)		无无故缺勤、迟到、早退现象	10	
学习过程(60%)	日常试验检测管理目的及适用范围	正确阐述日常试验检测管理的目的及适用范围	10	
	检验检测的实施	明确日常试验检验检测的实施流程	10	
	外委试验管理目的及适用范围	正确阐述外委试验管理目的及适用范围	10	
	外委试验管理的程序	明确外委试验管理的相关程序	15	
	协调能力	与小组成员、同学间能有效地合作、交流、协调	5	
	职业素质	做到多平台、多渠道收集相关信息,完成学习任务	5	
	创新意识	通过阅读《公路水运工程试验检测管理办法》《检验检测机构资质认定能力评价检验检测机构通用要求》等资料,更好理解试验检测人员管理的要求	5	
任务成果(30%)	工作完整	按时完成任务	10	
	工作规范	按要求进行文件查阅	5	
	回答问题	依据规范、办法准确回答	10	
	成果展示	用语规范、表达准确	5	
		小计	100	
综合评价	自评(20%)	小组互评(30%)	教师评价(50%)	综合评分

✎ **拓展思考题**

1. 试验报告签字的试验人员和审核人员能否为同一人?
2. 外委协议履行过程中,如若发现外委方能力有变化,应立即终止分包协议的说法是否正确?

 任务反思

_____
_____
_____

 学习任务的相关知识点

知识点一：日常试验检测管理

一、目的

为规范检验检测工作，对检测时的环境、样品、设备、人员等实施有效控制，规范检测行为，确保检验检测结果科学、公正、准确。

二、适用范围

适用于各类检验检测（包括现场检测）过程的控制。

三、检验检测的实施

（1）对于室内试验项目，检测人员收到任务通知单后，领取样品，进入检测状态。检测过程中，在标识的"在检"字样上打"√"，并做好原始记录。当全部样品检测完毕，在"检毕"标识上打"√"，留下的样品在"留样"标识打"√"。检测人员在设备开机前需检查设备的运行状态，做好记录；在检测结束后，应将设备打扫干净并再次填写设备使用记录，做好设备的维护、保养。

（2）对于现场检测项目，检测人员接受任务通知单后，填写"外携仪器设备发放及回收登记表"，办理仪器设备领取手续。对携带的检测仪器设备，必须做好防震、防尘、防潮工作，对于有特殊要求的设备，应加倍小心。现场检测时，检测人员应根据技术标准规范、试验大纲，对检测时的现场工作环境（如温度、振动、粉尘、噪声、电源等）、设施进行检查，确认符合要求后，填写仪器设备使用记录，然后才能进行检测准备工作，并将环境条件、主要仪器设备名称及管理编号记录在检测原始记录上。

（3）检测工作结束后，检测人员应对设备进行检查，并填写仪器设备使用记录，回单位后应该立即和设备管理员取得联系，办理设备入库手续，再次填写"外携仪器设备发放及回收登记表"。仪器设备经设备管理员检测确认其状态完好且无损后，方可入库。

四、异常情况下处理

当检测过程中突然停水停电，在不影响检测结果的情况下，等来水来电后继续检测。如果影响检测结果须重新检测。

五、记录与报告

（1）检测人员按《记录控制程序》的规定，及时、准确、详细记录检测过程中观察到的所有现象。

（2）为了保证检测结果的科学、准确及判断正确，对检测数据读取和记录、计算和修约，应进行有效控制。检测人员负责检测数据的读取、处理、运算和修约，正确填写原始记录，校核人员对测试原始记录进行校核，对计算和数据转换做适当的检查。检测数据的运算和修约，应严格依据规定执行，当检测所得的测定值属临界数据时，应对其进行复测，必要时另外安排人员复测。

（3）检测工作结束后，任务领受人对检测（验）原始记录自校和复核签字后，提交给任务派发人，由任务派发人将任务通知单、检测（验）原始记录连同相关委托信息转给报告编制人编制检测（验）报告，报告编制完成并经自校后，报告编制人将任务通知单、检测（验）原始记录、报告提交检测工程师审核，检测工程师审核无误签字后，再提交给授权签字人签发报告。

知识点二：外委试验检测管理

工地试验室应建立外委试验检测管理制度，加强外委试验检测管理，严格按照有关规定进行外委试验检测。

一、目的

对外委项目试验检测全过程进行有效控制，使之符合管理体系的要求。

二、适用范围

适用于各类检验检测（包括现场检验检测）外委的项目。日常试验检测流程如图4-6-2所示。现场试验检测流程如图4-6-3所示。

三、外委类别

（1）有能力的外委：拟外委的项目属于已获得检验检测机构资质认定的技术能力范围内的，但因工作量急增、关键人员暂缺、设备设施故障、环境状况变化等原因，暂时不满足检验检测条件而进行的外委。

（2）没有能力的外委：拟外委的项目属于其未获得检验检测机构资质认定的技术能力范围内的，实施外委应外委给获得检验检测机构资质认定并有相应技术能力的另一检验检测机构。

（3）交通安全设施、机电工程一般不设立工地实验室。进场材料和过程控制可委托等级（资质）条件符合要求的试验检测机构开展。

（4）对涉及结构安全的工程关键部位或监控项目，如桥梁荷载试验、隧道超前预报、监控量测等，委托等级（资质）条件符合要求的试验检测机构开展试验检测，其中隧道超前预报、监控量测和质量检测项目宜委托给同一家试验检测机构。

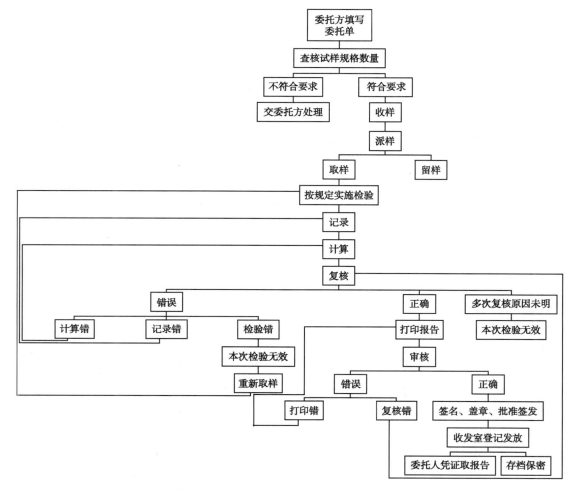

图 4-6-2 日常试验检测流程

四、程序

（1）根据检测任务、能力需要提出外委建议，向相关外委方索取有关证明材料，如资质认定证书及批准范围附表复印件等。

（2）质量负责人组织相关人员对外委的能力进行评审，填写"外委方评审表"，保存相关的评审记录，并登记"合格外委方名录"。

（3）提交外委选择的书面报告交付监理方及建设单位。监理方对外委书面报告进行审核批准及备案。

（4）评审合格后由综合部起草"外委协议书"，经技术负责人批准生效后与外委方正式签约。外委方协议内容包括：

①双方承担的责任、义务；

②外委项目名称和执行的检测依据；

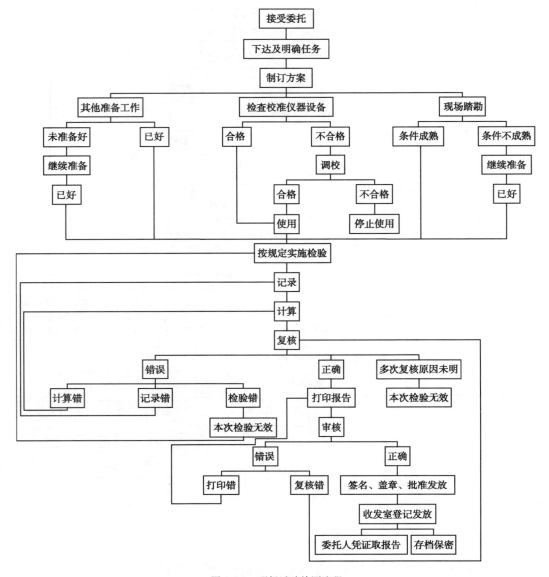

图 4-6-3 现场试验检测流程

③外委项目检测费用;
④违约责任;
⑤外委有效期限。
(5) 外委的终止和变更。
①在外委协议履行中,若发现外委方的能力有变化且不能满足本检测机构质量要求时,应立即终止外委协议。
②外委协议的终止由检测部提出书面申请材料,交质量负责人审核,由技术负责人批准实施。

③外委方的变更应在终止外委协议后,重新选择合格外委方。

五、检验检测报告或证书

(1)有能力外委时,检验检测机构可出具包含另一检验检测机构外委结果的检验检测报告或证书,其报告或证书中应明确外委项目,并注明承担外委的另一检验检测机构的名称和资质认定许可编号。

(2)没有能力外委时,外委部分的检验检测数据、结果,由承担外委的另一检验检测机构单独出具检验检测报告或证书,不可将另一检验检测机构的外委结果纳入自身检验检测报告或证书中。

(3)除非是客户或法律法规指定的外委,检验检测机构应对外委结果负责。

(4)综合部负责保存有关外委的所有资料(如资质认定证书及批准范围附表复印件、外委协议书、能力评审记录、外委方能力证明材料等)。

学习任务七　检测资料管理

学习任务描述

本学习任务要求同学们掌握工地试验室管理相关资料和档案的内容；熟悉归档的常用分类方法；掌握档案保存的期限。

学习目标

通过本学习任务的学习，你应该能够：
1. 完成检测资料的整理归档工作；
2. 增强法制意识和安全意识。

任务书

工地试验室应配备必要的资料管理员，把试验室相关的资料档案，及时、完整地收集起来，进行科学、系统的管理，维护资料档案的完整性和有效性。作为工地试验室的资料管理员，请根据相关文件的要求，做好检测资料的管理工作。

任务分组（表4-7-1）

学生任务分配表　　　　　　　　　　　　　　　表4-7-1

班级		组号		指导老师	
组长		学号			
组员	姓名	学号		姓名	学号
任务分工					

准备工作

1. 阅读任务书,熟悉即将要学习的主要内容;
2. 收集并阅读《建设工程质量管理条例》《建设工程质量检测管理办法》等资料。

任务实施

(一)资料内容

实施引导1:试验室档案工作包括档案的(　　)、(　　)、(　　)、(　　)、(　　)、(　　)、(　　)和(　　)等八项内容。

实施引导2:工地试验室管理相关资料和档案至少应该包括哪些内容?
_____
_____
_____
_____

(二)整理归档

实施引导1:归档的文件应该包括哪些?
_____
_____
_____
_____

实施引导2:归档的文件都有哪些要求?
_____
_____
_____
_____

实施引导3:归档的常用分类方法有(　　)、(　　)和(　　)。

实施引导4:案卷封面的编目主要包括(　　)、(　　)、(　　)、(　　)、(　　)、(　　)、(　　)、(　　)。

实施引导5:案卷目录应一式三分以上,一份供(　　),一份(　　),一份(　　)。

实施引导6:档号即档案的数字代号,由(　　)、(　　)、(　　)和(　　)组成。

(三)保存期限

实施引导1:检测资料的保存期限定为(　　)和(　　)两种。

实施引导2：长期保存的技术资料应包括哪些？

_____
_____
_____

实施引导3：短期保存的技术资料应包括哪些？

_____
_____
_____

评价反馈

1　学生进行自我评价，评价自己对整理归档的了解情况，对保存制度的熟悉程度，有无任务遗漏，并将结果填入表4-7-2中。

学 生 自 评 表　　　　　　　　　　　　　表4-7-2

班级：	姓名：	学号：	
学习任务七	检测资料管理		
评价项目	评价标准	分值(分)	得分(分)
试验室档案工作的内容	正确阐述试验室档案工作的内容	10	
整理归档的相关内容	明确整理归档的范围、时间及要求	20	
整理档案的常用分类方法	正确阐述整理档案的常用分类方法	10	
资料的保存制度	明确资料的保存制度	30	
学习态度	态度端正，无无故缺勤、迟到、早退现象	10	
学习质量	按预定计划完成学习任务	5	
协调能力	与小组成员、同学间能有效地合作、交流、协调	5	
职业素质	做到多平台、多渠道收集相关信息，完成学习任务	5	
创新意识	通过阅读《建设工程质量管理条例》《建设工程质量检测管理办法》等资料，更好理解检测资料管理的要求	5	
小计		100	

2　学生以小组为单位，对以上学习任务的过程与结果进行互评，将互评结果填入表4-7-3中。

学生互评表

表 4-7-3

学习任务七									检测资料管理					
评价项目	分值	等级							评价对象（组别）					
									1	2	3	4	5	6
团队协作	10	优	10	良	8	中	6	差	4					
分工明确	8	优	8	良	7	中	6	差	4					
组织有序	10	优	10	良	8	中	6	差	4					
学习质量	8	优	8	良	7	中	6	差	4					
学习效率	8	优	8	良	7	中	6	差	4					
态度端正	10	优	10	良	8	中	6	差	4					
任务完整	10	优	10	良	8	中	6	差	4					
结果规范	13	优	13	良	9	中	6	差	4					
回答问题	13	优	13	良	9	中	6	差	4					
成果展示	10	优	10	良	8	中	6	差	4					
小计	100													

3 教师对学生学习过程与任务成果进行评价，并将评价结果填入表4-7-4中。

教师综合评价表

表 4-7-4

班级：　　　　　姓名：　　　　　学号：

学习任务七		检测资料管理		
评价项目		评价标准	分值（分）	得分（分）
考勤（10%）		无无故缺勤、迟到、早退现象	10	
学习过程（60%）	试验室档案工作的内容	正确阐述试验室档案工作的内容	10	
	整理归档的相关内容	明确整理归档的范围、时间及要求	10	
	整理档案的常用分类方法	正确阐述整理档案的常用分类方法	10	
	资料的保存制度	明确资料的保存制度	15	
	协调能力	与小组成员、同学间能有效地合作、交流、协调	5	
	职业素质	做到多平台、多渠道收集相关信息，完成学习任务	5	
	创新意识	通过阅读《建设工程质量管理条例》《建设工程质量检测管理办法》等资料，更好理解检测资料管理的要求	5	

续上表

评价项目		评价标准	分值(分)	得分(分)
任务成果（30%）	工作完整	按时完成任务	10	
	工作规范	按要求进行文件查阅	5	
	回答问题	依据规范、办法准确回答	10	
	成果展示	用语规范、表达准确	5	
小计			100	
综合评价	自评（20%）	小组互评（30%）	教师评价（50%）	综合评分

拓展思考题

1. 案卷目录应包括哪些内容？
2. 根据对任务的理解，为一份存档报告编写一个档案号。

任务反思

_____
_____
_____
_____

学习任务的相关知识点

知识点一：资料内容

一、相关知识

档案是人们在社会活动中形成的文、形、声等历史真迹材料。对档案的定义，包括以下四个方面的要素："人们"，是档案的形成者；"社会活动"是形成档案的原因；"文、形、声"是档案的基本形态；"历史真迹"是档案的本质特征。

二、资料内容

（一）试验室档案工作的内容

试验室档案工作通常是指资料室所从事的档案业务工作，即用科学的原则和方法管理档案，为试验室提供档案信息服务的工作。

试验室档案工作包括档案的收集、整理、鉴定、保管、统计、编目与检索、利用服务、编辑与研究等八项内容。

(二)资料的内容

工地试验室的试验检测资料除了前面提到的记录和报告外,还应包括与工地试验室管理相关的资料和档案,主要内容包括但不限于:

(1)各项管理制度、岗位责任制;
(2)工地试验室授权、登记备案有关资料;
(3)上级部门下发的技术和管理文件、会议纪要等;
(4)标准、规范、规程;
(5)试验检测人员档案;
(6)仪器设备(参考标准、有证标准物质)档案;
(7)各级管理部门检查提出的整改要求及整改报告;
(8)管理记录和试验检测台账。

知识点二:整理归档

一、相关知识

试验室工作活动中不断产生的文件材料待处理完毕以后,经办公室、检测室和设备室整理立卷,定期移交给资料室集中保存,称为归档。

把数量较大的试验室档案,及时、完整地收集起来,进行科学、系统的整理,提供给各项工作使用,这是试验室档案管理的一项重要任务。

二、整理归档

(一)归档范围

归档范围是归档制度最重要的内容,正确规定归档范围是保证归档文件材料完整性和质量的关键。

只要具有一定保存价值的文件,例如需要保存3年、5年、15年等定期保存的文件,都应列入归档的范围。

应归档的文件除了文件正件外,还包括其附件,如条例、会议纪要、图表、计划、总结、设备台账卡片、总账等;除了经过登记的文件外,还应包括未经收发登记的文件材料,如会议文件、设备招(投)标书、设备合同等。会议记录、规章制度、各种报表以及领导参加重要活动的照片等也应进行归档。

对于重复、临时性、事务性文件,以及参考、参阅、征求意见、不需办理的文件等不需归档。

(二)归档时间

归档时间是指需要归档的文件材料向资料室移交的时间。办理完毕的文件,一般应该在第二年 6 月份由办公室向档案室立卷归档。对于某些专业方面的文件、特殊载体的文件以及驻地分散在外的试验室文件,为了便于日常工作的查考,可以另行规定切合实际的归档时间。

(三)归档要求

归档卷宗总的质量要求是:遵循文件材料的形成规律和特点,保持文件之间的有机联系,根据不同价值进行区分,便于保管和利用。

首先,归档文件要完整、齐全。

其次,归档文件材料要系统有序。组卷时,应当将每份文件的正件与附件、印件与定稿、请示与批复、转发文件与原件,分别立在一起,不得分开。文件和电报一般应按其内容联系统一立卷,即文电合一立卷。进行卷内文件排列时,要合理安排卷内文件文件的先后次序,可按重要程度或时间顺序排列,密不可分的文件材料应依序排列在一起。

归档案卷在技术加工上也应符合有关要求。装订的案卷应统一在有文字的每页材料正面的右上角,背面的左上角填写页号;不装订的案卷应在卷内每份文件材料的右上方加盖档号章,并逐件编号;图表和声像材料等应在装具上或声像材料的背面逐件编号。案卷必须按规定的格式,逐件填写卷内目录和有关卷内文件材料的情况说明。案卷封面的各个项目均应填写清楚,在"档案保管期限表"中注明每个案卷的保管期限。装订案卷时,要去掉文件的金属物,对破损的文件要裱糊,字迹模糊的应复制并与原件一并立卷。案卷装订后,要按一定的次序系统排列,编写顺序号。编制案卷目录一式数份,由移交部门和档案室签字后,作为案卷已向档案室归档的凭证。

(四)档案的常用分类方法

(1)年度分类法。

(2)组织机构分类法。

(3)问题分类法。

(五)卷内文件整理

文件组成案卷后,还需要进一步对卷内文件进行整理。具体工作内容包括:卷内文件排列和编号、填写卷内文件目录和备考表。

1. 卷内文件的排列和编号

卷内文件排列可采用按时间、作者、卷内文件的重要程度、问题、地区、文件名称等排列方法。卷内文件排好之后,应按统一方法把文件编上页号,固定次序,以便查找利用和保护文件。

2. 填写卷内文件目录和备考表

卷内目录放在卷首,列举卷内文件的主要内容。它的作用是向利用者介绍卷内文件的情况,便于查找卷内文件,也能起到保护卷内文件的作用。备考表放在案卷最后,用以注明卷内文件的基本情况,便于管理人员和利用者了解案卷情况。

(六)案卷封面的编目和案卷装封

卷内文件整理完毕之后,要以案卷为单位在封面上编目。主要项目包括:卷宗名称、类别名称、案卷题名、时间、保管期限、件数、页号、归档号、档号。

长期和永久保存的案卷,一般均应装订成册,对于特别珍贵的文件、图片和照片以及其他不便装订的文件,可采用合适的卷夹、袋、筒、盒等装封,以固定和保护卷内文件。

(七)案卷排列和编制案卷目录

1. 案卷排列

案卷排列最常用的方法是:按照案卷所反映的工作上的联系排列;按照案卷所反映的问题排列。此外,还可按照时间先后排列,或按作者、收发文机关和地区排列。

2. 编制案卷目录

案卷经过排列以后,应当按顺序编号并登记到案卷目录上。案卷目录就是案卷的名册,其内容包括封面和扉页、目次、序言或说明、简称表及案卷目录表。

备考表附在全部案卷目录之后,注明本目录的案卷数量、目录页数、编制日期及其他必要的说明,编制者签名或盖章。以后案卷如有移出、销毁、损坏等,也在备考表上注明,并由记载者签名或盖章。

案卷目录应一式三份以上,一份供日常使用,一份保存起来备用,一份随档案移交。

3. 档号及其使用规则

档号,即档案的数字代号。为了固定档案分类、排列的次序,便于保管和查找利用,需要对档案依次编制各种顺序号,档号是档案各种顺序号的总称。在档案管理中常用的档号由卷宗号、案卷目录号、案卷号和卷内文件页号组成。

使用规则:档号要完整成套,一般来说上述几部分档号均应编排;卷宗号、案卷目录号、案卷号、文件页号、件号均不能重号。

知识点三:保存期限

一、相关知识

保存期限是指对档案划定的存留年限,是"档案保管期限表"的核心条目,是衡量档案鉴定工作质量高低的重要标准。

检测资料的保存期限定为长期和短期两种。超期的文件资料,经中心主任批准后进行销毁,并在档案目录中予以注销。

二、保存期限

(一)资料的保存制度

工程建设任务结束后,工地试验室应将试验检测记录和报告等资料按照档案管理和项目建设要求整理、归档,及时移交项目建设单位档案管理部门;将其他试验检测资料整理、归档,移交母体检测机构管理,作为母体检测机构资质换证复核的试验检测业绩。

属于工地或母体检测机构保存的资料,应按照有关规定,确定记录保存的期限(不同类别的资料保存期限不同),记录的保存期一般不得低于产品的寿命期或责任期;有永久保存价值的记录,应整理成档案,长期保管,同时做好防蛀虫、防潮、防盗等安全保护措施。

(二)长期保存的技术资料

长期保存的技术资料由资料室负责收集、整理、保存。长期保存的技术资料有:

(1)国家、地区、部门有关产品质量检测工作的政策、法令、文件、法规和规定。

(2)产品技术标准、相关标准、参考标准(国外和国内的)、检测规程、规范大纲、细则、操作规程和方法(国外、国内或自编的)。

(3)计量检测规程、暂行效验方法。

(4)仪器设备说明书、计量合格证,仪器、仪表、设备的验收、维修、使用、降级和报废记录。

(5)仪器设备明细表和台账。

(6)产品检验委托书、设计文件及其他技术资料。

(三)短期保存的技术资料

短期保存的技术资料由检测部整理,填写技术资料目录并对卷内资料进行编号,由资料室装订成册。短期保存的技术资料有:

(1)各类原始记录,保管期不少于2年。

(2)各类检测报告,保管期不少于2年。

(3)用户反馈意见及处理结果,保管期不少于2年。

(4)样品入库、发放及处理登记本,保管期不少于2年。

4-7-9

学习任务八　现代信息化管理

 学习任务描述

本学习任务要求同学们了解现代管理的相关概念、目的和意义；熟悉主要管理者的素质与领导艺术；掌握试验检测工作信息化管理方法和试验检测资料信息化管理方法。

 学习目标

通过本学习任务的学习，你应该能够：
1. 了解现代管理知识，树立按照管理的客观规律办事的思想；
2. 了解主要管理者应具备的素质与领导艺术；
3. 养成按照信息化管理方法开展试验检测工作和试验检测资料管理工作的意识。

 任务书

试验室管理对检验检测工作有着重要的影响，作为试验室负责人刚到试验室主持工作，你觉得应该怎么做才能保证工作的顺利开展？随着互联网技术和大数据的发展，检验检测工作的创新也显得尤为重要，请你为试验室信息化管理支招献策。

 任务分组（表4-8-1）

学生任务分配表　　　　　　　　　　表 4-8-1

班级		组号		指导老师	
组长		学号			
组员	姓名		学号	姓名	学号
任务分工					

4-8-1

准备工作

1. 阅读任务书,熟悉即将要学习的主要内容;
2. 收集并阅读《国富论》《有效的管理者》《经理的职能》《管理行为》《管理决策新科学》《组织》《公司行为的一种理论》《工业组织:理论和实践》《领导方式的一种理论》等书籍。

 任务实施

(一) 现代管理的概念

实施引导 1:什么是管理?

_____
_____
_____
_____

实施引导 2:管理的方法主要有哪些?

_____
_____
_____
_____
_____

(二) 现代管理的职能

实施引导 1:现代管理的职能包括(　　　)、(　　　)、(　　　)、(　　　)和(　　　),其首要职能是(　　　)。

实施引导 2:对于某项具体的工作计划,应该体现哪几个方面的内容?

_____
_____
_____
_____

实施引导 3:作为部门领导,你觉得指挥下属应该做到哪几点?

_____
_____
_____
_____

(三) 试验室生产经营管理与心理管理

实施引导 1:生产经营管理有哪些任务?

_____
_____
_____

实施引导2：试验室管理包括（　　　　　）和（　　　　　）两个系统的管理。

(四) 主要管理者的素质

实施引导1：试验室的主要管理者指的是（　　　　　）和（　　　　　）。

实施引导2：主要管理者必须具备哪些业务素质？

_____
_____
_____

实施引导3：主要管理者必须具备哪些能力素质？

_____
_____
_____

(五) 主要管理者的领导艺术

实施引导1：你认为一位领导者应具备哪些领导艺术？

_____
_____
_____

实施引导2：作为试验室的负责人，与下属谈话时应注意哪些方面？

_____
_____
_____

(六) 试验检测工作信息化管理

实施引导：试验检测工作信息化管理平台主要由哪些子系统组成？

_____
_____
_____

(七) 试验检测资料信息化管理

实施引导：试验检测资料信息化管理平台主要由哪些子系统组成？

_____
_____
_____

4-8-3

评价反馈

1　学生进行自我评价,评价自己对现代管理的相关概念、目的和意义的了解情况,对主要管理者需要具备的素质的熟悉程度,有无任务遗漏,并将结果填入表4-8-2中。

学 生 自 评 表　　　　　　　　表4-8-2

班级:	姓名:	学号:	
学习任务八	现代信息化管理		
评价项目	评价标准	分值(分)	得分(分)
现代管理的目的和职能	正确表述现代管理的概念、目的和具有的职能	20	
主要管理者的素质和领导艺术	正确阐述主要管理者需要具备的素质和需要掌握的领导艺术	10	
试验检测工作信息化管理	正确讲述试验检测工作信息化管理相关概念,并简述管理要点	20	
试验检测资料信息化管理	正确讲述试验检测资料信息化管理相关概念,并简述管理要点	20	
学习态度	态度端正,无无故缺勤、迟到、早退现象	10	
学习质量	按预定计划完成学习任务	5	
协调能力	与小组成员、同学间能有效地合作、交流、协调	5	
职业素质	做到多平台、多渠道收集相关信息,完成学习任务	5	
创新意识	通过阅读《国富论》《有效的管理者》《经理的职能》《管理行为》《管理决策新科学》《组织》《公司行为的一种理论》《工业组织:理论和实践》《领导方式的一种理论》等书籍,能更好地理解现代管理的概念、目的和意义等内容	5	
小计		100	

2　学生以小组为单位,对以上学习任务的过程与结果进行互评,将互评结果填入表4-8-3中。

学 生 互 评 表　　　　　　　　表4-8-3

学习任务八		现代信息化管理							评价对象(组别)					
评价项目	分值	等级							1	2	3	4	5	6
团队协作	10	优	10	良	8	中	6	差	4					
分工明确	8	优	8	良	7	中	6	差	4					
组织有序	10	优	10	良	8	中	6	差	4					
学习质量	8	优	8	良	7	中	6	差	4					
学习效率	8	优	8	良	7	中	6	差	4					
态度端正	10	优	10	良	8	中	6	差	4					
任务完整	10	优	10	良	8	中	6	差	4					

续上表

评价项目	分值	等级							评价对象(组别)					
									1	2	3	4	5	6
结果规范	13	优	13	良	9	中	6	差	4					
回答问题	13	优	13	良	9	中	6	差	4					
成果展示	10	优	10	良	8	中	6	差	4					
小计	100													

3 教师对学生学习过程与任务成果进行评价,并将评价结果填入表4-8-4中。

教师综合评价表　　　　　表4-8-4

班级:　　　　　姓名:　　　　　学号:

学习任务八		现代信息化管理		
评价项目		评价标准	分值(分)	得分(分)
考勤(10%)		无无故缺勤、迟到、早退现象	10	
学习过程(60%)	现代管理的目的和职能	正确表述现代管理的概念、目的和具有的职能	10	
	主要管理者的素质和领导艺术	正确阐述主要管理者需要具备的素质和需要掌握的领导艺术	10	
	试验检测工作信息化管理	正确讲述试验检测工作信息化管理相关概念,并简述管理要点	10	
	试验检测资料信息化管理	正确讲述试验检测资料信息化管理相关概念,并简述管理要点	15	
	协调能力	与小组成员、同学间能有效地合作、交流、协调	5	
	职业素质	做到多平台、多渠道收集相关信息,完成学习任务	5	
	创新意识	通过阅读《国富论》《有效的管理者》《经理的职能》《管理行为》《管理决策新科学》《组织》《公司行为的一种理论》《工业组织:理论和实践》《领导方式的一种理论》等书籍,能更好地理解现代管理的概念、目的和意义等内容	5	
任务成果(30%)	工作完整	按时完成任务	10	
	工作规范	按要求进行文件查阅	5	
	回答问题	依据规范、办法,准确回答	10	
	成果展示	用语规范、表达准确	5	
小计			100	

4-8-5

续上表

评价项目	评价标准			分值(分)	得分(分)
综合评价	自评 (20%)	小组互评 (30%)	教师评价 (50%)	综合评分	

 拓展思考题

1. 作为一名试验检测人员,应如何面对试验室负责人的批评?
2. 你觉得试验室还能在哪些方面实现信息化、自动化?

 任务反思

_____
_____
_____

 学习任务的相关知识点

知识点一:现代管理的概念

一、相关知识

凡是存在人群的地方,需要共同工作和生活的领域,都存在着管理。任何行为个体无论是否有所意识,他都直接参与了管理,管理他人或被他人管理。管理就是通过计划、组织和控制等一系列的活动,合理配置组织内部的各种资源,以达到组织既定目标的过程。简而言之,管理就是社会组织中,为了实现预期目标的以人为中心进行的协调活动。

二、管理的概念

(一)管理的含义

(1)管理的目的是为了实现预期目标。
(2)管理的本质是协调。
(3)管理的中心是人。
(4)管理的职能是管理应发挥的作用,是通过各种方法、手段实现的。

(二)管理的方法

1. 经济方法

这种方法强调按照客观经济规律的要求,运用经济手段来促进管理目标的实现,即通过使用经济手段把组织内成员个人目标与组织整体目标协调起来。

经济管理方法建立在物质利益的基础上,体现了商品经济内在经济规律的要求,容易在管理中实施,被管理对象乐于接受。此外,经济方法的实施有利于分权管理,便于调动被管理者的积极性和主观能动性。

2. 行政方法

所谓行政方法是按照行政组织系统,依靠行政组织的权威,运用命令、规定、指示、条例等行政手段直接对管理对象产生影响的管理方法。

行政方法的具体形式包括行政命令、行政指示、行政建议、行政委托授权、颁布规章制度和条例、实施适当的行政奖励与处罚等。行政方法的具体形式也随着社会经济发展和组织环境的变化而不断更新。

3. 法律方法

法律方法对于任何社会来说都是一种不可少的管理方法,依据法律处理问题比较公正客观,可以减少管理者主观色彩的影响,便于处理带有共性的问题,适于进行集权和统一管理。但法律方法的实施要求具备健全的立法和司法机构,否则就达不到管理的目的;法律方法还往往缺乏灵活性,在处理特殊问题以及解决管理中出现的新问题时缺乏弹性,管理者难以创造性地运用法律方法。法律方法具有强制性、阶级性、概括性、规范性、稳定性、可预见性的特点。

4. 启发教育方法

管理是人类有目的的活动,人是管理中最活跃的因素,人们行为的动力首先通过头脑,转变为愿望和动机,由动机导致了人类的行为。这就要求管理者应注意掌握被管理者的需求,分析他们的动机,引导他们的行为。因此,启发教育方法就成为与其他管理方法相配合的一种实用的管理方法。启发教育方法具有启发性、阶级性、灵活性、长期性的特点。

(三) 管理的性质

管理具有二重性,即自然属性和社会属性。

(四) 管理的环境

管理是一种综合性的系统活动,管理的成功与失败取决于管理的环境。管理的环境包括管理的内部环境和管理的外部环境。

知识点二:现代管理的职能

一、相关知识

现代管理最基本的职能包括:计划职能、组织职能、指挥职能、控制职能、创新职能。

二、现代管理的职能

(一) 计划职能

计划职能是为了实现组织所设定的目标而制定的所要做的事情的纲要,以及如何做的方法。计划职能是管理的首要职能,管理的各项工作都是围绕计划展开的。计划职能包括计划和决策。计划贯穿于管理活动的整个过程。决策是计划职能的核心,它是从计划的行为过程的各个方案中作出的选择。

1. 组织目标

组织目标是任何特定的社会组织在一定时期内所要达到的某方面活动的标准或水准。组织目标的内容包括:社会目标、盈利目标、发展目标。

目标管理过程由以下几方面组成:确立组织的整体目标、确定下属人员的工作目标、目标实施的准备工作、目标考核与考评。

2. 计划

计划是指为实现组织的既定目标而对未来的行动进行规划和安排的活动。在具体内容上,包括组织目标的选择和确立,实现组织目标方法的确定、预测、决策,计划原则的确立,计划的编制以及计划的实施。

对于某项具体的工作计划,应体现以下几个方面的内容:

(1)在计划中要明确该项工作的具体任务;

(2)在计划中应反映出该活动的目标;

(3)计划应明确规定为实现组织目标所需做的各项工作的实施时间和完成进度;

(4)计划应规定执行具体任务时的责任和权限。

计划的实施就是进行目标管理的过程,主要是指挥、协调、控制等职能的范畴。计划本身不能自动实现,需要其他管理职能发挥各自的作用才能实现。

计划在管理中的地位和作用,归纳起来有以下三个方面:

(1)计划是组织的行动纲领;

(2)计划是控制和协调的标准;

(3)计划是考核评价的依据。

3. 决策

现代管理中,决策是管理的核心。决策是组织对未来形势作出基本的判断,是对未来的组织活动确定目标,制订方案,并从两个以上可行方案中选择一个合理方案的工作过程。

决策的方式包括个人决策、管理者授权决策、集体决策等。

一个完整的决策过程应包含以下五个基本步骤:提出问题、预测分析、制订方案、选择方案和执行评价。

决策在现代管理中处于核心地位。它决定组织的活动方向,使组织能用正确的方法去做正确的事,是组织取得成就的关键所在。

决策在管理中的作用包括两个方面:①决策决定管理的成败;②决策决定组织的生存和发展。

(二)组织职能

组织职能是为实现计划目标而对组织或机构的各种构成要素进行的组合工作,即建立以权力为基础的正式机构和组织体系,并规定各级的职责范围和协作关系。组织职能包括组织和用人。

计划的实施要靠其他人的合作。组织工作正是因人类对合作的需要而产生的。根据工作的需求与人员的特点设计岗位,通过授权和分工,将适当的人员安排在适当的岗位上,用制度规定各个成员的职责和上下左右的相互关系,形成一个有机的组织结构,使整个组织协调地运转。

1. 组织

在任何情况下,确定管理幅度的最基本的原则是要最终使管理人员能有效地领导、协调其下属的活动。

2. 用人

即人力资源的管理,是指在管理中有效地激励组织成员的行为,合理配置人力资源,使之为实现组织目标而协同工作的过程。

用人的内容包括:人才选拔、职前教育、全员培训等。

(三) 指挥职能

指挥职能是指管理人员对下属成员的领导、沟通和督促指导等。具体地说,就是运用各种方式将计划或行动要求传达给下属成员,并指导下属成员按计划和设计要求,进行工作和活动。指挥职能包括领导、指导、激励、协调。

(1) 领导。即运用来源于正式权力地位所获得的影响力,对他人行为进行引导和控制。

(2) 指导。领导者或管理者运用非权力的个人影响因素,如知识、品德、技术、阅历等,对下属的行为加以引导、激励的过程。

(3) 激励。激发鼓励的意思。是指激发人的动机,使之有一股内在的动力,向其所期望的目标前进的心理活动过程,也可以说是调动积极性的过程。

(4) 协调。为实现组织目标,引导组织内部各部门、各环节之间达成相互配合、和谐一致的管理行为。

(四) 控制职能

控制职能是对计划实施过程中出现的各种偏离计划的现象所进行的检查、纠偏活动,以保证组织活动按照计划目标规定的要求进行。控制职能包括监督、检查、控制。

(五) 创新职能

要办好任何一件事情,大到国家的改革,小到办学校、办医院,或是推销一种产品,都要敢于走新的路,开辟新的天地,否则总是踩着别人的脚印走,是不可能取得卓越成就的。

知识点三:试验室生产经营管理与心理管理

一、相关知识

从狭义上讲,管理主要是经济活动管理或企业管理,是使各项经营活动合理化,以提高生产效率为目的的活动。

试验室管理包括两个系统的管理:一个是技术系统或叫生产经营管理;另一个是社会心理

系统管理或叫心理管理。

二、试验室管理

(一) 生产经营管理

生产经营管理，是管理者运用其所能调动的人力、物力、财力和最新的科技成果，努力提高生产效率、降低生产成本，提高试验项目的数量与质量，把试验室推向市场，以实现试验检测机构预期发展目标为目的的管理。

生产经营管理包括物质资料结构管理、劳动力结构管理和技术结构管理。它具体表现为以计划、组织、指挥、监督和调节等方法手段，对生产、营销、财务和人事的管理。

1. 生产经营管理的任务

生产经营管理的任务就是在生产活动中，运用计划、组织、指挥和控制职能，把投入生产过程的各生产要素有效地结合起来，形成有机的体系，按照最经济的方式，生产出满足社会需求的产品，提高生产的效益。

具体来说，生产经营管理有以下几项任务：

(1) 实现生产目的，满足生产需求；
(2) 完成生产经营计划中规定的目标任务；
(3) 充分利用人力资源；
(4) 加强设备和技术管理；
(5) 加强物资管理。

2. 生产经营管理的意义

生产经营活动是组织的基本活动，生产什么、生产多少、产品质量如何、是否适应市场需要，最终归于产品生产过程中的一切管理活动。如果生产管理不能正常运行，则目标产品就不能变为现实产品，因而经营目标就不能实现。

生产经营管理直接创造物质财富，对于全面完成组织的根本任务，发挥着十分重要的作用。在激烈的市场竞争中，组织要想求得生存和发展，就必须适应需求的变化，这就要求对生产经营管理不断进行加强和完善。

(二) 心理管理

心理管理范围包括人的行为动机、人际关系、群体心理气氛、组织结构和领导水平等。它是依据心理学的原理，制定政策措施，在生产过程中努力满足职工的心理需要；协调管理者与职工以及职工之间的人际关系，千方百计调动起职工的积极性，发挥其才干，为实现试验室目标服务。

1. 心理管理的重要性

机器设备运转、原材料使用、科技成果运用、实验项目数量与质量的保障，乃至试验室的市场竞争与适应，都要靠人去做，都需要调动职工积极性和发挥各自的才干，否则企业就无从生存，也就更无发展可言。要提高管理效益，关键是做好心理管理。

2. 心理管理的内容

首先要把握产品消费者的消费心理，只有适应消费者的消费心理，产品占领和扩大占有市场才有可能。其次,试验室管理者应掌握心理学知识,搞好个人修养,以保证良好的管理效益。再者,对职工进行心理素质训练是试验室管理者的一项重要任务,这有利于调动职工的劳动积极性,挖掘职工的聪明才智。

知识点四:主要管理者的素质

一、相关知识

管理者是在指引和影响个人、群体或组织在一定条件下实现某种目标的行为过程中,担负引导和影响任务的人或集体。管理者要代表群众的利益,必须全心全意为群众服务。

现代管理者必须长于合作、巧于组织、精于授权、勇于负责、敢于求新、善于冒险、尊重他人、品德高尚、严于律己和智于抉择。

二、主要管理者必须具备的基本素质

试验室主要管理者(试验室技术负责人和质量负责人),必须具备的基本素质包括政治素质、作风素质、业务素质、能力素质、身体素质。

(一)政治素质

试验室主要管理者必须有正确的政治方向,坚定的政治立场,鲜明的政治观点,高度的政治觉悟。

能坚持四项基本原则,坚决贯彻执行党的路线、方针和政策,遵守国家的法律和法令,正确处理国家、企业和职工三者之间的关系,维护国家利益,敢于同违法乱纪和损害国家利益的行为作斗争。

(二)作风素质

试验室主要管理者必须有良好的思想和工作作风。一心为公,不谋私利,实事求是,不图虚名,谦虚谨慎,戒骄戒躁,严于律己,深入基层,善于调研,工作扎实,不文过饰非。

试验室主要管理者必须有艰苦朴素的生活作风。能与群众同甘共苦,不搞特殊化,品行端正,模范遵守规章制度和道德规范,平等待人,和蔼可亲,一视同仁,不计较个人恩怨,密切联系群众,关心群众疾苦,多为群众办好事,不搞帮派主义。

(三)业务素质

试验室主要管理者必须有较好的政治理论知识、广博的科学文化知识、精通的专业业务知识、娴熟的领导或管理知识。

试验室主要管理者应懂得马克思主义政治经济学的基本原理,掌握社会主义基本经济理论,掌握现代企业管理的基本原理、方法和各项专业管理的基本知识,还应了解工业经济管理学、统计学、会计学、经济法、财政金融和外贸方向的基本知识,了解国内外企业管理的发展方向。

4-8-11

试验室主要管理者还必须懂得生产技术和有关自然科学的基本知识,掌握本行业的科研和技术发展方向,熟悉各试验仪器设备的性能和用途。

试验室主要管理者必须懂得政治思想工作、心理学、人才学行为科学、社会学等方面的知识,以便做好政治思想工作,激发职工士气,协调好人与人之间的关系,充分调动人的积极性。

(四) 能力素质

1. 分析、判断和概括能力

能够在纷繁复杂的事物中,透过现象看本质,抓住主要矛盾,运用逻辑思维,进行有效的归纳、概括和判断,找出解决问题的办法。

2. 决策能力

在充分掌握试验室内外环境资料的基础上能进行科学的预测,并对多种方案进行比较和选择。

3. 组织、指挥和控制的能力

懂得组织设计原则,熟悉并善于运用各种组织形式,善于运用组织的力量,协调人力、物力和财力,以达到综合平衡、获得最佳效果。

在实现试验室预定目标的过程中,能够及时发现问题并采取措施予以克服,从而保证目标的顺利实现。在确认目标无法实现时要能果断地调整目标。

4. 沟通、协调企业内外各种关系的能力

善于与人交往,倾听各方面的意见。对上要尊重,争取帮助和支持;对下要谦虚,平等待人;对内要有自知之明,知道自己的长处和短处;对外要热情、公平而客观。

5. 不断探索和创新的能力

对做过的工作能及时认真总结经验,吸取教训,善于听取不同意见,从中提出新的设想,新的方案。对工作能提出新的目标,鼓舞下属去完成任务。

6. 知人善任的能力

要重视人才的发现、培养提拔和使用,知其所长,委以适当工作;重视教育,提高下属的业务能力,大胆提拔和勇于启用新人。

(五) 身体素质

试验室主要管理者必须有强壮的体魄,健康的个性,优秀的情操。试验室管理者负责指挥、协调组织活动的进行,不仅需要足够的心智,而且要消耗大量的体力,因此必须有强健的身体,充沛的精力,才能使试验室的一切活动正常运行。

知识点五:主要管理者的领导艺术

一、相关知识

试验室主要管理者的工作效率和效果在很大程度上取决于他们的领导艺术。领导艺术是一门博大精深的学问,其内涵极为丰富。对于新提拔的试验室管理者,值得注意的是,要干好领导的本职工作,就要善于同下属交谈倾听下属的意见,争取众人的友谊和合作,做自己时间的主人。

二、领导艺术

(一)干好领导的本职工作

试验室主要管理者的工作包括决策、用人、指挥、协调和激励,这是领导者应该做的事。凡是已经授权给下属去做的事,领导者都要克制自己,不要插手。

有些试验室管理者太看重自己的地位和作用,不分轻细,事必躬亲,其结果不仅浪费了自己宝贵的时间和精力,还挫伤了下属的积极性和责任感,反过来又会加重自己的负担,使其领导作用得不到更好的发挥。

(二)善于同下属交谈,倾听下属的意见

领导者在实施指挥和协调的职能时,必须把自己的想法感受和决策等信息传递给下属,才能影响下属的行为。同时为了进行有效的领导,试验室管理者也需要了解下属的反应感受和困难,这种双向的信息交流十分重要。

面对面的个别交谈是深入了解下属的最好方式之一。在同下属谈话时,应注意以下几个方面:

(1)即使不相信对方的话,或者对谈的问题毫无兴趣,在对方说话时,也要悉心倾听,善加分析。

(2)要仔细观察对方说话时的情态,捉摸对方没有说出的意思。

(3)谈话一经开始,就要让对方把话说完,不要随意插话打断对方的思路,也不要岔开对方的话题,更不要迫不及待地解释、质问和申辩。

(4)必须抓住要领,态度诚恳地就实质性问题作出简明扼要地回答。同时也要注意掌握分寸,留有余地。对于谈话涉及的重大原则问题,应实事求是地告诉对方,自己不能单独处理的,需待研究以后再予以答复。

(5)如果希望对某一环节多了解一些,可以将对方意见改成疑问句简单重复一遍,这将鼓励对方作进一步的解释和说明。

(6)必须控制自己的情绪,不能感情用事。

(三)争取众人的友谊和合作

试验室主要管理者不能只依靠自己手中的权力,还必须取得同事和下属的友谊和合作。

领导者和被领导者之间的关系不应当只是一种刻板的、冷漠的上下级关系,而应当建立起真诚合作的同志关系。要建立起这种关系除了要求管理者品德高尚、作风正派以外,还要求试验室管理者平易近人、信任对方、关心他人、一视同仁。

1. 平易近人

管理者在与同事和下属相处中,要注意礼节礼貌,主动向对方表示尊重和友好;在办事时要多用商量的语气,多听取和采纳对方意见中的合理部分;要勇于承认和改正自己的缺点、错误。既不要轻易发脾气、耍态度、训斥人,也不要讲无原则的话,更不能随便表态、许诺。

总之,要谦虚待人,以诚待人。这样才能赢得同事和下属的尊敬,进而产生感情和友谊。

2. 信任对方

作为管理者,要用实际行动使下属感到领导对他是信任的,感到自己对试验室这个集体是重要的,这样下属就会主动加强同领导者的合作。

在分工授权后,试验室主要管理者对下属不要再三关照叮嘱,更不要随便插手干预。在授权范围之外,主动征求并采纳下属对工作的意见,使下属感到领导对他的器重,这将有利于增进相互之间的友谊和合作。

3. 关心他人

领导者不能以权谋私,要在政治、思想、业务、生活等多方面关心他人。要为下属提高思想、业务水平创造条件;要为群众在生活上排忧解难;要吃苦在前,享受在后。在经济利益和荣誉面前一定要想到他人。当试验室事业有成就时,不忘那些为企业作过贡献的员工。当员工面临困难的时候,及时伸出援助之手。

4. 一视同仁

为了加强试验室的内聚力,克服离心倾向,试验室管理者既要团结一批同自己亲密无间、命运与共的骨干;同时,又要注意团结所有职工。对于同自己意见不一、感情疏远或反对自己的人,决不可视为异己,另眼看待,加以排斥,而应对他们更加关心和尊重,努力争取他们的友谊和合作。

当下属犯了错误时,不论亲疏都要严格要求,真诚地帮助他们认识错误,改正错误。在下属受到外界侵犯或蒙受冤屈时,领导者应挺身而出,保护下属。

(四) 做自己时间的主人

作为试验室的主要管理者,应该特别珍惜自己的时间,做自己时间的主人。首先要科学地组织管理工作,合理地分层授权,把大量的工作分给副手、助手或下属去做,以摆脱烦琐事务的纠缠,让出时间来做应该做的事。其次,还应注意养成记录自己时间消耗的习惯,学会合理地使用时间,提高开会效率。

1. 养成记录自己时间消耗的习惯

每隔一定时间,对自己的时间消耗情况分析一次,及时发现自己在时间利用上的不合理之处,从而找到合理利用自己时间的措施。

2. 学会合理地使用时间

时间的合理使用因人而异,取决于试验室生产经营特点、管理体制和组织结构、管理者的分工以及各人的职责和习惯。

3. 提高开会效率

开会要讲求艺术。试验室管理者应重视研究和掌握开会的艺术,不解决问题的会议有百害而无一利。

开会要讲求经济效益。会议占用的时间也是劳动耗费的一种,会议的成本应纳入试验室经济核算体系之内进行考核,借以促进提高开会的效率,节约领导者和与会者的宝贵时间。

知识点六：试验检测工作信息化管理

一、相关知识

工地试验室试验检测工作的管理，是为了保证试验室在运行和实际工作中满足相关标准要求和有关规定，确保试验检测工作质量。

各公路建设项目参建单位可以通过逐步构建统一的工地试验检测信息化管理平台，提高试验检测工作效率，减少人为差错。

二、信息化管理

试验检测工作信息化管理平台可由以下几个子系统组成：试验工作日常管理子系统、重点试验数据采集子系统、远程视频监控子系统。

（一）试验工作日常管理

试验工作日常管理子系统主要提供人员管理、设备管理、标准规范管理、样品管理、项目参数管理、试验台账管理等功能模块，并能做到互联共享。

（二）重点试验数据采集

通过对压力机、万能材料试验机、恒应力压力机、电动抗折试验机等安装自动采集设备，实现对水泥混凝土（抗压强度、抗折强度）、砂浆（抗压强度）、岩石（抗压强度）、钢筋、钢筋焊接及机械连接（屈服强度、抗拉强度）、水泥（抗压强度、抗折强度）等检测项目参数的试验检测数据自动采集及上传，确保数据的原始性和真实性。

拌和站的质量控制与管理也是保证工程质量的重要环节，有条件的建设项目可对拌和站要求安装自动采集设备，对相关数据的采集与上传一并纳入管理。

（三）远程视频监控

为加强工地试验室检测人员的考勤管理和规范其检测行为，杜绝人员挂证不到岗、代签试验检测记录报告、不做试验出报告等不良行为，建设远程视频监控子系统是行之有效的手段。

知识点七：试验检测资料信息化管理

一、相关知识

工地试验室应建立试验检测档案资料管理制度，严格按照档案管理规定和项目建设要求进行分类、整理、归档，按照资料形成的先后顺序或项目完成情况与工程同步进行。

通过构建统一的工地试验检测资料信息化管理平台，有利于试验检测管理的科学与规范，为工程质量管理提供分析决策。

试验检测资料信息化管理平台可由记录、报告标准化子系统，试验检测数据库组成。

4-8-15

二、信息化管理

(一)记录、报告标准化

按照《公路水运试验检测数据报告编制导则》有关规定,提供统一规范的记录、报告文件标准格式,能自动按照现行标准、规程对原始数据进行计算、绘图、数字修约,提示平行超差,给出正确的试验检测结果判定和规范的检测结论。

(二)试验检测数据库

将各类试验数据(包括自动采集上传数据)、管理台账、人员及设备等信息传到"试验检测数据库",该数据库可根据管理的不同需求,对各类数据进行统计分析,并通过网络技术,为不同质量管理部门提供查询、管理、监督的服务功能,实现数据资源共享与交流。

信息系统的数据实时传输,信息系统的各个部分之间的数据交换较频繁,需要稳定、良好的上网条件。

自动采集的数据,应实时上传至试验室信息管理系统,需手动输入的数据应在工作结束后24小时内完成录入。

建立信息化数据备份文件,并定期导出备份文件到移动硬盘中。对设备运行情况与数据传输情况做好记录,特别是对设备故障排除及数据恢复情况,应做好详细记录。

参 考 文 献

[1] 交通运输部工程质量监督局.公路工程工地试验室标准化指南.北京:人民交通出版社,2013.
[2] 中华人民共和国行业标准.JT/T 1181—2018 公路水运工程试验检测等级管理要求[S].北京:人民交通出版社股份有限公司,2018.
[3] 中华人民共和国国家标准.RB/T 214—2017 检验检测机构资质认定能力评价检验检测机构通用要求[S].北京:中国标准出版社,2018.
[4] 中华人民共和国行业标准.JT/T 828—2019 公路水运试验检测数据报告编制导则[S].北京:人民交通出版社股份有限公司,2019.
[5] 中华人民共和国行业标准.JTG E42—2005 公路工程集料试验规程[S].北京:人民交通出版社,2015.
[6] 中华人民共和国行业标准.JGJ 52—2006 普通混凝土用砂、石质量及检验方法标准[S].北京:人民交通出版社,2006.
[7] 中华人民共和国行业标准.JTG E20—2011 公路工程沥青及沥青混合料试验规程[S].北京:人民交通出版社,2011.
[8] 中华人民共和国行业标准.JTG 3420—2020 公路工程水泥及水泥混凝土试验规程[S].北京:人民交通出版社股份有限公司,2020.
[9] 中华人民共和国国家标准.GB 50080—2016 普通混凝土拌合物性能试验方法标准[S].北京:人民交通出版社股份有限公司,2016.
[10] 中华人民共和国行业标准.JTG E51—2009 公路工程无机结合料稳定材料试验规程[S].北京:人民交通出版社,2009.
[11] 中华人民共和国国家标准.GB/T 50080—2016 普通混凝土拌合物性能试验方法标准[S].北京:中国建筑工业出版社,2017.
[12] 中华人民共和国国家标准.GB 175—2007 通用硅酸盐水泥[S].北京:中国标准出版社,2008.
[13] 中华人民共和国行业标准.JGJ/T 70—2009 建筑砂浆基本性能试验方法标准[S].北京:中国建筑工业出版社,2009.
[14] 中华人民共和国国家标准.GB 228.1—2010 金属材料拉伸试验 第1部分:室温试验方法[S].北京:中国标准出版社,2011.
[15] 中华人民共和国国家标准.GB/T 232—2010 金属材料弯曲试验方法[S].北京:中国标准出版社,2011.
[16] 中华人民共和国国家标准.GB/T 50081—2019 混凝土物理力学性能试验方法标准[S].北京:中国建筑工业出版社,2019.
[17] 中华人民共和国国家标准.GB/T 2651—2008 焊接接头拉伸试验方法[S].北京:中国标准出版社,2008.
[18] 中华人民共和国行业标准.JGJ/T 27—2014 钢筋焊接接头试验方法标准[S].北京:人

民交通出版社股份有限公司,2014.
[19] 中华人民共和国国家标准.GB/T 1346—2011 水泥标准稠度用水量、凝结时间、安定性检验方法[S].北京:中国标准出版社,2012.
[20] 中华人民共和国国家标准.GB/T 2419—2005 水泥胶砂流动度测定方法[S].北京:中国标准出版社,2005.
[21] 中华人民共和国国家标准.GB/T 8074—2008 水泥比表面积测定方法勃氏法[S].北京:中国标准出版社,2008.
[22] 中华人民共和国行业标准.JTG 3450—2019 公路路基路面现场测试规程[S].北京:人民交通出版社股份有限公司,2019.
[23] 中华人民共和国行业标准.JTG 3430—2020 公路土工试验规程[S].北京:人民交通出版社股份有限公司,2020.
[24] 中华人民共和国行业标准.JGJ/T 23—2011 回弹法检测混凝土抗压强度技术规程[S].北京:人民交通出版社,2011.
[25] 金桃.公路工地试验室建设与管理[M].北京:人民交通出版社,2006.